读懂投资 先知未来

www.duoshou108.com

大咖智慧
THE GREAT WISDOM IN TRADING

成长陪跑
THE PERMANENT SUPPORTS FROM US

复合增长
COMPOUND GROWTH IN WEALTH

一站式视频学习训练平台
WWW.DUOSHOU108.COM

期货交易终极指南

拉瑞·威廉姆斯 著
陈瑞华 李婷婷 译

山西出版传媒集团
山西人民出版社

图书在版编目(CIP)数据

期货交易终极指南/(美)威廉姆斯著；陈瑞华，李婷婷译. -- 太原：山西人民出版社，2015.6
ISBN 978-7-203-09056-4

Ⅰ.①期… Ⅱ.①威… ②陈… ③李… Ⅲ.①期货交易-指南 Ⅳ.①F830.9-62

中国版本图书馆 CIP 数据核字(2015)第 103649 号
著作权合同登记号：图字：04-2015-034

期货交易终极指南

著　　者：	(美)拉瑞·威廉姆斯
译　　者：	陈瑞华　李婷婷
责任编辑：	员荣亮
出 版 者：	山西出版传媒集团·山西人民出版社
地　　址：	太原市建设南路21号
邮　　编：	030012
发行营销：	0351-4922220　4955996　4956039
	0351-4922127(传真)　4956038(邮购)
E-mail	sxskcb@163.com　发行室
	sxskcb@126.com　总编室
网　　址：	www.sxskcb.com
经 销 者：	山西出版传媒集团·山西人民出版社
承 印 者：	三河市利兴印刷有限公司
开　　本：	710mm×1000mm　1/16
印　　张：	19.75
字　　数：	293 千字
印　　数：	1-6000 册
版　　次：	2015年6月　第1版
印　　次：	2015年6月　第1次印刷
书　　号：	ISBN 978-7-203-09056-4
定　　价：	58.00元

如果印装质量问题请与本社联系调换

译者序

这是一个变化的中国,这是一个最好的时代。

在变化的时代中,有人欣喜,有人低落,大多因为成败。但是,每个人都必须承认,这个世界为每个人的成功提供了无限的可能性。可能性仅仅是提供了一种选项,没有告诉最终的答案。能否获得真正意义上的成功,取决于个人的天赋和努力。

近年来,中国的资本市场和金融衍生品市场发展月异日新。资本市场依然处于"新兴加转轨阶段",市场制度和结构仍有很大的改进空间,风险防范和管理的调节机制尚未有效形成,市场主体发育不成熟,市场波动和投机性特征明显,资本市场的改革发展面临不小的挑战。本身作为衍生品,期货和衍生品市场注定是一个创新发展的市场,新产品将会推陈出新,新业务和新机会也将不断涌现,有效的市场治理一定会带来市场的重生和繁荣,这将是一个生机勃勃的市场。

期货交易终极指南

　　资本市场和金融衍生品市场的发展不仅会促进市场经济的体制性转变,而且会促进经济金融风险管理方式的变革,提升规避经济风险并进行风险定价的能力。在一个充满风险的变化市场中,很难想象,没有进行风险管理的意识,没有趋利避险的能力,又怎能获得真正意义上的成功呢?因此,我们必须对这个变化的市场充满敬畏之心,同时也需要掌握驾驭市场之术。

　　为此,我特别选择并翻译拉瑞·威廉姆斯的《选股密码》、《期货交易终极指南》和《期货交易准则》。读这三本书,我们可以发现市场自身的逻辑,也能获得与市场共同发展的轻松心态。虽然这是关于交易的系列书籍,但别忘了,了解交易,就是认知市场。

　　拉瑞·威廉姆斯是全球证券期货市场的传奇人物。他是一位专业的交易员、杰出的资产管理人、拥有众多拥趸的投资顾问、更是一位读者无数的投资专栏作家。
　　他的传奇投资经历和投资理念获得了广泛的市场认同,他所确立的各种分析指标成为当今投资分析的重要工具,他的著述更成为无数投资者手不释卷的投资宝典。

　　《选股密码》、《期货交易终极指南》和《期货交易准则》这三本书包含了拉瑞·威廉姆斯对自身投资经历的客观描述,对投资策略的高度总结,对自身缺陷的深度剖析和对资本市场的深刻理解。譬如,在他看来,交易本身不是为了刺激,不是赌博,纯粹是为了赚钱并保持财富;成功的交易者必须具备承受痛苦的能力和坚持不懈的精神,不要天真地认为存在所谓的交易技巧,而是应该建立并正确使用一套有效的交易系统;交易中的损失不可

译者序

避免，关键在于如何预知风险并做好风险处置的准备；资金管理是交易的核心，没有资金管理，就谈不上什么交易；市场永远是对的，要与市场共进退。

拉瑞·威廉姆斯之所以成为一个广受欢迎的投资经典作家，不仅在于对市场、自身、技术的深邃思想，还在于他用平实的文字，把貌似高深的市场策略娓娓道来。读者翻开他的书籍，会发现难得的轻松喜悦，掩上书卷却又感觉字字珠玑。这也许就是拉瑞·威廉姆斯所特有的风格吧。

还是要提醒一下，拉瑞所描述的投资时代已经过去，当今的资本市场和金融衍生品市场正在不断深化，交易理论和交易技术都在空前发展，但其核心理念和某些交易策略依旧适用于当前这个不断变化的市场，并能为每一个读者提供机会，让我们更深刻地剖析自己，思考市场，展望未来。

拉瑞·威廉姆斯的真知灼见，难免会对译者产生巨大的心理压力，唯恐无法准确地表达其思想和意见。尽管如此，我与冯元、李婷婷和贾秋翌全力合作，分别为大家呈献这三本著译作。翻译中的偏颇和错误在所难免，欢迎大家通过电子邮箱（chenruihua@gmail.com）批评指正。

陈瑞华

2014 年 8 月

于南开大学西南村

序：吃苦

"吃苦"，这是一个中国的武术术语，其意是"咀嚼苦味"，翻译成英文，即"忍受苦难"。从事期货交易，就需要吃苦。只有吃过一番苦，才能尝到最后的甜。

拉瑞·威廉姆斯

谨以此书献给
Jason、Kelley、Sara、Shelley、Paige
特别献给
Carla

前　言

　　有人告诉我,既然这本书命名为《期货交易终极指南》,就必须是一部精品。说句实在话,这本书很难做到名副其实,但我希望还是实现了这一目标。

　　显然,这本书并不是所谓的"终极指南"——毕竟我无时无刻都在不断学习新东西。我的目标是对市场、交易系统、资金管理技巧和其他没有被总结过的主题进行界定。为此,我花了四年多的时间才将所有经验整理出来——所以,请不要轻视这些已经经过时间检验的经验。

　　落日西下,余晖笼罩了兰乔圣菲的群山之巅,悄然送来一丝最后的暖意。一切都是那么美好,包括充满希望的明天。

目 录

第一章　去哪里寻求帮助 ··· 1
　唯有追求真理，才能获得自由 ··· 2
　供你参考 ·· 3
　读什么 ·· 4
　　《华尔街日报》 ··· 4
　　《投资者日报》 ··· 5
　　《3000俱乐部》 ·· 5
　读书 ··· 6
　不要以貌取书 ·· 7
　去你最喜欢的书店一趟 ··· 7
　期货交易系统 ·· 8
　盗版者 ·· 9
　参加研讨会 ··· 9
　昂贵的研讨会 ·· 10
　你该对研讨会期待些什么？ ·· 11
　研讨会资源 ··· 12
　如果你不能参加研讨会 ·· 12
　图解市场 ·· 13

作好花费一笔的准备 ………………………………… 13
图表大汇总 …………………………………………… 14
报价设备 ……………………………………………… 16
对咨询服务的建议 …………………………………… 18
找到你的经纪人 ……………………………………… 25

第二章 建立系统 ………………………………… 29
如何创造一个盈利的系统 …………………………… 31
如何发现你自己的最佳系统 ………………………… 31
一个系统成瘾者的忏悔 ……………………………… 32
你如何亲手毁灭你的系统 …………………………… 33
一个系统是一个完整的系统 ………………………… 34
没有痛苦，就没有比赛 ……………………………… 34

第三章 在显微镜下的移动平均数 …………… 39
移动平均线的先进程度 ……………………………… 43
我的研究 ……………………………………………… 45
通道概念 ……………………………………………… 46
畅游通道 ……………………………………………… 46

第四章 为什么你会失败 ………………………… 53
一个方法的优点 ……………………………………… 56
为什么你无法使你的系统起作用？ ………………… 58
压力，悸动和利润 …………………………………… 59
粗心大意 ……………………………………………… 62
错误法则 ……………………………………………… 62
承认错误会将你和失败的交易者分开 ……………… 63

目 录

  预测 ………………………………………………………… 63
  市场性格？ ……………………………………………… 65
  很容易坠入爱河 ………………………………………… 66
  没有收益与风险和收益的对比 ………………………… 69
  赢利并非所学 …………………………………………… 70
  关于经纪人的最后一点 ………………………………… 71
  关于资金管理的最后一点 ……………………………… 72

第五章　交易者一天的生活 ………………………………… 75
  一旦你已经这么做了 …………………………………… 91

第六章　黑暗的一面 ………………………………………… 93
  诡计、骗局、欺诈和圈套 ……………………………… 94
  飞来横财 ………………………………………………… 99
  赤字危机 ………………………………………………… 99
  关于顾问的建议 ………………………………………… 101
  研讨会小夜曲 …………………………………………… 102
  我会让你成为百万富翁 ………………………………… 104
  不要成为一个傻瓜，要警惕基金经理人 ……………… 108
  "怪异的哈罗德" ………………………………………… 111
  密切注视 ………………………………………………… 114
  记录在案 ………………………………………………… 114
  暴露实情的迹象 ………………………………………… 117

第七章　股指期货——交易者梦想成真 …………………… 123
  商品交易老手的新举措 ………………………………… 124
  了解标准普尔 500 指数 500 指数 ……………………… 125

道琼斯工业指数现在如何 …… 125
美梦延续 …… 126
缺点 …… 128
如何开始 …… 128
交易方法 …… 132
一个市场结构逆转 …… 133
你在寻找什么 …… 134
沿着移动平均线的波动 …… 138
如何进行股票指数交易 …… 140
厨房水槽法 …… 146
通向成功的一个系统方法 …… 146
不可思议的标准普尔500指数500指数交易系统 …… 147
解决问题的两种方法 …… 150
让我给你解释一下这个系统 …… 150
价差交易 …… 151
充分利用这个自明之理 …… 152
买卖股指期货的奥秘 …… 166
利用在家的空闲时间娱乐获利两不误 …… 166
选择股指期货的理由 …… 166
如何有效使用期现升水 …… 178

第八章 盈利模式 …… 183

关键反转的一个逆转 …… 185
反转模式交易的第二种方法 …… 194
明日交易技巧 …… 200
记录一下跳空 …… 207
对外包日线形态的深入观察 …… 208

外看内包日线 …………………………………… 222

第九章　预测的艺术 …………………………………… 255
　　关于时间 ………………………………………… 256
　　斐波那契预测 …………………………………… 256
　　斐波那契公式 …………………………………… 257
　　预测未来的斐波那契课 ………………………… 258
　　最大的问题 ……………………………………… 260
　　拉瑞·威廉姆斯预测技巧 ……………………… 272
　　1.28——市场发展的方式 ……………………… 272
　　综合运用 ………………………………………… 274
　　预测——一个独特的商品择时报告 …………… 276

第十章　如何衡量商品的累积和派发 ……………… 279
　　首先看一下交易量 ……………………………… 280
　　实际衡量累积和派发 …………………………… 282
　　如何使用数据 …………………………………… 282
　　举例说明 ………………………………………… 283
　　计算买入或卖出指标 …………………………… 283

第一章 去哪里寻求帮助

唯有追求真理，才能获得自由

所有针对股票和期货交易的投资建议大致可分为两类：要么一文不值，你亏了；要么价不可估，你赚了。

发掘期货交易智慧的过程与人生的其他经历不同。在进入这个市场之前，如果你想做某件事，一般的方法是阅读相关书籍，请教行家里手，或者进修相关课程，然后尝试去做。

如果我想学习驾驶飞机（这是一件并不太难的事），我就会去图书馆借阅相关书籍，报名参加培训。看！学成后，我就可以翱翔蓝天了！如果我想学做中国的川菜，我就会先购买一些烹饪书籍，并下厨房亲身实践。最后，一盘美味可口的宫保鸡丁就出锅了。如果我想为狗盖一个小屋，我就会参考一些狗屋的设计方案和图纸。我可能看不懂这些，但我可以找些其他书籍搞清楚锤子和螺丝刀的区别。学习一番之后，我就可以盖好一个狗屋了，虽然这个狗屋不是世上最好的，但会很合适，而且我成功了。

然而，对于期货交易者而言，在大多数情况下，这些方法并不奏效。我还清楚记得，1965年夏天，我刚刚涉足股票市场，试图追求其中的智慧。当时，我觉得要做的事情不过是去买本书看着学学而已，然后就可以入市交易了。于是，我买了一本书，开始了炒股生涯。我的想法没错，我确实可以入市交易了，但我面对的是失败的交易。

这会让你明白，我当时对市场的看法是多么幼稚，竟然以为看一两本书就能成为一个成功的交易者！由此看来，我们从小就接受"美国式学习"无疑是非常悲哀的。学习市场交易的经验，不同于你所学习过的任何其他经验。因为市场没有绝对的经验，所以任何书籍也许都无法帮助你解开其中的种种谜团。书本本身并不能揭示市场的谜底。

期货交易系统才是解开这些谜团的途径，至少从某种定义来说是这样的。我会在本书接下来的内容中详细说明，这也正是本书的目的所在。

第一章　去哪里寻求帮助

供你参考

俗话说，如果一件东西是免费的，它就必然没什么价值。这话可能对，也可能不对。

譬如，你能获得的最好的期货市场信息来自于期货经纪商，对于新手来讲更是如此，这些信息都是免费的。

如果你通过诸如美林（Merrill Lynch）、协利（Shearson）、添惠（Dean Witter）、赫顿（E. F. Hutton）之类的某家传统期货经纪商或任何其他大公司进行交易，他们都会提供大量的资料，让你了解市场的语言。近年来，期货经纪商都发布了研究报告，让交易者了解移动平均值、突破系统等因素对市场的不同影响。期货经纪商也意识到，越来越多的交易者开始对市场的技术层面感兴趣，因此也更倾向于提供更多的技术信息。

位于伊利诺斯州芝加哥的斯托里尔期货经纪商（Stotler & Co.）长期以来在这一方面做得非常出色。他们做了大量杰出的技术研究，可以为交易者提供最新的邮件和出版物。

如果你有幸居住在大城市，就可以花上一天时间去附近的期货经纪商转一圈；如果居住在小地方，就在下次出门旅行的时候，不妨去你所到城市的主要期货经纪商实地考察一番。你可以从那里得到许多解释市场异常行为的资料信息。

一些公司也为交易者提供额外的培训服务，我接触过的一些很好的市场介绍材料就是这些公司提供的。因此，即使还没开户，你也可请他们提供一些有关期货交易方面的信息。他们所提供的有些资料信息量非常丰富，未必比提供综合服务的期货经纪商逊色。

与期货经纪商打交道的另一个好处是，你可以接触到你的第一位经纪人。你会发现，参考这些经纪人在期货交易相关书籍、系统和技术方面的选择，可以为你指导方向，对你有所帮助。

我在与期货经纪商接触过程中所学到的最好的技术信息就是来自这些经纪人，其中既有新手，也有经验丰富的资深人士，我从他们身上获得了许多关于市场的智慧。

大家似乎一致认为,经纪人不懂市场。这当然有一定道理,但确实有一些经纪人完全有资格教你理解市场是如何运作的。

读什么

靠自学成为一个期货交易者的关键,不在于读什么,而在于不读什么。

在本章,我会介绍一些我认为值得一读的咨询服务资料。还有其他一些信息来源也值得关注。其中就包括财经信息网(FNN),这是一个全天候提供股票和期货市场动态的有线电视网。如果你收不到这个频道,可以联系当地有线电视工作人员看看是否有可能收到,它与娱乐与体育节目电视网(ESPN)或其他任何有线电视节目都差不多。

我之所以偏爱财经信息网,是因为我每天都会在该频道做评论员,预测标准普尔500指数(S&P500)的开市价格和当天我们所需了解的市场行为类型。

财经信息网拥有很多评论员,很多评论员比我更加擅长预测市场的走向。媒体每天都在直播无数投资咨询师的各种评论和市场访谈,让你确实觉得这些就是关于市场动态的智力大杂烩。

有个不错的电视节目叫《财富对话》,每天在市场平仓后播出,节目会邀请一到两个专家,访谈他们关于当前市场的认识和判断。

财经信息网可能是一般的股票或期货交易者免费或以较低成本获取建议的最佳途径之一。

《华尔街日报》

正如我的其他著作读者所了解的那样,《华尔街日报》从来不是我最爱的出版物之一。多年来,我一直不太看好它的期货版面,因为它很少能够提供给读者真正的市场行情。虽然涉及一些基本面分析,但都如同通讯社稿件一样浅尝辄止。不过值得一提的是，它对市面上交易活跃品种的开仓点、最高点、最低点、平仓点、开平仓数量等给出了比较精确的信息。其中大部分都很准确，但你需要自己去核实来源，一般可能在高点、低点、平仓等方面的信息会有一些误差。

最好的做法是，不要去读《华尔街日报》期货版面的评论，但可以去看看其中的广告，这能让你即时了解谁在征求你的经纪账户。有许多经纪人都在《华尔街日报》上刊登广告。但出于某种奇怪的原因，投资咨询师不允许在上面做广告。一定要注意，不要被上面精彩纷呈的文章所迷惑，它们也许值得一读，但对于交易并没有多大用处。

《投资者日报》

《投资者日报》是一份比较新的出版物，由威廉·奥尼尔（William O'Neill）发行，到目前才刚出版三年。相较《华尔街日报》而言，它对股票的技术性报道更胜一筹。关于期货的技术性报道目前也有所提高。同《华尔街日报》一样，你能从中了解到每天开仓点、最高点、最低点、平仓点、开平仓数量、持仓量等方面的准确信息。这是一份值得关注的报纸，我认为鉴于其在技术层面上的重视，它很有可能从《华尔街日报》的收入中分一杯羹。希望《投资者日报》关于期货的技术性报道也能早日赶上其优秀的股票市场报道。这是一份期货交易者值得拥有的报纸。

《3000俱乐部》

《3000俱乐部》是全面展示期货交易市场最新动态的最好出版物，尤其是对那些考虑到刊物价格的投资者而言。《3000俱乐部》的出版人柏桑曼（Bo Thunman）每月发表两期市场动态评论，包括在售期货信息、评价好的和评价不佳的等内容。他还针对不同的市场交易方式和系统描述提供一些个人评论。

《3000俱乐部》并不仅仅是刊物编辑智慧的结晶，同时也凝聚了一些读者关于交易的优秀见解。我就曾经从其中一些交易者的公开讨论中摘取了一些很有价值的观点。

我这样说，当然完全没有贬低柏桑曼评论的意思。他的评论很值得一读，但一些读者的评论同样也非常重要。这些读者所面临的难题和你我一样，都试图弄清怎样交易，怎样做才对，怎样管理资金，什么时候买入，什么时候卖出。他们公开分享的意见会帮助你跨过一些个人障碍，同时提高你对市场的认识。你可以写信给柏桑曼获取一份《3000俱乐部》的样刊。（地址：2435 E. North St., Suite 103, Greenville, SC 29615.）阅读一年的《3000俱乐部》相当于修完了期货交易的研究生课程。

读书

提高对市场的认识接下来要做的当然就是读书了。

关于期货交易可读的书籍很多，好的、坏的、新的、旧的等等。由此可见，人们尝试了无数的方法，企图战胜市场。我们通常将这些书籍分为四类。第一类包括讲述基本原理的课本和教材。坦率地讲，我并不觉得这些书有什么特别的用处。

第二类是介绍市场交易技术层面的书籍，这种书籍目前最常见，数量也最多。在本章的最后部分，我将列出一些我认为最好的书目。这类书籍都是一些介绍特定工具和特定技巧的书籍。

第三类是讲述总体交易哲学的书籍，都是一些比较老旧的书。我没发现近年来曾出版过关于交易哲学和市场心态的书籍。现在的大部分书籍都是计算机搜索产物的备份而不再是交易的精神实质。

最后一类是所谓的"神秘之书"。在这类书籍中，你会发现期货价格受到占星术的影响……这类书籍会告诉你从"如何提高第六感去预测明天最赚钱的交易是什么"到"当木星与土星重合时什么会下跌"的任何东西。我把一些有关周期的书籍也归为此类，因此这些书籍并非通过传统的方法，而是倾向于用某种神秘的周期说去分析市场行为。令人吃惊的是，这一类书籍还真不少。当然，如果你对神秘学感兴趣，用心学习，就会发

第一章 去哪里寻求帮助

现其中也颇有学问，而且有些也并非全无用处。

不要以貌取书

"以貌取书"——从封面判断其是不是一本好书——显然是不对的，但是通过一本书的封面，你可以对书的内容有个大体的了解。判断你要学习或购买书的种类的最好办法之一，就是了解一下该书的作者。有些人（包括本书的作者）已经出版了大量的著作。你可以反驳这不一定可靠，很多作者虽然著作等身，但其实言之无物。

我十分同意这一点。从事期货交易书籍写作这一行的某些人似乎能够一周写一本书。坦率地讲，我觉得这样的书一点价值也没有。同样，也有一些人要用一年或更久的时间才能慢慢写出一本册子或书，但是他们的著作的确十分优秀。因此你要做的就是，拿到所有你能找到的书刊样本，挑出那些最能给你启发的作者。

当我和一些期货交易者聊天时，最令我惊讶的莫过于听他们说到某某作者如何出色，而我却对该作者的书摸不清头绪。可见萝卜白菜，各有所爱，因此，我建议读者要找一个自己喜欢的作者。这也许是学习期货交易的最好方法。

去你最喜欢的书店一趟

想要买到各种关于期货投机的书，可能需要去书店多趟。通常来讲，书店里关于期货交易的书籍并不是很多。很显然，这类的书籍不像路易斯·拉摩（Louis Amour）、杰奎琳·苏珊娜（Jacqueline Suzanne）、杜鲁门·卡波特（Truman Capote）的书那样拥有众多的追随者。但是现在书店里面关于期货交易的书比以前还是多了一些。一些大的出版商都试图将期货交易的书籍引入书店，所以我一直关注书店里上架了哪些新书。你还是偶尔可以在一些大城市的书店里发现一些新书。

目前交易类书籍的两大出版巨头分别是纽约的约翰威利出版社（Wiley

and Sons）和布莱特伍德的温莎出版社（Windsor）。本书就是由温莎出版社出版的。同世界上其他出版社一样，这两家出版社已经出版了大量的交易方面的相关书籍。它们主要通过邮件订购售书并提供保障退款服务，同时也出售其他出版社的书。

据我所知，约翰威利出版社确实通过邮购方式售书，但主要还是通过书店出售。不论如何，这两家出版社都能为你找书提供很不错的资源。获得它们所售书籍目录的最好方式是买本书（希望买的是我的）。普罗帕斯出版社（Probus）也出版了一些期货交易的书籍。

你还可以从一些结算类型的出版社订购书籍或获取书目。比如投资者出版社（地址：Box 6, Cedar Falls, IA 50613），写信给他们，即可获得上架在售书目的清单。

期货交易系统

现有的期货交易系统数量非常庞大，其中有些非常独特，十分具有技术含量。系统购买者如果遵循这样的系统进行交易，就会赚到钱。优秀的交易系统与一般的交易系统出现频率的比例大概为1∶20到1∶25。

购买交易系统是需要购买者注意的事情，因此你必须谨慎对待。我曾见过一些售价高达25000美元的交易系统还比不上售价为500美元的交易系统。我所见过的几乎99%的交易系统本质上都是偏向技术性而非基础性的，因此，如果你对市场的技术层面不太了解，第一次使用交易系统就需要下一番功夫。

获知市面上在售的交易系统最简单便捷的方法就是弄到一些咨询服务公司和出版社的邮件列表。系统销售商都倾向于通过这种邮件列表进行促销。另一个通道是通过仔细阅读期货杂志和技术分析杂志上的分类广告，系统销售商也经常在这些刊物上刊登广告。

《3000俱乐部》上也有各种市场所售系统的列表，我猜测任何一个上市销售的系统都逃不过柏桑曼锐利的眼睛。通过以上参考资源，你应该可以对市场上的交易系统有个不错的了解。当然，问题是怎样去判断一个系统的优劣。最好的方法就是判断该系统的开发者，这个开发者是否信守承诺？根据他之前的成果，购买其系统后是否有赚钱的可能？

了解期货交易系统的另一个资源是约翰·赫尔的《期货交易通讯》(Futures Truth Newsletter)（地址：Hillside Rd., Hendersonville, NC 28739.）。

目前，该刊物每月出版一期，其对交易系统的评价非常直白。约翰·赫尔通过刊物展示交易系统是如何运作的，你就能从中看明白其作用。对于寻找交易系统的人来说，这是一份必读刊物。

盗版者

还有这样一些人，我将他们称为盗版者或松鼠。他们会卖给你系统或是把你引入一群购买高价系统的人中。在业内待久一点，你就会认得这些人。如果你跟他们打交道，就很有可能惹上司法纠纷，因为那些确实持有好的系统的卖家曾经起诉过他们，将来也会继续打击这些盗版者。我知道这些，还曾亲自起诉过两起。我相信在未来会有更多的系统卖家对自己的产品进行维权。

必须承认的是，有些盗版者确实也有自己合法的东西，其中的一些部分也具有一定价值。

参加研讨会

医生有他们开会的地方，牙医开会去夏威夷，会计师开会去苏黎世，而交易者开期货研讨会一般都去芝加哥。

每年都有许多期货研讨会召开。其中有些是免费的，有些则很昂贵，这取决于你想将自己的市场交易及投机艺术提高到什么水平。

如果你比较幸运居住在一些主要的大城市，如洛杉矶、芝加哥、纽约或迈阿密等，你几乎每天都可以看到各种免费研讨会的宣传广告。洛杉矶正好是众多投资咨询师和期货经纪商选择召开研讨会的天堂。这些研讨会通常都是免费的，或者有时共需 25 美元，但不论如何，这都是交易新手们能获得的最好经验之一。

在那里，你可以遇到同行的交易者，能够帮你纠正一些错误并与你分享一些市场信息。不仅如此，你还可以见到一些业内的大人物，从而见识到各种各样的经纪人。在部分研讨会上，你会见到一些真正的操盘手，尤其是在洛杉矶的研讨会上。这绝非负面的经历，而是非常积极的，通过这种方式，能够让你对市场的认识逐渐完整。毕竟在这样一场智力和金融的挑战中你必须明白对手是谁。

你可能会中途离席一些研讨会，但是去参与研讨会的经历是非常有价值的。如果你去洛杉矶度假或访问，你只要调到 22 频道的 UHF 就可以了解所有免费研讨会的信息了。选择一些去参加，你也许可以学到一些东西，也许学不到什么，但是谁又知道智慧的珍珠究竟在哪里呢？

昂贵的研讨会

你的名字出现在一些邮件列表中以后，你就可以参加一些比较昂贵的研讨会了。在这些研讨会中，你会接触到一些特别的期货交易系统或交易技巧。

对这些研讨会有两种不同的评价。有些人认为这些研讨会的推广者是为了迎合交易者，企图通过召开研讨会赚钱——因为他们从市场交易中赚不到。

有些昂贵的研讨会就曾有过非常惨淡的历史。有些人举办的研讨会在像芝加哥这么大的城市竟然只有两三个人出席！有些人认为其高昂的价格只是为了坑钱。

对于这些研讨会我正好有些不同的见解。因为我就曾花钱去参加过一些，还做过一些推广。

我认为，作为一个强大的自由创业者，每个人都有权利去推广任何他们想推广的东西。问题在于，你怎么判断一个研讨会是否有价值呢？

坦率地讲，你无法断定。因此，如果你要去参加某个研讨会，就要先

第一章 去哪里寻求帮助

弄清楚该会议是否具有任何保证或保障。它必须确保你不止是仅仅从中获取几份不确定是否能够帮你赚到钱的打印材料。

我听说过这样一个故事，一个在内华达州太浩湖举办的某个研讨会的参与者曾告诉我，该研讨会的主持人印发了两张材料，里面没有一点内容可信，所有材料一发完他就走了，但却收取了 1000 美元。

你该对研讨会期待些什么？

正如太浩湖研讨会的与会者所告诉你的那样，你对研讨会的期望显然应该不止是拿几份会前匆匆打印的材料而已。

在我看来，一次运作良好的研讨会时间首先不能太短。会议应从早上八九点钟开始至少持续到下午五点或更久一点。研讨会还应为与会者准备午餐，更重要的是要准备一份手册或至少是阐述会议中所讲授技巧的大纲和书面说明。

如果你没拿到任何书面材料，换句话说，如果你需要自己记下所有会议讲授的技巧，那么这场研讨会的水平就十分值得怀疑了。因为你很有可能并不能完全准确记下会议中所讲授的东西。没有什么比书面材料更为可靠了，所以要确保拿到与会议主讲人所讲东西完全一致的书面材料。

你可以试想一下，如果你拥有一个十分可信且盈利的交易系统，那么它值多少钱？简单地说，一个交易系统的价值大概在 5-20000 美元，甚至 100000 美元。毕竟只要它能持续运行，你就可以从中获得大量收益。

正是出于这个原因，我才认为 1000-5000 美元的门票其实并不贵。而有些人并不这样认为，他们觉得价格太高。还有一些人认为花这些钱在期货交易系统上并不划算，有些便宜的比最贵的还要好。

这也许并无道理，但我还是倾向于认为昂贵的研讨会回报率更高。很显然，在票价为 50 美元的研讨会上没人能给你打开财富大门的钥匙。

除了拿会议指南之类的文字材料之外，去参加研讨会还有另外一个好处，那就是能够认识一些像你一样通过这个未来即将展开的系统做生意的交易者。你可以与他们比较一下各自的笔记，交流一下其是否真如会议推广者所说的那样有用或即将有用。你还可以通过与别人比较,看看有谁做出了哪些更好的改进,这种情况经常发生。系统创建者的想法毕竟有限,但学生们通常能为该系统增添更多色彩,使其大有提高。因此,与其他与会的交易者交流非常有用,这可以提升系统的价值。

研讨会资源

近来,财经信息网就举办过期货和股票交易研讨会。你可以关注一下财经信息网的研讨会通知。最后,我要介绍一下国际期货研讨会(Futures Symposium International),该会议每年举办一次,是年度最大的期货交易研讨会。这个研讨会通常都有15-30位发言人,每位发言人都能传授一项很有价值的交易工具。其中有些是新的交易工具或策略,也有些不那么新颖。但无论如何,会议发言人的职责就是给所有与会者提供一些真正有用的东西。参加研讨会也时常会遇到这种情况,发言人在上面拍着胸脯自吹自擂,吹嘘自己的发型打理得多么好,鞋子擦得多么闪闪发光。

国际期货研讨会审核极其严格,淘汰掉了那些华而不实的人,只挑选那些真正能对我们的投资知识体系有所贡献的人作为会议发言人。因此如果有机会参加,就有机会见到一些杰出的期货交易者,通过问答的方式听他们演讲,通常还能私下接触到他们,跟他们一起用餐或一对一交流。

期货杂志也举办研讨会,与国际期货研讨会相比,其本质更为基础。《期货视角》(Commodity Perspective)有时也赞助一些研讨会,你应该关注一下他们的动态。

如果你不能参加研讨会

由于时间冲突或距离因素,你可能无法去现场参加心仪的研讨会。而且当你算上机票、食宿等费用后就会发现参加研讨会的成本非常高。

由于以上原因,一些大的研讨会在闭幕不久后会发售录音带。

大多数录音带的质量都不错,但偶尔也有些录音带的音效比较混乱。

第一章 去哪里寻求帮助

从大多数好的录音带中你能获得跟会议完全一样的信息，当然只不过无法向发言人提出你的疑问。发言人较多的大杂烩式的研讨会要比只有一位发言人的研讨会更有可能会发售录音带。

如果你想参加某次研讨会但担心花销或预算不够，你可以咨询赞助商是否会发售录音带，如果是的话，就可以选择买录音带了。

图解市场

可供交易者选择的图表服务种类很多。在接下来的几段中，我将列举一些我所知道的图表资源，并详述其优劣之处。大多数情况下，你可以写信索取赠送本，然后再确定你所要订阅的图表服务。他们会免费或低价寄给你一份图表。但这种图表通常不会及时到达，即使是用特快专递邮寄，在你收到时其所描述的市场动态也已经是过去时了。

现在由于新的印刷过程或者邮政编码预分类排序的原因，我周一就能收到从一些大型图表服务公司订阅的表格。我相信大多数的交易者都有同样的体验，不论住在哪个城市的郊区或所订购图表的公司在哪里，大多数时候都能在周一准时收到图表。我所列举的图表服务公司的准确性都非常高。他们的图表所显示的最高点、最低点、平仓都是真实的数据。其中大多数制图都非常出色，图表清晰可辨，并且符合邻近的重要的合约月份。

作好花费一笔的准备

图表服务价格不低。根据你所订购的服务不同，价格在年均300-550美元之间。所有的图表服务都不便宜。订购图表服务能够使你在订阅诸如《时尚先生》、《时代周刊》、《新闻周刊》或《体育画报》等杂志时更珍惜你所获得的价值。

毕竟图表的印刷都比较简单，除了白纸黑字没有其他色彩，没有塑封页面、布局和排版，无需雇用高薪作家或海外记者。即便如此，图表服务的价格仍然很高。

图表大汇总

Quotron Future Charts（地址：Box 1424, Racine, Wisconsin, 53401, 电话：(414) 634-3373.），该图册最近正试图下调价格。尽管如此，已经下调过价格的表格服务的间接费用仍然很高。据此看来，我们不能期待图表服务的价格会有大幅的下跌。毕竟其不像全国性的杂志那样拥有成千上万的订户。Quotron 在计算机方面（用于绘图）的开支颇大，他们拥有自己的内部指标并关注着许多市场的动向。唯一的不足之处是，有些人认为他们的图表太小了，还有些人不喜欢其印刷所用的纸，因为这种纸质渗透性太强，自己更新内容或使用签字笔书写时不太方便。但是他们的图表服务能提供最全最好的参考指标。试试你就会喜欢，我用的图表就是这种。

Dunn and Hargitt（地址：P.O. Box 1100, Lafayette, Indiana, 47902.），该图册 195 美元/年的价格确实非常便宜，与 Quotron 相比，信息量可能略显不足，但也包括所有交易活跃月、可信数据、开仓、高点、低点、平仓、成交量和持仓量以及足够的空间供你在拿到新的图册之前记录自己现有的图册。如果手头比较紧，Dunn and Hargitt 就是不错的选择。

Security Market Research（地址：Box 14088, Denver, Colorado, 80214.），据我多年的观察，这份图册所提供的指标非常独特。包括两种指标：一个指标是两条移动平均线之间的差别，另一个是前一个指标的平滑线。Security Market Research 通常被简称为 SMR，他们也出版股票图册。其图册都非常简练，提供的指标是长期以来许多交易者参考的标准。不足之处是该图册非常小，如果你喜欢每天自己更新信息，例如记录对市场范围的感知或近距离的观察，那么这份图册并不适合你。它的优点是尽管只有 8.5×11 英寸大小（比那些大的图册要小很多），但是有时却比那些大的图册更能全面地呈现市场。

Eillott Report Chart Service（地址：P.O. Box 30223, Dallas, Texas, 75230.），这个图册服务是我的朋友 Jeff Elliott 创办的。该图册价格高达

第一章 去哪里寻求帮助

525 美元/年，但不要被其高价吓跑。如果可以的话先从 Jeff 那里拿一本看看你在从事交易时是否会使用该图册的一些独特之处。Jeff 虔诚可靠地经营这份图册，其中包含许多其他图册都没有的数据。你可以自己判断一下其是否物有所值。

Hadady Professional Chart Service（地址：61 S. Lake Ave., Suite 309, Pasadena, California, 91101.），该图册售价 390 美元/年，与其他图册服务的价格差不多。有趣的是，Hadady 提供一些其他图册没有的信息。首先他提供《对立观点》上的共识，由此你可以看出大多数期货交易咨询师是看涨还是看跌。另外，他有时还提供一些其他数据。该图册服务值得关注。

Commodity Perspective（地址：30 So, Wacker Dr., Suite 1820, Chicago, Illinois, 60606.），这是订阅量最大的图册服务，因此其中必有原因。原因之一肯定是因为其是规格最大的图册——宽 9 英寸长 13 英寸。该图册最近新增了高点或低点平仓的信息，另外还有短期内以 RSI 为指标的成交量和持仓量以及通过移动平均线显示的长期小规模价格活动。目前的定价是 395 美元/年，共计 26 份的双周版定价为 240 美元/年。这是我订购的两项图册服务之一。

Commodity Trend Service（地址：1224 U.S. Hwy 1, Cove Plaza, No. Palm Beach, Florida, 33408.），该图册起初是在中西部发行，现在移至佛罗里达。其在过去几年进步非常大，与其他图册服务相比，也很有竞争力，绝对是值得关注的后起之秀。

Spread Scope（地址：P.O. Box 5841, Mission Hills, California, 91345），该图册看待市场的角度与其他图表服务有所不同。他们的目的是帮助你分析市场之间的关系。因此，与提供每天的开仓、高点、低点和平仓这些信息相比，他们更加关注每月之间价差的对比。订购价格是 295 美元/年，确实物有所值。

报价设备

期货信息最大的革命发生在报价服务领域。我记得很久以前在我位于加州卡梅尔谷的办公室有一台 Quotron 设备。报价通过电话线传输进来，进入一个体积约为 6×4×4 英尺、重达数百磅的盒子里。我唯一能看到的只是一张印有某只股票或期货最终报价的纸条。

天呐！现在发生了什么！我最近刚从 Commodity Quotegraphics 购买了新的报价设备。再也没有可怕的庞然大物轧轧地制造噪音了。取而代之的是一个直径约为 3 英尺的小型天线接收器，通过卫星传输报价。进步相当大！

天线接收器通过电缆将数据传输到我的计算机里，计算机把数据处理后将图表显示出来——真正的图表。我有 5 分钟、15 分钟、20 分钟、每小时、每周、每月甚至十年内的图表，所有都在我的显示器上并可以打印出来。该服务的价格并不贵，每月大约 500 美元你就可以得到大多数期货报价服务。

变革。我所见到的真正的变革是一些老的股票报价线路提供商（如 Bunker Ramo，Quotron 等）慢慢被淘汰出局，因为他们仍旧使用电话线获取数据的，这种方式不仅成本很高而且一旦断线就非常麻烦，对于比较偏僻的地方确实是一个难题。这对于我在洛杉矶的经纪人也同样困难，因为一旦出现问题后，维修人员从洛杉矶的一个地方赶到另一个地方也很费周折。

我确信未来所有的报价设备都将通过天线和卫星传输数据，那些采取了变革的公司会得以继续存在，不变革的则会被逐渐淘汰。

下面，我来介绍一些可用的报价设备：盐湖城的博纳维尔电信（电话：1-800-225-7374），他们可以逐笔为你提供所有主要市场的在线数据。

路透社（Reuters）不像其他期货报价设备那样具有直观可见的功能，但是路透社这个名字简直就是金融信息的同义词。他们的地址是华尔街 2 号，电话：212-732-7800，你可以通过这些方式联系他们，学习与交易者

第一章 去哪里寻求帮助

交流的最新方法。

在纽约斯卡斯代尔,你可以联系 Comstock (电话:1-800-431-5019),他们可以为你提供最新的报价设备。位于康涅狄格州斯坦福的 Comtrend (电话:1-800-243-2556) 长期以来一直为交易者提供报价设备。他们经过了时间的考验,其最新的设备同样值得关注。

伊利诺斯州伦巴第的 Commodity Communication (电话:1-800-621-2628,分机:717) 是提供期货报价服务的另一个优秀资源。我的办公室里就有他们的服务项目和图表。

还有两个不容忽视的资源,其中一个是期货新闻服务 (Commodity News Service) (电话:1-800-225-6490,地址:堪萨斯州利伍德区,62206.)。期货新闻服务是市场消息非常权威的来源,现在也提供在线期货报价,以前他们的大多数数据都是分时图风格或打印版,这显然比高价的计算机要经济实惠很多,可能是获取以分钟计的更新信息最便宜的方式。

另一个是位于路易斯安那州新奥尔良的 CompuTrac (电话:504-895-1474),他们为交易者提供两项非常有用的服务。目前你可以订购他们以分钟为单位的市场信息业务。另外他们还可提供大量介绍市场交易的工具及技巧的目录以供你创建自己的交易信息。CompuTrac 主要通过计算机提供服务,因此如果你十分通晓计算机,那么我更加确定你应该联系他们。你可以联系蒂姆·斯莱特,他可以为你提供很多帮助,将数据输入你的个人计算机,更重要的是使计算机能够协助你进行市场交易。所以当蒂姆跟你聊天——尤其是聊计算机和期货交易——的时候,你应该好好听。

我把我所认为最好的报价服务留在最后介绍——Commodity Quotegraphics——我用的就是这个,他们的地址位于科罗拉多州格林伍德温泉(电话:1-800-525-7082)。对我来说,它就是报价服务行业的凯迪拉克。Commodity Quotegraphics 是我的一位老朋友蒂姆·麦瑟创立的,他和其公司成员都非常可靠、准确、友善、谦逊、有帮助且值得信赖。他们组成了一个超级报价设备,任何赞誉之辞都不为过。除了报价服务外,他们还提供图表服务以及适用于各种不同时间框架的交易工具供你进行市场交易。

其价格与其他公司差不多，当然价格和服务项目每年可能会有变动，当你寻找报价设备时可以逐一联系打听一下具体行情。

报价设备并非人人适用，而是为专业的交易者——那些肯花时间坐在屏幕前时刻关注市场动态的人准备的。因此不要自欺欺人地认为只要有屏幕就能赚钱。我甚至认为有个时刻显示市场动态的屏幕可能一点也不会增加你的收入，在订购报价设备服务之前你首先要有一套自己的交易工具和指标，培养自己对市场的感知及交易风格。

对咨询服务的建议

鉴于市场交易的方法跟进行市场交易的人同样多，各种咨询服务数不胜数也就不足为怪了。咨询服务行业领域从基础服务项目覆盖至技术服务项目，你会发现有根据各种各样的基础提供咨询服务的，包括算卦占卜、交易产量、趋势图像、移动平均值等等不一而足，甚至还可能会有基于某种市场交易的特定技巧提供的咨询服务。

很多人都将矛头指向了提供咨询服务的咨询师，我认为是时候为我们这个行业的人辩护一番了。首先我要坦白地表明，我们并非万能。同许多进行市场交易的人一样，我们也有失败的时候。但是咨询服务能够为客户提供两方面的价值：一是能为客户带来持续的利润。因此，订购了某些咨询服务的客户在从事交易时会有一个良好的大体方针。即使咨询服务仅仅能提供赚钱的希望，在期货交易过程中充满希望也不失为一件乐事。期货市场通讯中报道的这样赚了钱的消息不胜枚举。

其次，如果我们将咨询服务当作一种工具，就能从中学到许多东西。很多提供咨询服务的咨询师自己从事交易可能没赚多少钱，但在通过提供咨询服务教其他人交易的过程中却赚了不少，他们中有些人教的东西有很多。我自己的咨询服务公司 Commodity Timing 针对我所经历或使用过的市场交易的配置、模式、工具、系统和技巧进行了特别的研究报告。我们的通讯报告也不例外。通过阅读或听听一个好的交易者的想法，你会发现自己交易的策略和工具都能得到提高。

第一章 去哪里寻求帮助

有趣的是，在我1973年所写的第一本关于期货交易的书《我是如何通过期货交易赚到一百万美元的》中，我提到了一些期货资讯服务，如今这些服务大多不在了。

这并非是一个脆弱的行业，但确实是一个艰难的行业。

因此评价某项咨询服务的最好标准之一，或许是看其存在的时间长短。这对于刚刚从事咨询服务行业的人可能不公平，但有超过半数新开始的咨询服务很快就消失了。

以下是我个人对咨询服务的评论。其中有些我并不了解，我会相应地标记出来。我所知道的好的服务，就会将其优点告知给大家，我所听到的不好的，也会如实描述。这是我对现有的服务项目所做的总结。等到三五年甚至十年以后，你再来看这本书，就会备感惊讶，你会发现许多服务项目到那时还仍然存在。这些就是我最愿意花钱买的项目。大多数情况下，写期货市场通讯的人都要比那些董事会成员更加诚实可信。

这个群体中也有一些害群之马。但从我过去25年的经验大体来看，那些发行股票和期货市场通讯的人首要目的都是击败市场，其次才是获取订户。然而有一些人本末倒置，不惜一切手段只为获取更多的订户。在自由市场系统下这种人确实存在。

好消息是这种人并不多，大多数提供咨询服务的咨询师都相当正派。在过去（我讨厌这样总是提起过去，但是你有必要了解一下过去的情况），投资咨询师们会使用各种虚假的跟踪记录捏造他们从来没有买入或卖出的各种价格。据我观察，这种现象目前大多已经消失了，尽管还有一些咨询师使用可疑的数据记录，但情况已经比过去好多了。

如果你从事过市场交易，那么为了确认你的咨询师所说的某个条目的价格属实，你需要自己核实一下它是否与你合理的预期相一致。

现在有了类似布鲁斯·巴布科克（Bruce Babcock）出版的期货《交易者报告》（Commodity Traders Consumer Report）这样的刊物，你可以更清楚地了解咨询服务的状况。正如你在布鲁斯的刊物中所了解的，确实有许多写市场通讯的作者非常赚钱。虽然没人永居第一，但排名前十的作者每年几乎都没有什么变动，你会发现同样的名字反复出现。布鲁斯对交易条目的要求等标准极为严格,你可以完全信赖他的评价指标。

Accu-Comm Futures Forecast(通讯地址:3645 38th St. S. E. ,Suite 187, Grand Rapids, Michigan, 49508.),该刊物是由我认识且尊敬的 Gary Tilkin 出版的,他在业内的准确性非常高。其刊物提供的服务非常优秀,人也非常好。

Braun's Systems(通讯地址:317 Wynfield Drive, Louisville, North Carolina, 27023.),该刊物由 Bob Braun 发行的。Bob 开发了许多市场交易系统,他对争取排名非常执着,不过我们不都一样吗?尽管 Bob 没有透露太多秘密,该刊物读起来还是非常有趣的。

Cambridge Commodities Market Letters(通讯地址:Kendall Square Building, Suite 520, Cambridge, Massachusetts, 02142.),该通讯是 Jim Kneafsey 出版的。其履历非常优秀,并且能教给你一些交易策略,包括非常值得关注的即时信号电话提示。Jim 绝对是你难得一遇的优秀人才。

Commodex(通讯地址:1100 Blvd. East, Guttenberg, New Jersey, 07093.),该刊物是现存同类刊物中历史最久的,起初由父亲创办,现在由儿子 Phil Gotthelf 继承。其如机械系统一样可以捕捉到大的市场行情,但是一旦没有什么大的行情就派不上什么用场了。Commodex 已经发行很久了,这也是其最大的卖点之一。

Commodity Close Up(通讯地址:Box 6, Cedar Falls, Iowa, 50613.),该刊物最初由 Mort Cleveland 发行,他总是使用许多月相变化等相关的东西来预测市场。现在仅是众多市场行情报告中的一份而已,质量一般。

Commodity Timing(通讯地址:Box 8162, Rancho Santa Fe, California, 92076.),这份商情报告是我本人发行的。你可以通过以上地址联系我们。像其他所有商情报告一样,我们的状况也并非一帆风顺。我们或许过多地参与了市场交易,但总的来说这些年利润不错。1985 年上半年,我们以所有服务报告中最小的权益回撤,赚取了最大的开平仓利润,而根据 Bruce Babcock 中的排名,1986 年,我们在所有的商情报告中位列第二。(附注:出版者提示:拉瑞·威廉姆斯的 commodity Timing 暂时停刊。他的方法现在都用去管理账户了。)

第一章　去哪里寻求帮助

Davis-zweig Futures Hot Line（通讯地址：900 3rd Avenue, New York, New York, 10022.），该刊物由我的老朋友 Ned Davis 发行，他与 Marty Zweig 是合作伙伴。他们俩或许是业内最优秀的咨询师，不仅出版最好的市场信号，还有大量的数据。

Demark Futures Forecast（通讯地址：Box 1682, Racine, Wisconsin, 53401.），该刊物由 Tom Demark 发行，他是业内最有创造性的人之一。该刊物非常新颖，履历大起大落，1986 年在丹麦排名第一。

Dines Commodity Letter（通讯地址：Box 22, Belvedere, California, 94920.），此刊物由一位从业很久的人发行。他的市场通讯的历史比华尔街尽头的那棵梧桐树都要长久，他是最初的黄金投资者并成功转型从事期货交易。其通讯没有任何不妥之处，Jim 的写作风格和活跃的思维就足够成为订阅的理由。

The Elliott Wave Theorist（通讯地址：Box 618, Gainesville, Georgia, 30503.），该刊物由 Bob Prechter 发行。Bob 确实十分了解艾略特的波浪理论，因此在业内炙手可热。他或许比艾略特本人还要了解他的理论。同时他也了解市场结构和情绪指标等等。他是一位非常有经验的交易者，可以教你很多。

The Factor Report（通讯地址：Rt. 7, Box 263, Brainard, Minnesota, 56401.），该刊物是 Peter Brandt 发行的，并且做得非常优秀。我听说他在账户管理方面也非常出色。他比较保守，不经常交易。履历也很不错。

FSA Market Outlook（通讯地址：Box 6547, Lake Worth, Florida, 33466.），这是另一个履历可圈可点的市场通讯。他们主要尝试大笔交易，因此过程中赔得也较多，但整体还是盈利的，也不错。

Green's Commodity Market Comments（通讯地址：Box 174, Princeton, New Jersey, 08540.），这是另一个历史较长的市场通讯服务，但我从未发现其发布的市场信号特别有用。履历显示其质量一般。该刊发行人 Charles Stahl 非常出色，在技术分析及基础分析方面做出了很大贡献。

Investment Educators（通讯地址：Box 2354, Des Plaines, Illinois, 60018.），George Lane 从事这一行很久了。他是一位非常古怪的期货交易

者，有时有点难以接触。市场中各种行情他都见过，是一位非常好的老师。

Kimball Associates（通讯地址：1418 Rummel Road, St. Cloud, Florida, 32769.），该刊物宣称已经获得了终极答案；但事实上他们的履历记录并不比其他图册服务那么好。他们的确采用了回归分析。

Market Vane,（通讯地址：61S. Lake Avenue, Pasadena, California, 91101.），该刊物是在我进入此行的 1965—1966 年开始出版的，可见历史也比较久。它最大的长处是会公布一些有争议的数据。对于如何使用这些数据我不太确定，但是该刊是提供不同意见的资源，拥有大量数据、研究和信息。

MBH Weekly Commodity Letter（通讯地址：Box 353, Winnetka, Illinois, 60093.），该刊物是业内最具教育性的杂志，由我的好友 Jake Bernstein 出版发行，绝对物超所值。它或许不能带给你最好的交易，但是能给你提供最好的指导。最近，Jake 成为了市场胜率最高的咨询师。

Opportunities in Options（通讯地址：1731 Home Avenue, Suite 149, Sacramento, California, 95825.），该刊物起初由 Dave Caplan 发行。Caplan 对于短线交易颇有心得。更重要的是，他懂一些我不熟悉的期权。目前，他在这方面的交易成果都不错。如果你也从事期权交易，可以看看他的通讯。

Tiger on Spreads（通讯地址：Box 1414, Mclean, Virginia, 22101.），价差或许比交易者所了解的更能体现市场的即时基本信息。Phil Tiger 的图册主要关注交易价差。如果你从事与价差相关的交易，一定要看看这个。

Weiss Research（通讯地址：Box 2923, West Palm Beach, Florida, 33402.），Marty Weiss 是一个倾向于看跌的出版商，因此在熊市时他的图册非常出色。然而，在牛市时就会出问题。该刊信息量大，货币状况数据很多，基础扎实。对于长线交易者来讲，这是一份很好的图册。Weiss 通过该图册已经赚了一大笔。

Financial Perceptions（通讯地址：50 Santa Rosa Avenue, Santa Rosa, California, 95402.），这是一份由 Rajiv Sharma 发行的较新的图册。Sharma

第一章 去哪里寻求帮助

优秀的记录曾经轰动了华尔街。让我们拭目以待看他能不能继续保持。你可以看看这份图册。

Gann Angles（通讯地址：245-A, Washington Street, Suite 2, Monterey, California, 93940.），该刊由 Phyllis Kahn 发行，他对刊物本身十分了解。但是该图册却总是让我看得很困惑。Phyllis 有其独特的角度。

Commodity Investment Analyst（通讯地址：P. O. Box 39815, Phoenix, Arizona, 85069.），该刊由 Walter Reed 创办，现由 Eric Hansen 出版发行。主要关注从基本面进行交易。如果你有大量的现金，它可以帮你赚到钱。但在基本策略发挥作用之前市场也在变化。

Mega Trades（通讯地址：Box 767, Winchester, Virginia, 22602.），Michael Chisholm 出版。Michael 主要从事大宗交易，主要关注他认为十分可靠的交易。该刊比较有趣，信息量也较大。

Boardwatch（通讯地址：350 Ward Avenue, Suite 106, Honolulu, Hawaii, 96814.），Tom Aspray 发行，他曾师从业内大师 Bert Dohman Ramirez。看 Tom 自立门户应该挺有意思。我想应该不会有什么问题。

Commodity Trend/Trading Analyzer（通讯地址：560 S. Hartz Ave., Suite 386, Danville, California, 94526.），Charles Patel 发行。Patel 有能力做好一份通讯报道，但是他不会。他似乎拥有所有人的系统备份。他很擅长使用移动平均线及震荡指标，这些是我多年前就不再用的（至少不是以他所用的方式）。

Philadelphia Advisor（通讯地址：Box 420491, Atlanta, Georgia, 30342.），Andy Cardwell 发行，是较新的通讯报告服务。看其是否能够经受住时间的考验。他们的初期成果很不错。

Z900 Program（通讯地址：574 Melvin Ave., Tarzana, California, 91356.），这是 Richard Ulmer 最新的投资。Richard 宣称其揭示了供求关系的秘密。他过去宣称过太多，有的做得很好，有的很差。也许这次他会有所突破。希望如此。

Spread Scope Letter（通讯地址：Box 5841, Mission Hills, California, 91345.），这可能是关于价差的最好的图册服务。如果研究价差交易，一

定要订购一份。

Volume Reversal Survey（通讯地址：Box 1546，Chicago，Illinois，60690.），这是一个挺有意思的通讯服务，其主题很有意思——交易量逆转与价格成反比。并且宣称可以预测逆转什么时候发生。他们的有些信息比较准确。

WOW Indexes（通讯地址：2000 palm Beach Lakes Blvd.，Suite 200，West Palm Beach，Florida，33409.），该通讯服务严格遵照交易者的持仓报告报道不同交易者的动态。其价格较高。看看能否至少拿到一份赠阅本先学习一下，看你在交易中是否用得着。

Dunn and Hargitt（通讯地址：22 N. 2nd Street，Box 1100，Lafayette，Indiana，47902.），他们不仅发行期货通讯，还发行图册，或许比其他任何咨询师都要有更多资金。他们肯定知道一些东西，你可以读读他们的通讯。

Princeton Economic Consultants（通讯地址：101 Carnegie Center，Suite 314，Princeton，New Jersey，08540.），该通讯服务价格较高，每季度150 美元。但是显然他们拥有关于昂贵的金属市场最好的信号。可以看看其对你来说是否值得。

The Elder Viewpoint（通讯地址：Box 20555，Columbus Circle Station，New York City，New York，10023.），这份通讯曾经是私人定制的，现在才公开出版。对于他们的表现是否优秀，没有记录可循，但我听到过一些赞誉。你可以写信给他们看看最近的市场信号。

Freese-Notis（通讯地址：1453 NE 66th Avenue，Des Moines，Iowa，50314.），他们预报天气比预报期货市场更多。似乎可以如此假设：只要你知道天气就能预测期货。

Precision Timing（通讯地址：Box 11722，Atlanta，Georgia，30305.），由 Don Vodopich、Elliott Wave 和 Gann Angles 联合出版。Don 是个非常具有创造性且低调的人。他很精通市场，可以在这方面给你很好的指导。

当然，提供期货咨询服务的远不止这些。上面所提到的是我认为使用最多的咨询服务资源和我的评价。你可以提出在本书中看到的信息资源，

第一章 去哪里寻求帮助

我想大多数咨询服务提供商都会提供给你一份赠阅本，供你参考或选择。否则他们做生意的方式就太奇怪了。

Club 3000（通讯地址：4550 N. 38th St., Augusta, Michigan, 49012），我在前面已经提到过这份刊物，由 Bo Thunman 出版。这是我着重强调的一份作为阅读材料的刊物，它有关于市场动态以及正在运转的系统的大量数据。有时可能会稍显八卦，但也并无大碍。

Future Magazine（通讯地址：219 Parkade Street, Cedar Falls, Iowa, 50613.），这是一本关于期货交易的杂志，原名是 Commodities。其内容涵盖了所有市场动态。其中有些文章对我而言太过笼统，我希望它们能更具有技术性。如果你从事这行的话，就有必要读读这个。

Intermarket（通讯地址：175 West Jackson Blvd., A261, Chicago, Illinois, 60604.），这份刊物比 Future Magazine 要贵得多，每年 78 美元。文章形式多为访问记录，显然更适合货币基金经理，而非小散户交易者。

Technical Analysis of Stocks and Commodities（通讯地址：P.O. Box 46518, Seattle, WA, 98164.），这是一份最新的（有人认为是最好的）刊物。整刊都是有用的文章，对有些人来说可能太多了，但我期望读到其中的每一篇文章。

找到你的经纪人

你想在商品市场中做大？现在就想开始？很急切地想开始！你的下一步是什么？你需要什么？

你需要一个经纪人，不是任何的经纪人，而是符合你那种类型的经纪人。一个与你有关的经纪人。一个知道你正准备做什么的经纪人。你需要一个能和你舒适相处的人。一个能和你合作的人。

你该如何找到他？你去哪里寻找？推荐人可以是一个很巨大的资源。如果其他人都和他相处很愉快，那他可能就是你正在寻找的人。另外一种途径是通过声誉。知道这个人是因为他知道他正在做什么，他的客户知道这一点。对他进行考察核实。最后一种途径且在我观念中最好的一种，是

期货交易终极指南

通过你自己与这个领域经纪人的接触。与他们聊天。了解他们。

你正在寻找什么？列出你的优先权。

（1）你能和他交谈吗？你有在电话上密切交谈吗？

（2）他跟你的交易风格有关吗？

（3）他能给你提供你需要的市场信息吗？

（4）他能达到彼此的预期吗？（更多要关注这一点）

他的回答是对的吗？你感到舒服吗？你们彼此在一起感觉好吗？安心吗？如果是，你就找到了你的经纪人，你就准备好开户交易。在开始第一笔交易前，你与你的经纪人讨论过游戏的基本原则吗？你们双方都同意如何准确地把握：

（1）下单。

（2）开始一场交易。

（3）跟进一场交易。

（4）结束一场交易。

如果不是，现在就开始做！你就能避免大亏的陷阱。

下单的最好方式与在交易所提交的顺序一样。买/卖，数量，商品，价格，定单有效时间。我们在580止损点买入12月的白银合约。总是以确切的方式下命令。不要给问题和解释留有余地。保持简单。准确操作。如果这样做，你就能避免代价高昂的失误。

开始一场交易的唯一方式是你已经准备策划好。如果你不能准确地知道你打算做什么，你该如何告诉你的经纪人呢？你为什么进行这场交易。知道你的入口在哪里。万一你的交易是错误的，知道你的出口。当交易朝你有利的方向发展时，知道你的价格目标。

跟进交易的唯一途径是，有一个止损指令。使用止损指令时间与你的进入指令是同时的。

就是这样！请不要讨论！这是我学到的第一条规则，也是我打破的第一条规则。我忽视了这条规则，导致我损失了很多钱。

至于你为什么不使用止损点，有多少交易者就有多少理由。唯一值得考虑的原因是，如果你不用这条规则，你不需要一个经纪人，你就会亏

第一章 去哪里寻求帮助

损钱！

反过来，你对经纪人有什么期待？他的主要作用是什么？

（1）准确迅速地执行你的具体指令。

（2）按要求给你市场的最新信息。

（3）维护你的账户结余、保证金和其他经济细节。

（4）每次你想下单时都能为你提供实时帮助。

这些是他的首要职责。大多数好的经纪人没有止步于此，他们需要更多信息。他们想要知道你从哪里来，你是如何做交易的，你真正需要什么。市场交易过后或者市场行为间歇的谈论，都可能引出很多这种事。关键就是一起合作。建立一种默契。建立信任。

这就带来一个要不惜任何代价避免的问题。"他们"的消极态度就会出现。那些用"他们"来称呼经纪人的人，为他们不好的交易成果找借口。太经常使用这词，最终你的经纪人就会成为"他们"其中之一。信任就不复存在。相互帮助的关系就会变成对抗的关系。谁需要它呢？我们有更重要的事情去做。比如，寻求下次成功的交易。

虚构的"他们"的存在是因为价格下滑，即"坏的"填充物，使用止损指令是由于正常的市场走势。我们越早发现这些是做生意的代价，我们就越早能回到做重要的事情上来——在市场上赚钱；这是底线。

很多琐碎都会成为赚钱的商机。辛苦的工作，焦虑的时刻，有风险的资金，这些都是赚钱需要经历的部分。你与经纪人之间的关系也同样如此。在许多方面，可能是最重要的一点。找到能最好满足你需求的经纪人。与你相关的人。一个和你工作的人。一个有他在身边你可以工作的人。与他建立轻松的关系。充分利用这一点。然后，再带上一点好运的微笑，你也可以将交易做大。

第二章 建立系统

一般的经验是，如果事情进行不顺利，人们就会以各种方式尝试创建一套系统使事情顺利进行下去。

无论是试着算出哪匹马会在贝尔蒙特赛马会胜出，还是海豚队是否能打破49次记录，还是如何维持婚姻幸福，保持健康、富有和明智，还是如何击败市场，人们似乎致力于创建系统使生活更简单。接下来是一些我在建立系统过程中观察到的。我已经花费大量时间建立系统，不仅是市场系统，还有其他研究系统。如果你想要寻求建立系统，我对系统的观察可能会帮助到你。建立系统的重要原则是，如果你的系统太复杂，它就行不通。

对此有一个解释：事物越复杂，自我摧毁的机会就越多。

更糟糕的是，由于在一个复杂的系统内有许多元素，你可能在很长一段时间内都不会察觉到系统的自我摧毁。总而言之，复杂的系统出错有很多种方法。无数的参数可能导致错误。因此，在系统建立方面，我试着将重点放在简单而非复杂上。处理这个问题的方法就是观察找出数据中有多少变量，然后开始限制变量。复杂并不会使一个系统更好。很多系统建立者，特别是数学家、大学教授和计算机高手，似乎都觉得复杂能够创立系统。实际并非如此。你在系统开发中做越多工作……好好调整它……你就越有可能会开发出一个失败的系统。

如果你打算制造一个完美无比的奇特设计时，这边拧一根电线，那边弯一根电线，这就是最具毁灭性的举动。你自以为某个位置的螺丝钉拧得很好，殊不知，当你在拧螺丝钉的时候，某些事物不知不觉间产生了偏差。然而你只能在操作这个系统的过程中才能发现它的存在。制作系统并不会起到帮助作用，你需要将更多的时间花在检查和题材的研究上，而不是在你的系统里添置"旋转物"。对我而言，复杂性将是个亏本的标志。

我想起以前见过的所有联动系统的制造者，至少在市场领域……我认为对那些方法复杂的制造者而言，存在一个普遍的潜在趋势，那就是他们都成为了失败者，而且是惨败者。我想起了一个20世纪60年代的电脑万事通，他拥有一个相当复杂的模型，然而仅仅应用这个"完美系统"四个月，就把他自己和客户的钱全都赔了。这就好像一些系统开发者或者投资顾问，如果他们没有掌握事实的真相，他们就会用复杂性来迷惑我们，使我们眼花缭乱。但是，仅仅只有复杂性不能创造利润，只有正确性才能在商品交易中创造利润。

如何创造一个盈利的系统

其实这很简单。无论是股票交易，商品交易，还是婚姻经营，创造利润的最佳方法是始终牢记，只有当系统开发得像"冲下山坡"时，才能发挥更大的作用。

我的意思是：只有一个系统设计成顺应研究事物的自然趋势，才可能正确有效。因此，我强调题材的研究而不是系统开发的研究。如果你知道了一个项目运行的自然规律，你就可能成功。

在系统研发领域，成功来自于校准而非驱使。这与我关于系统不能"被强行运行"的观点息息相关。事物要么运行，要么不运行，与自然现象符合时则运行；与自然现象不符时则不运行。问题在于自然现象的探寻。

如何发现你自己的最佳系统

最佳系统的发现是靠运气，而不是工作、努力或者灵感。我坚信，最佳系统的发现来源于制造研发过程中些许意外事件与灵感的结合，它们引领我们认识一个又一个事物。

大体上说，我们是从我们的数据中得出那些绝妙的主意，而不是自己想出的。因此，你看的数据越多，你抓住偶然成功的概率就越大。你抓住偶然成功的概率越大，你找到事物关键点的概率就越大。如果你质疑我的建议，你可以想想，飞机发明者是自行车修理工，基因的分子模型是被詹姆斯·华生用X光结晶法发现的。

詹姆斯·华生既不是化学家，更不是X光结晶学家。但是，巨大的发现不是那些试图创造巨大发现的人们所创造的，这点似乎是众所周知。盘尼西林、合成橡胶以及钢化玻璃，这仅仅只是几个例子，偶然中创造出的伟大发现很多。

接下来，系统的研发或许就是最令人抑郁的事情了。

一个系统成瘾者的忏悔

让我把心里话说出来……让我为自己成为系统成瘾者忏悔……或许这会帮助你打破系统给你套上的枷锁。

系统成瘾的问题在于当你研发出一个系统时，你将继续追求创立另一个系统。

在商品交易中，这可能尤其危险。

我想起了当初我虽然在进行系统交易，然而一旦从电脑中获取另一个系统产生的新数据时，便马上着手进行另一个系统的交易。

一个系统交易者仅仅是一个系统玩家。因此，他的问题在于，一旦拥有一个好的系统，便会继续寻找另一个更优秀的系统。因此，他不会遵循他现有的优秀的系统。

系统玩家倾向于爱系统而非系统所带来的结果。你必须小心提防这一点。尽管它已多次被提及，我还是想说，完美系统就是没有完美的系统。继续你的系统研发，但是在你找到完美系统之前，继续使用在过去运行最优秀的系统。

毕竟，如果没有坏，为什么要去修理它？

如果你现有的系统运行相对良好，为什么要放弃它或者试图开发另一个系统呢？继续使用现有的而非追求未知的。这仅仅是因为，你所发现的全新的甚至可能会更优秀的系统，并不意味着它一定比你手头在用的系统更优秀。如果现有的系统被研究过并且在现实交易中得到应用，它就在这个真实世界中证明了自己。系统研发者的世界，并不是被你用自己的或其他人的电脑在现实交易中证实过，所以没有立即运行的价值。你还没发现并解决系统使用过程中所产生的问题和并发症。然而，你了解你手头在用系统的所有细节，因此你可以评判它的效果。这一点，你无法在一个优点停留于理论上但还未接受实践检验的系统上得到实现。

你如何亲手毁灭你的系统

一个还不够老练的商品期货交易者或者一个系统专业的学生会认为，系统的毁灭仅仅源于未能按系统操作。这或许部分是对的。然而，我相信，有一个更重要的因素导致人们亲手毁灭他们的系统，甚至是优秀的系统。

这与追求并创造系统的开发者的心理状态有关。我们这些系统成瘾者是完美主义者。这也是我们创造系统的动机。我们希望系统能够考虑所有的注意事项和手头所有数据的变量，然后给出最佳结果。我们期待，系统会比我们亲自动手做得更好。

对完美的追求会相当痛苦，而不是我们所期待的那种愉悦的经历。

这或许是因为我们是完美主义者，所以我们会打破系统自身。如果系统告知我们在 65.80 的时候买入，我们会在 65.40 的时候买入，因为我们想获取更多一点的利润。

我们假设 65.40 行不通，我们再升到 65.80，基于此，所以我们提前采取了行动。

我们不是容易满足的人。这也正是我们对系统所作所为的原因。也正是这份不满足促使我们想要做得比系统更好。我们不满足于仅仅坐在那里并顺其自然。正如我们不仅想征服市场，更想征服系统。我们的贪欲比其他人要旺盛得多……为了赚钱，我们开发系统，但是我们的贪欲告诉我们，如果我们早一点入手，我们或许会赚更多的钱。所以，我们在系统之内又创建了一个系统。这个系统告诉我们要比原始系统早下手，然后再由原始系统重新接管。

这也正是我们亲手毁灭系统的原因所在。

一个系统是一个完整的系统

系统的全部便是系统自身。你不可能对系统做局部修补后，然后还拥有相同的整体。

在系统之内没有系统。如果有的话，以这种方式进行交易可能将会非常危险。你的系统必须由系统自身操控，就像它本来的样子，而不能有我们的修修补补，而我们很容易对其进行修补。过度修补只是另一种称呼，就好比数学家口中的最优化。他们在这里试图对系统进行最优化。这不像养狗。你养狗越多，你的性格就可能越差。你对你的系统优化或者修补得越多，你就可能获得一个越差的结果。产品乍看起来很精美，好比比赛犬，但你不能指望和比赛犬一起打猎，叫它去帮你取报纸，让它坐在你的膝盖上，或者翻滚。它不会的。这只狗已经被过度"修补"了。

系统的心理奇异性在于人们一直在寻找一种灵丹妙药，他们认为系统就是这灵丹妙药。紧接着，一旦他们创造了系统，他们不再只要一种灵丹妙药，他们要两种、三种、四种或五种。他们需要一个新改进过的版本而非原始版本。

你需要认识到，无论是在市场，还是汽车制造、木工、高科技太空时代机器，到处都有大量的"溢出物"。在市场处理领域，尤其存在大量的"溢出物"。

因此，我认为一个人应该有个心理准备——自己可能会经商失败。好的日子与差的日子同时存在，并且我不能也不会在市场领域获得所有完美的结果。

没有痛苦，就没有比赛

正因事物进展得不是很顺利，促使我们尝试着改变系统。因为痛苦以其独有的方式给我们带来了无法忍受的体验。我们尝试通过一些方式去改变系统或者我们自身，希望借此能避免未来可能发生的苦楚。一个成功的

第二章 建立系统

商人意识到痛苦是竞争的一部分。古老的竞技宣言就是——没有痛苦，就没有收获。市场宣言就是——没有痛苦，就没有竞争。一旦你意识到我们可能会遭遇一场痛苦的比赛，随后你就会明白痛苦仅仅是过程的一部分。甚至只要你愿意，更可以看作是商品交易所带来的快乐的一部分。它应该被视为一种期待，而不是一种想方设法去避免的事物。你可以期待自己尽可能地避免这种痛苦，但是些许痛苦始终存在。你仅仅需要承认这一点，然后学着与其共同生活。

记住，如果利益是你系统的一部分，那么必然有对应的部分……亏本……你不可能有其一，而无其二。你必须学着接受它。

Bob Pelletier，全球最大的数据检索服务奠基人。他创办了商品系统股份有限公司，公司位于佛罗里达布卡拉顿。对于系统最优化，他在最近的一封信中给出了一个有利的观点。鲍勃的信如下：

交易程序的最优化

许多顾客已经购买过能够提供获取最大化利润机会的软件。例如，一个通过使用三个移动平均线去确认市场入口、出口，或者可能是一个停止指标的系统需要对每个移动平均线进行大量的文献查阅。对于一个每条移动平均线便呈现出十种可能性的系统而言，对这三条移动平均线的调查研究需要计算机评估1000种可能性（10*10*10）。用户接着选择能够创造最大利润或最小损失的移动平均线的集合。他可能会认为他有个最适宜的系统，而且这个系统能够在一定可信度的基础上运行。

许多顾客向我们询问这样一种方法的优点。这促使我们写下了这封简短的书信。结合我作为统计学家和在通用电气工作十年的经验，我可以告诉你大多数的分析师在数据分析过程中错误地忽略了自由损失这一概念。每个引入系统的指标呈现出的是一种控制，这种控制限制了结果的可信度。引入系统的控制越多（不同移动平均线的数目，比如上文我们所采用的三条移动平均线），结果就越不可信。举个其他例子，如果你有十个收盘价，你可以依据最小平方和法则配成一个九次多项式，然后逐点运行每个点。这个模型（这个多项式）的关联指数可能是1.0，这意味着在预测

期货交易终极指南

模型和你从市场上收集的原始数据之间有百分百的关联性。基于这百分百的关联性，你可以期待第十一个点（明天的数据）将会被准确地预测；换句话说，你可以知道明天的收盘价是多少，并且没有一个错误。不幸的是，由于自由度这一概念，明天的数据无法通过这一模型被预测出来，因为在这一例子中，如此众多的控制被引入，以至于无论怎样这一模型都无法可靠地进行预测。这并不是说模拟（如三个移动平均数集合的尝试）没有任何优点。但是移动平均线越多，被选的控制指标（如停止指标、市场类型、标准偏差差异、相对强弱指数百分数、重要性的随机水平指标等）就越多，你所要要求的控制越多，结果就越不可靠。

有一天，一个顾客打电话问我。他说他为猪腩交易开发了一个非常好的系统。他采集了一年的数据，然后引入了许多控制指标。在准备他的这一交易系统时，他发现这一系统导致的模拟结果是一年之中有19个盈利交易，1个亏本交易。他说他开始在市场上使用带有他所获取的指标的系统。六个月中，它制造了20次交易，就像模拟过程一样。不幸的是，在实践中，他亏本19次，盈利1次。他询问他哪里出错了。在他解释他的模拟方法论之后，我意识到他在过很短的模拟时间段内，引入了过多的控制。

在我的经验中，最好的系统和方法是使用非常少的变量。如果可以的话，顶多2到5个。被用来模拟的数据应该有足够的长度，这个长度容纳30和30次以上的交易。每个交易者都要遵循的统计学观点是，必须满足最少30个交易样本。这个注意事项源于样本理论。样本理论要求抽取30个样本以达到正态性（中心极限理论是这一要求的基础）。他应该努力制造一个大容量模拟交易样本，其数目要超过这个神奇的数目——30。并且将引入过程中的控制指标定在一个很低的数目。这对增强结果的可信度很关键。我偏爱的系统是，只引入两个指标并基于30个及其以上交易模拟获取10000美元利润的系统，而不是引入7个指标并基于20个交易模拟获取1000000美元利润的系统。因为大容量样本、小数目控制以及最小化的自由损失的缘故，前一个系统的可靠性要更高。

你应该质疑你从模拟系统中获取的结果，也应该质疑那些在短时间内就能产出难以置信的利润的系统开发者的广告宣称。

第二章　建立系统

　　我希望，以上这些技巧能够为你在遵照电脑运行结果和决定要把血汗钱投到哪个系统这两方面提供一些引导。

　　在近几个月，市场表现出一种动态变化。对你们个中人而言，因为你们已经找到了自己方式中的"圣杯"，所以你们本能的反应或许是我所讲的对你们并不适用。如果这就是你的反应，珍惜你已有的利润，然后在市场中暂停足够长的时间，以此习惯于拥有那些额外的资本。在进行你的下一场交易之前，多阅读这封信。

第三章　在显微镜下的移动平均数

我偶然发现的第一个用于征服市场的技术指标是移动平均数。

20世纪50年代后期，化名为Curtis Dahl的人在这方面做了一些工作。他声称在一个长期的基础上，一个10周的移动平均数是股票交易的根本方式。

其他关于移动平均数的工作早在30年代就被完成，有些甚至可以追溯到20年代。毫无例外，对于消费行为而言，所有移动平均数的狂热行为都集中关注高于一个或者一系列移动平均数的价格上；对于销售行为，这些行为则聚焦在低于一个或者一系列移动平均数的价格上。

乍一看，移动平均数看似一个绝对高明的市场交易方法。毕竟，只要你获取了所有移动平均数的信号，你也将把握住一些巨大的机遇。

技术分析师们通常会通过以下行为去证明他们的观点，他们会收集带有大幅价格波动的股票或商品交易图表，然后展示那些成功的交易行为，假设其他移动平均渗透在将来也会奏效。

我正在展示一些图表（见图表1和图表2），这些图显示了一个移动平均数所能起到的良好作用。注意，在国债图里，移动平均数会在价格大幅上移之前迅速地被跨越，并且会让追随者有成千上万美元的盈利。

出于同样的原因，咖啡豆价格的上移可以以相同的方式被捕捉到。现在就让我来解释下如何建立一个移动平均数。简单而言，移动平均数就是最近X天之内价格的平均值。假设你试图去建立一个10天的移动平均数，你需要累加其最近10天内的价格，然后除以10，这样你就会得到一个10天的移动平均数。如果今天的收盘价低于移动平均数，则我们处于熊市；如果今天的收盘价高于移动平均数，则我们处于牛市。

第三章 在显微镜下的移动平均数

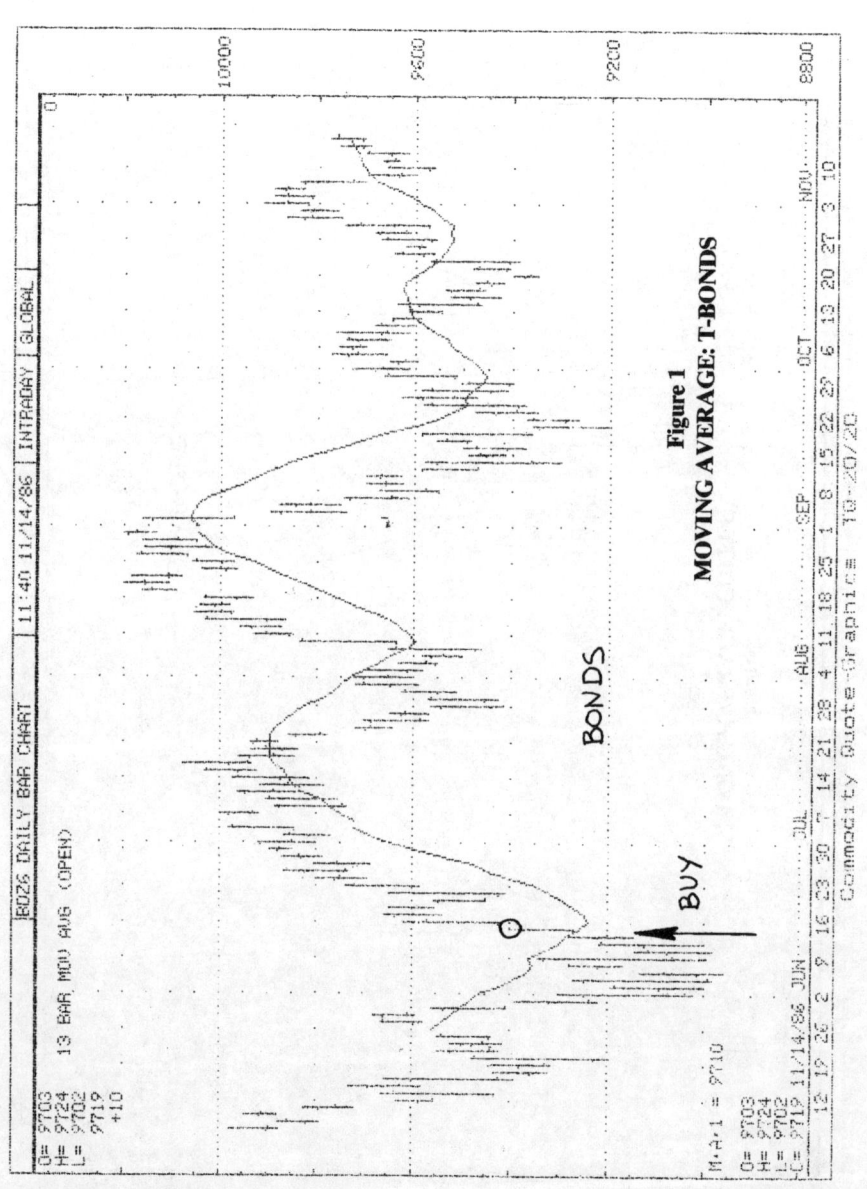

图表1 移动平均线：国债

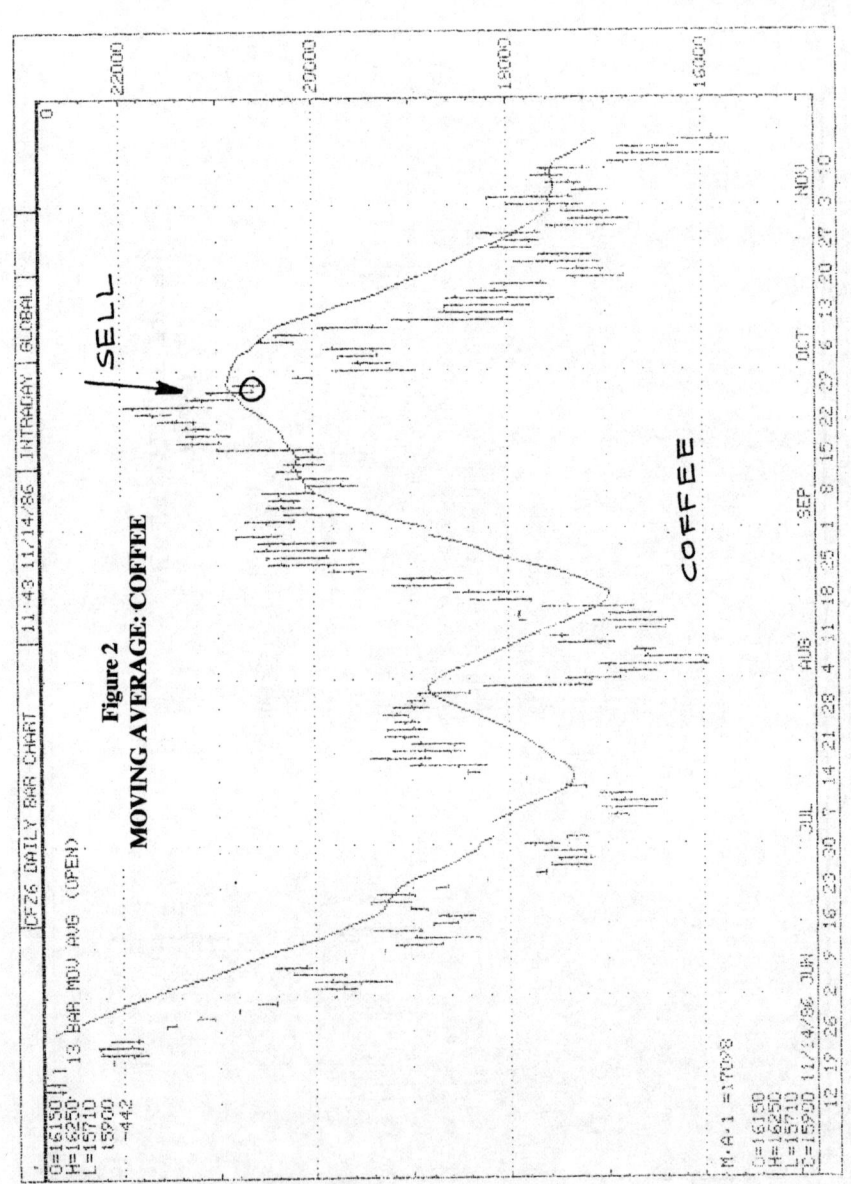

图表 2　移动平均线：咖啡豆

我将举一个例子，这样你就能通过这个例子来检验你对移动平均数的建立是否还存在疑惑之处。

第三章 在显微镜下的移动平均数

日期	收盘
9月1日	143.50
9月2日	144.00
9月3日	143.75
9月4日	143.70
9月7日	143.65
9月8日	143.75
9月9日	143.50
9月10日	143.50
9月11日	143.60
9月14日	143.65

10天的移动平均数：1436.6÷10天＝143.66

在9月15日，回归至十天前（9月1日），加上9月15日

9月15日，$\frac{\text{Close}}{143.80}$，所以，新的总和为1436.9

新的移动平均数为143.69

在9月16日，回归至十天前（9月2日），加上9月16日

9月16日，143.90，所以，新的总和为1436.8

新的移动平均数为143.68

移动平均线的先进程度

目前，移动平均线理论有两大改善之处，或者更准确地讲是两个改良的计划。一个是Dick Donchian提出的，Dick的工作说明了只有一个移动平均数还不是很有效。一个人需要考虑一个以上的移动平均数。Donchian想出了一个5天移动平均数和一个20天或者25天的移动平均计划。

越来越多的人已经应用了Donchian的原创理论。就我所知，这项理论完成于40年代后期，50年代早期。

他们都得出了相同的基本观点：仅仅只有一个移动平均数还不足以告

期货交易终极指南

诉我们价格走势，我们需要两个移动平均数。一个是短期的、快捷的移动平均数，与之相对的是一个长期的移动平均数。其规律是，一般情况下，当以上两个移动平均数都是正数，或者当天的收盘价高于这两个移动平均数，我们就可以买入。

大量工作是利用一个、两个，某些情况下三个移动平均数的联合完成的，其目的是试图占领大部分市场。

这个数字集合体所完成的另一个大幅度变化是，为我们提供了指数或加权移动平均数。因为我的工作表明，移动平均数与指数或线性加权移动平均数之间并无太大区别，你们也会马上意识到这一点，所以我不打算深入阐述大量的细节。

这些都是带有精选的"哲学博士"头衔的移动平均数。一个前端加权移动平均数将会赋予近几天数据更多的重要性，相反，对于一个传统的移动平均数，你必须添加今天的数据，然后减去 X 天前的一个数据。因此，无论是今天的数据还是 X 天前的数据对移动平均数的影响均相同。对于一个指数移动平均数，你不用减去十天前的一个数据，你仅仅只需获得一个今天的数据与指数平均数的偏差，然后算出其所占的百分比，这个百分比再加上指数移动平均数或者从中减去。

对于一个前端加权移动平均数，随着时间流逝，数据所占的比重越来越小。举个例子，对于一个前端移动平均数，你可以将当天收盘价乘上110%加入到计算过程中，前一天的收盘价则乘上100%，三天前的则乘上80%，四天前60%，后续十五天之内的则是10%。正如你所看到的，在这个模式里，最近的数据与过往的数据相比被赋予了更多的比重。

我回想起许多年前，我与 MJK 联合公司（一家位于加利福尼亚的电脑公司）一起进行的研究。在这项研究中，我们关注的是与指数相比特定的移动平均数的变化速率。不出意料，我们在这次指数与移动平均数的对比中毫无所获。事实上，在很多情况下，移动平均数比特定的指数或线形加权平均数，甚至是比前端移动加权平均数反映得还要快速。

如果我想对我的所有数据作前端加权，很可能是对一个震荡指标进行前端加权，这是与移动平均数的处理截然相反。

大咖智慧 · 课堂赋能 · 成长陪跑
—— 一站式视频学习训练平台 ——

- 舵手寄语 -

20年前，我们怀揣梦想与激情，开创了舵手图书品牌，旨在整合中外资源，传播最有价值的投资思想。

20年来，舵手出版了上千种证券图书，我们以书交友，诸多交易者成为我们的老师、知己，给予我们真诚的信任、赞许和建议。这一切我们感念于心。

新时代，新征程，我们将以更加积极的姿态为交易者赋能，做交易者的守护天使，力求让交易者一站式读懂投资，成就交易者的财富梦想。

- 学习路径 -

从"大咖智慧 + 课堂赋能 + 成长陪跑"三个阶段学习行动路径，为交易者快速成长保驾护航。

大咖智慧
国际大师名著 + 国内大咖分享
市场思维、交易体系、操盘方法

课堂赋能
直播授课 + 线下特训
提升认知、启发思维、建立系统

成长陪跑
读书沙龙 + 陪跑计划
社群研讨、修炼内功、陪伴辅导

舵手邀请你一起学习
不可错过的精品课程
邀请你和我一起成长

舵手招募课程体验官
-DUO SHOU ZHAO MU KE CHENG TI YAN GAUN-

▶ 赠送 500-5000 元学习基金,学习舵手精选课程,有故事 / 爱码文 / 会拍视频有加分哦,分享课程还有额外现金奖励;

▶ 免费看舵手直播课;

▶ 免费参加舵手读书会社群研讨;

▶ 全场图书享受折上 95 折;

▶ 操盘进阶课程全年 9 折;

▶ 作者见面会优先报名通道;

▶ 舵手官方大会优先报名通道;

▶ 优秀者可晋升社区合伙人、城市合伙人。

扫码即可加入!

第三章 在显微镜下的移动平均数

既然你对移动平均数知之甚少,我们就先看看移动平均数的有效性吧。

在股票市场,我们不需要看得太远。芝加哥大学在20世纪50年代早期进行的意向研究表明,不论选择何种移动平均数,对生成买入或卖出信号的移动平均数的简单应用都不能带来任何利润。

我的研究

1960年,我准备了一份关于我在股票市场所做的咨询服务报告,即威廉姆斯报告。这份报告从另一个角度审视了移动平均数。

这份报告得出了一个移动平均数,并且介绍这个移动平均数并不仅仅是重要平均数的交叉,而是为移动平均数设置了上下限。我们想知道的是,如果价格高于移动平均数1%与略高于移动平均数相比,是否是个更好的买入标志。或者,高于移动平均数2%会是个更好的信号。我们所做的是在移动平均数两端设置缓冲区,然后看看我们是否能够改善这一简易移动平均系统所产出的结果。

该数据具有决定性,因为芝加哥大学的研究表明,依据移动平均线交叉来做交易是不可能赚到钱的。无论我们置于移动平均数之上的窗口或通道有多好,这不过是给我们突破价格增加了另外的缓冲或障碍。

但是,这些年来,移动平均数的热潮还在持续,咨询服务通常没生意,它们只不过是关于移动平均数和移动平均应用。

事实上,每个图表服务……每个报价服务……都会让你看移动平均数。问题是,为什么要看呢?它们没什么价值。

但是,它们可能有极高的价值。

美林公司在1979年2月就移动平均数与被称为窗口或通道的相似方法做了一项惊人的研究。它的作者是Frank Hockheimer。除了看标准的移动平均数,美林公司的研究也重视移动平均、线性加权移动平均数和简单移动平均数的交叉。

通道概念

让我简短地介绍下通道概念。通道就是，如果今天的价格高于我们所说的过去25天里的盘中最高点，那么就会给出买入信号。当然，如果今天的价格低于过去25天里的盘中最低点，那么就会给出卖出信号。沿着这条思路，大量的工作已经被完成。我很愿意认为我为其中的部分工作做出了贡献。你可以用收盘价而不是过去25天的盘中最高点作为参考指标。买入时，你可以采用过去25天最高的收盘价；卖出时，你可以使用过去25天最低的收盘价。我清晰地记得1978年的一项通道研究。那时，我们完成了我们认为是有史以来最详尽、最广泛的通道测验。我们几乎运行了过去20年间每一个交易活跃的商品。我们几乎浏览了每一个通过采用从某天算起的100天之内的盘中高点得出的通道。我们也通过采用最高收盘价和最低收盘价来获取1至100天的通道范围。另外，我们采用了其他方法来构建通道。这些方法比仅仅使用盘中最高点与盘中最低点更富有创造力，但是结果是一致的。如果一个人遵循通道概念，那么大量金钱将会被赚取。

畅游通道

我已无法告诉你通道这一概念和从电脑中获得的数据给予我的兴奋。看报表是一件令人愉悦的事，从中可以得知，通过使用正确的通道概念，成千上万美元的利润被创造。

并不是所有通道或通道组合都能成功。但是，正如那些优秀的商品程序员和学生一样，我们对我们的工作进行了最优化，让我们有能力找到过去2年、5年和20年间对各种商品交易都最好、最有利的通道。我的程序员在加利福尼亚对通道概念作了最后几笔润色。我自己对这项工作如此兴奋，以至于我从蒙大拿飞到了加利福尼亚。

就像那些游过海峡的人一样，胜利就在眼前。彼岸就在眼前，人群即将为我创造了商品交易的终极方法欢呼。

第三章 在显微镜下的移动平均数

在我们开始使用通道程序进行货币交易之前，我认为最好看一下我们最优化的程序运行如何。

为此，我让当时的程序员 Mike Marriott 运行一下除最近两年之内数据外的所有数值。换句话讲，他会运行所有数值至 1976 年。我们然后选取了至 1976 年的最优化指标，然后从 1976-1978 间开始运行，以此观察会发生什么，如果我们遵循了那些指标。我看到的要甚于糖果、精美的跑车、巨额的财富和进入商界名流之列。毕竟……研究表明，如果遵循通道索引概念，很可能会盈利好几百万美元。

随处可见的电脑完成了它们的计算，并且给出了结果：在每个示例中，如果我们在 1976-1978 年间的实际交易中，把钱押在我们选取的至 1976 年的最佳指标上，我们会输得精光。

是的，你明白无误地知道，它是一个彻彻底底的失算。

谈到大失所望，谈到沮丧，起先看到的小糖果仅仅成了糖精噩梦。通道程序没有实用价值，尽管在过去的运行中它完成得很好，但是过去最好并不意味将来必然最好。

好吧，不是所有都失去了，做研究的一个最好之处，不在于找到好东西，而是找到了差东西。我们知道我们不会再采用它。

同样地，我继续依据学术基础研究通道指数，仅仅是为了了解这个最优化过程对通道索引的效果有多差。我所意识到的是，当我们处在我们所选的任一时间段，无论是 6 个月、2 年、5 年、8 年或者 10 年，在那个时间段的通道指数交易中，尽管数值制造了最好的结果，却不是接下来的时间段能用的最佳通道指数。

这项研究使我成为对最优化最不迷信的一员。我很肯定地认为，在寻找最佳市场指标方面，最优化有一席之地，但是通过移动平均数和通道过度最优化，我认为比重复过去成功的表现更易于导致失败。

最优化过程相当于观看船只留在海上的尾迹。它可以告知我们船只到过哪里，但是无法告诉我们船只将要往哪里去。船只可能随时转换方向，并创造一个新的尾迹。最优化也是如此。美林公司的研究也通过移动平均数和通道做着基本相同的事情。我们得出了从 1970 年 1 月至 1976 年 10 月

期货交易终极指南

之间所使用过的最佳移动平均数和通道值。这份报告的目的在于在市场上找到哪个指示、哪个移动平均数、通道等是最一致的。研究所找到的对四个跟进市场而言最一致的简单移动平均数,其结果如下所示:

	最佳天数	累计利润或净亏损	交易数	盈利数
白银	19	42920	1393	429
羊毛	19	97925	774	281
牲畜	40	25650	633	162
大豆	55	222195	728	151

这些数据是扣除佣金以后的。有人可能认为,如果我们从1976年以后遵循相同的指标,或许能够实现一定的利润。毕竟,这个方法已经被研究并且"证明"长达六年时间。正如美林公司所做的那样,我们运行了完全相同的数据,借此观察在现实交易中会发生什么。这里是接下来五年的结果:

	累计利润或净亏损	交易数	盈利数
白银	−30700	98	26
羊毛	−48898	174	36
牲畜	−6700	28	3
大豆	−3775	18	2

或许某些人会说,这仅仅证明了简单移动平均方法行不通。所以,我们接着将我们的注意力转移到如美林公司所描述的指数式平滑移动平均线。

我们再次着眼于相同的商品。结果如下:

第三章 在显微镜下的移动平均数

	最佳天数	累计利润或净亏损	交易数	盈利数
白银	60	42920	1393	429
大豆	19	97925	774	281
羊毛	40	25650	633	162
牲畜	55	222195	728	151

指数平均线没有像简单移动平均线一样有利可图，这与我的工作所展示的相符，正如这一章节前面提到的那样。

但是，指数平均方法能否在未来继续起作用呢？在白银这一案例中，它继续亏本，所以这也许是它成功的一个暗示。在最初的研究中，它损失 61400 美元，而且继续亏本，额外亏了 41350 美元。下表向你展示了从 1979 年直到 1985 年间所发生的事情。

	利润	交易数	正确数
白银	-41350	128	57
大豆	-437	97	49
羊毛	-6228	89	43
牲畜	-1968	22	9

双移动平均线

假定一条移动平均线与另一条交叉是一个更好的趋势决定因素，许多技术分析师采用的一种方法就是，使用两条移动平均线而非一条移动平均线。下表展示的是美林公司研究的最佳移动平均数集合。以白银为例，当 3 天的移动平均数超过 26 天的移动平均数时，一个买入信号就会给出。

	最佳天数	利润	交易数	盈利数
白银	326	100790	661	262
大豆	1650	286440	311	148
羊毛	2546	13124	226	100
牲畜	713	147540	792	337

期货交易终极指南

表中展示了从1979-1985年间的一些有趣的数据。我们再使用与原始研究中相同的数据，然后，正如你们所见，这次交易制造了灾难性的后果。

	利润	交易数	正确数
白银	-7800	173	88
大豆	-2360	119	43
羊毛	-760	78	42
牲畜	-230	18	11

双移动平均方法拒绝在未来继续起作用。

当我们看到通过双移动平均方法，大豆创造了超过25万美元的利润，白银创造了超过计划10万美元的利润，牲畜创造了接近15万美元的利润。你可能会认为，如果你将来使用了这一特定系统，那些事物会带来可兑现的利润。但正如你所见的，当我们在未来采用了这一系统，唯一能够兑现的事物就是佣金了。利润显然没有成真。

这些建议的目的在于向你表明，一些人向你提出的，你未来未必要按照其行事，尤其如果它已经被过度最优化了。

正如我早些时候所做的，美林公司也着眼于通道。在这一示例中，他们通道的特征是最高和最低的收盘价，而不是最高的盘中高点。

也就是说，如果今天的价格高于近来X天内的最高收盘价，它就是买入信号。以下是美林公司准备的数据。

	天数	利润	交易数	盈利数
白银	14	27690	552	212
大豆	51	244839	120	68
羊毛	52	60263	94	511/2
牲畜	9	95480	577	223

第三章　在显微镜下的移动平均数

接下来的图表向你展示的是，一个倒霉的交易者在 1979-1985 年间遵循他们认为最佳的通道所发生的事情……简直是一场灾难！

	利润	交易数	盈利数
白银	-2680	154	92
大豆	-4750	127	57
羊毛	-4750	96	39
牲畜	1112	27	10

我并不打算找美林公司的麻烦。你可以任意找个有关移动平均数、指数平均数和通道指数等的研究，从研究完成的那天开始运行那些相同的公式直至将来。我认为你会得到相似的结果。

通常，依据某些方式获得的某些趋势在过去起作用，在未来简直不起任何作用。我不想抨击这一观点，关于移动平均线，已经写了如此多，以至于许多市场交易的初学者爱上了这一方法。这里展示了几个挑选过的研究。在这些研究中，移动平均线看起来是个在商品交易领域内能兑现的方法。但它们不是。它们仅仅是个工具。有些人能使用比其更好的方法，但在通过移动平均制作一个核心的、快捷的、密封的系统时——忘了它。我没有见过这样做的人。我近 20 年来看过许多数据、系统和方法。没有一种移动平均方法能始终如一地创造利润。

记住，研究的目的是双重的，一个是向我们展示什么可以起作用，另一个是向我们展示什么不能起作用。

当你着眼于其他人的研究时，一个评估当下正呈现的数据的重要问题是，这项研究依据的是什么假设或论点。这个论点是否有效？

确认一个曲线拟合方法能起到多大作用的最佳方法是，做我们做过的，依靠的是通过你正使用的曲线拟合方法把数据累加到一个点上，紧接着往前推进到未来，看它是否随着时间推移还能起作用。如果正如过去那样，它在未来也能起作用，那么你从中便有所得。但是，如果它仅仅在过去起作用，我就宁愿在拉斯维加斯赌博，毕竟，我可以不用付任何佣金。

第四章　为什么你会失败

当你进行商品交易时，亏损的原因有且仅有一个，那就是你站在了市场的错误方向。

如果你会回想起上述的话，那么你就能知道哪里错了。你仅仅是与市场行情反向而行。当市场在上涨时，你正在出售；当市场在下跌时，你正在买入。理由有许多，数以百计的理由，人们会用来说明为什么他们的位置不起作用。无论它是发生在国会或刚果的一场暴乱；还是爱荷华州降水过多或堪萨斯州降水不足，你亏损的真正原因就是，你站在了市场的错误方向。

这自然而然引出了一个有趣的问题：为什么人们会站在市场的错误方向？

理解市场是上涨还是下跌很困难吗？它理解起来很复杂吗？嗯，是的……但又不是。

当问及你失败的原因以及站在市场的错误方向，这个回答相对应的就是，你要明确什么创造了成功。站在正确的市场方向，这就是成功的起点。

这带给我们一个合乎逻辑的追问：一个人如何才能把握住市场的正确方向。

有些人认为，他们可以通过占星术、塔罗牌、猜测、感觉或第六感来把握市场的正确方向。或许你可以尝试。我确实知道一些靠着占星术进行交易的人。有时候他们的成果远好于其他人。但通常结果并非如此。一些靠第六感的商品期货交易者常常能赚到钱。我估计80%的人进行商品交易时没有一个清晰的、系统化的或机械的方法。他们只是感觉某些事情会发生然后相应地进行交易。他们认为黄金的价格会上涨是因为赤字和政治局势。还有某些方式，他们观察新闻和市场活动，在市场中占有一席之地。这些都不是我采取的交易方式，因为其中有一些根本性缺陷。

这个缺陷就是它无法量化或限制他们在未来会取得什么类型的投资成功。仅仅因为你过去成功地猜测或是已经为现在的交易做足了功课，并不

第四章　为什么你会失败

意味着接下来的交易会正确。你不知道现在正进行的交易正确的可能性有多大，你不知道正确或错误的时间所占的比例。你不知道你的平均收益有多大，也不知道你的平均损失。你不知道你多长时间进行一次交易。毕竟，你的判断每天甚至是每小时都在变化。

出于这个原因，我很早就决定系统地、机械化地定义出商品交易。就算是个粗略的体系，也比我的想象和猜测更能合理地交易。

俗话说，在都是盲人的地方，独眼人就是国王。如果你要开车到我的家乡蒙大拿州见我，我十分确定你不会不看地图和不明目的地就出发。在旅途开始前，你会检查你的车子是否有足够的持久力完成这次旅行。你是否有足够的钱支付一路的交通费和住宿费？总之，你会弄清楚你正要去哪里，以及你如何去那里。

为什么在你进行市场交易时要与此不同？为什么你仅是依靠想法和什么将要发生的感觉进入市场？当你感觉错误时，会发生什么？什么时候你才能承认感觉与现实是存在差距的？

大部分交易者不承认在他们的推测和现实发生的事情之间存在差距，最终将停止继续投资。唯一的问题是已经破产。

就我个人而言，知道 10 或 15 人已经损失了他们所有的钱……甚至是家里所有的财产……因为他们感觉价格将会上涨或者下跌。他们错了。但由于他们相信自己的感觉，所以坚持信念直到最后进入救济院。如果他们拥有一个系统会从理论上发出在某个点他们应该退出交易的信号，会在理论上拥有一个触发机制告诉他们，"放弃吧，你是错的，市场是正确的。"

人们之所以交易失败的第一个理由，是他们没有一个掌控的计划。他们没有一个系统，一个方法；他们单是凭感觉认为自己应该这么做。他们可能在玩纸牌游戏或处理自己喜欢的事情上干得出色，但却不是开飞机的方法，况且开飞机与商品交易比起来温顺得多。

我们可以把你对市场采取的系统或方法分门别类。你可能有一个技术上的方法，专门针对过去的价格活动来预测未来。或者你可能选择一个基础性的与价格无关的方法。它只是简单地说明那里是否有足够的资金流通，有许多建筑动工，或者种植业和消费的评估也可以作为一种市场将要走高或走低的象征。这就是所谓的基本面分析方法。

你可能会观察星象……如果你使之系统化，那还好。如果你系统化你的情绪，那更好，但你不能只是四处跳跃。

你的系统可能是技术和基本面的结合，正如我一样。但在任何时候，你都需要有一个具体的方法来应对市场。一种你能够研究它过去的使用并应用到未来类似情况中的方法。如果你使之系统化，你可以将事物分解。对你正在做的事情，你会有一个整体的构造。然后你可以研究整个构造安排或个体部分，分析如何能重新组织各个部分，使系统更加优越，直到你不能再继续简化各个部分为止。

构造的要素之一是资金管理。与你现实地进入或退出这个市场相比，资金管理同等重要。但是，我认为可能更重要。

你能想象一个商人尝试着打开他的销售之门却不知道如何销售他的商品？大多数商人并不会让他们的销售之门开很久，因为他们还没有研究这个市场，也没有制定他们的市场开拓计划。

一个方法的优点

一旦你对交易拥有一个方法或一个系统化的方法，你就能领先你的竞争者光年般的距离。现在你就可以回过头来，看看这个方法在过去是多么好。并不是为你过去的行为带来的收益去创造一些虚荣的数字，而是试着去看看它给你的将来带来什么。你可以决定你需要多少钱来度过最糟糕的时期，你的糟糕就会减少。你会通过一段时期的收入总数除以交易总数来了解你的平均利润是多少。之后再划分为每日的利润来进行研究……它会给你带来一个有趣的数字！你的系统每天能给你赚多少钱，表明了你应该进行多少交易来养活自己。

方法给你带来了数据，有了数据你就可以判断将来要采取什么行动。你可以看看这个系统在付了佣金之后是否是盈利的，以及你能获得多少利

第四章 为什么你会失败

润。或许它可以负担得起 100 美元的佣金，或许不能。只要你有了一种方法，你就能回答它。因为它是系统化的、机械化的。

拥有一个方法最大的优点是，你一直知道该做什么……你并不是跟着感觉走。一个系统告诉你该做什么。你的想法和感情可能不会带你离开整个交易。

系统会告诉你离开，离开这个交易。拥有一个系统就像拥有一个宗教信仰。在危机关头，你有你的宗教信仰可以回归，你的信仰帮助你度过危机。如果你的世界已经破碎，你可以依靠你的基础哲学信念或者信仰寻求帮助。正如对待交易体系一样，相同的宗教信仰就在那里。

如果你接二连三地亏钱，你的灵魂会被撕成千万碎片。你的行动将会变得很困难，但是你有你的体系；你在其中早已投入你的信念。你该做的就是跟着它并遵从它的规则。所有的事物都有其对应的一个起作用的体系。在危机时刻，你可以离开交易或者进入交易。会有一个系统将成为你的朋友。拥有一个方法的另一个优点就是，你可以离开这个市场。如果你没有任何方法的前行，你是从差劲的交易中挖掘出好的交易。当那些事情发生后你必须不断地努力。但如果你有一个针对市场的系统方法，你就算离开三四个星期也没有关系。当你回来的时候，整个系统还在。市场依然会在那里，你可以回到游戏当中。

拥有针对市场的一个方法或一个机械化的方法，就像结婚一样。不久之后，你知道你的配偶会怎样反应，你知道你的配偶对事物将会有什么感受，因为你们已经经历了学习阶段。我们中的大多数人能够很好地预测人际关系的起伏。

你会通过某种方法或者体系与市场建立起一种关系，你将可以预测它，从中学习并知道如何驾驭它，度过这些在每个关系中都很常见的艰难时期。如果你有一个针对市场的系统方法，你可以算出经历那些时期将会花费多少钱。你可以算出经受住由这个方法带来的最恶劣的风暴需要花费多少钱。

如果你仅凭情绪去面对市场，你就不会知道面临最恶劣的风暴时将投入多少或何种情感，因为这是一个无法定义的因素。你可能面临各种选择。因此，你无法预知会发生什么，每天都是全新且独特的经历。没有任何可参照的。你就像一个随意更换主角的戏剧表演者。

为什么你无法使你的系统起作用？

好吧，你已经获得你的系统，但是你仍然不能在市场上盈利。问题在哪里？什么不能起作用？为什么你没挣到钱？

不幸的是，可能是因为你有一个无法盈利的系统。我知道这听起来不太正常，但我要说的是，与我谈论过他们所使用系统的大部分交易者，没有一个人进行彻底的分析，以此评判下他们引以为自豪或喜悦的系统能否起作用？

我被那些声称他们拥有优秀的市场系统的人群所包围，我至少一周就会接到一两封来信。我希望你能读读他们的信。他们的来信往往如下：

"拉瑞，我开发了一个在国债交易方面相当精确的系统。我已经跟踪它四个月，达到75%的准确率并且赚了7850美元。我们应该做什么？"

交易者往往会在市场上发现一些模式，然后就得出结论说因为它已经保持那样长达近六个月，或者甚至一年，或者两年，市场会在未来也总会那样。

直到我研究一个系统长达至少五年或十年的时间段，不然我不会基于那种性质的系统进行交易。的确，透过一个只有几个月宽的窗户看确实不够好，人们拥有不能起作用的系统的原因在于，他们没有在一个长的时间段里对这个系统进行持续的跟踪研究，以观察它是否是一个盈利的系统。

如果你没有开发你的系统，你可以购买你的系统。我依然能清晰地记得我所购买的第一个股票交易系统。它包括一个3天和10天的移动平均数。供应商发誓这个系统是启开所罗门宝藏的钥匙。

在一个仅仅是特定类型的市场里，它过去是，现在也是打开宝藏的钥匙。但我所认识的人中，还没有人能够超前地识别那个特定类型的市场。

第四章　为什么你会失败

因为遵循一个系统，我损失了很多钱，另外没有足够明智地返回，而且在零星的时间里研究这个系统，一次观察它是否总能成功。它没有过，而且将来也不会有。

系统销售商喜欢大肆宣扬他们的系统，然后告诉你各种各样的关于他们的系统是怎样伟大的事情。别相信这个是真的。

你不可能问一个二手车供应商关于车的状况。你也不应该完全相信系统供应商告知你的关于他系统的任何事情。

不久前，一个人拥有了一个进行猪腩交易的系统。这个系统是基于过去四天中的每一天，市场到底是高点还是低点。

他把这个系统发送给其他人，并附带了一个惊人的交易纪录。在三周内，这个系统土崩瓦解。所以他稍微改变了规则，然后发送了一个新版系统。三周后，他不得不改变那个版本。四周后，他不得不改变第三个版本。在第四个版本没有起作用后，如果人们没有向他要回他们的钱，他会提供给人们一个新版系统。这就是有些人认为他们有一个系统却没有对他进行足够研究，一次观察它是好还是不好的实际例子。

我在其他地方对确认你的系统在猪腩或国债交易以及所有市场起作用的重要性进行了评论。如果你有一个在所有市场运行较差的系统，那么我认为你所做的一切只是为了某一个市场，你对某些事物进行了优化。最可能的是你没有一个好的交易系统。我们假设你有个系统，你已经下了一番功夫，并且你知道这个系统已经在大多数商品交易中运行了很长时间。假设你有一个系统的、盈利的商品交易方式是合理的，我知道许多人都是这样，但他们仍然不知道怎么赚钱。让我们进一步调查一下。

压力，悸动和利润

你喜欢你现在所驾驶的车辆吗？它是否处于良好的状态？你能否在不遭受破坏的前提下行驶50至100英里？你是否足够聪明去完成这些？你对这个交通工具是否足够自信？我很确定你对这些问题的回答是肯定的。我很确定美国99%懂得驾驶的人会是肯定的回答。我们拥有自己的车，我们知道如何驾驶它们。坐在其中，我们感到非常舒适和安全。我们可以在不遭遇任何麻烦的情况下，在夜里或者白天任一时间把车开出50至100英里。

然而，在1987年，大约5万美国人死于车祸。他们中的大部分人死在离家不远的短途旅行上。如果你有一个很好的系统却没有赚钱，这种情形与市场交易几乎没有区别。如果我能回答为什么会遭遇车祸，我们或许可以回答为什么会遭遇市场灾难这一问题。

我们知道，车祸中死亡的首要原因是酒驾。并非酒精导致了这一问题，酒精仅仅是一种无生命物质。正是人喝酒引起的失控导致了这一问题。当你处于失控状态，你可能面临任何麻烦。

如果你驾车失控，这意味着你没有遵守法律，没有遵循成功驾驶的规则。如果你有个可行的系统，却在市场上亏钱，它意味着你处于失控状态，你没有遵守系统规则。没有比失控更铁定的毁灭方式了。

这里有甚于酒精的东西，可以导致商品期货交易者大发雷霆。最大的一个应该就是压力。

让我们简单谈一下压力，对商品期货交易者而言，压力是独特的，也是不寻常的。我认识无数的商人，他们能够看着一个表格，然后准确地告诉你将会发生什么，以及如何经商赚钱。这些人有一个很好的经商系统，却无法盈利。因为当其要扣动扳机，在柜台前放下现金，说"我要交易十个合同"，事情已经发生了变化。

他们变化很大。

盈利或者亏本的压力是如此之大，以至于他们暂停智力判断，转向他们的情感，你已经在这一章节中听到了足够多的感性交易。

有趣的并不是隐藏在我们所做决定背后的金钱数，而仅仅是金钱驾驭其上这一事实所施加的压力。

如果你考虑这些，我建议到拉斯维加斯或者邻国的赛马场上旅游一番。打个赌，我不关心你赌哪匹马，你押红或押黑，放弃或不放弃，坐庄

第四章　为什么你会失败

或者玩家，奇或偶，但是一旦你放下你的金钱，无论是1美元还是5000美元，注意发生什么：你的内心与你的精神的悸动开始增加。现在你已经放下你的金钱，对所有人而言，要看的是你们是否在做正确的事情。你的胃有一种突如其来的疼痛感，一份压迫感与压力开始在你的体内聚集。这会是正确的吗？这是否是可做可不做的无声的事物呢？它与一个50美元的打赌一起发生，与一个1万美元的赌注一样容易。不是赌注多少而是赌博行动带来了压力，赌注多少只是增加了这份紧张感。

使我感到惊奇的是，那些把2万到3万美元放在一个市场方向上的商品期货交易者，在把10美元放在海豚身上时，也会感到紧张和恐慌。每当你把钱放在你决策的方向后，它就在那里。你自动创造了一种无人能想象到的压力，我们这些做过相同事情的人除外。你必须提防这份压力。

为了试图分析自我，我已经意识到，并非钱的数目处于危险之中，实际上是钱处于危险之中。我猜想与我在交易1美元的时候相比，我在交易100~150美元的时候感觉更舒适。的确，情感的压力不是指数式的。与我交易一个合约时相比，当我交易十个合约时，我并不是十倍的紧张。在市场上同时拥有五个不同方向的压力不是在市场上拥有一个方向的压力的五倍。压力，就像酒精至于驾驶员，是导致你失控，导致你不再遵循系统的事物。

在硬币的另一面，那些压力的释放，即盈利能够给予你一种如此愉悦的感觉，以至于你失去了对你当下所做一切的控制。当我在市场上损失钱财的时候，我总是重复着我可以赚取最多的钞票。我怀疑这是因为我充满了成功的感觉，以至于我忘记注意……我失控了……在我把眼睛从路边转移的一刹那，碰撞，嘭嘭声，隆隆声，有异常灾难发生了。很少事物能招致临近的灾难，正如当下的成功；很少事物能吓唬那些生意人，正如生意兴隆。

粗心大意

我没有见过其他投资方面的书籍提到这一方面，也没听到其他交易者谈论过。但是，人们在市场上产生损失的三大原因之一就是粗心大意。当我们想卖出的时候，我们却随便告诉我们的经纪人去买入。我们忘了我们有自己的立场，只有当我们从经纪人那里听到问题时才被提醒。"对这个，你要怎么处理？"你可能已经获得过利润或者遭遇过损失……但是现在……恰恰是你已经忘记了。

系统跟随者可能计算错数字。所以在一天的结束，他们的计算结果告知是在 6075 时卖出，结果却发现他们在赶做数学题，并且市场切入点应该是 6085。不幸的是，市场走向 6075，填写订购单，然后突然大跌，6085，系统切入点从未击中。是粗心计算导致了这次损失，而非系统。

粗心大意导致你错过一场大交易，而这场大交易是你原先知道会有的。你本应该提交购买订单或者退出一场失败的交易，粗心大意却让你把这些时间花在出去喝咖啡或者吃早饭。由于缺乏"无懈可击"的态度，我外出吃午饭，而不是呆在办公室里跟踪市场趋势。Carlos Castaneda 的书提到"无懈可击的勇士"。我想不到其他更好的词来描述一个人需要对待市场的态度。

一个无懈可击的勇士重视细节。一个无懈可击的勇士不会将战争的责任归罪于别人，不会寻求将责备与责任推诿给其他任何人。一个无懈可击的勇士知道生活（金钱）至关重要，所以他们必须时刻保持警惕。

错误法则

当你做错事时，该怎么办？很简单，迅速抽身而退。错误就是错误，时间并不会将它变成正确。一家最大的批发期货经纪商创办者 Ira Epstein 曾告诉我，当他们查询账户记录时，往往发现对顾客有利，当发现有错误时，马上抽身而退，然后再去讨论究竟是谁犯了这个错误。

承认错误会将你和失败的交易者分开

我曾听过无数失败者哀叹的一个问题是，他们无法改变他们的市场

第四章　为什么你会失败

观点。

形成一个市场观点比改变态度并退出曾经进入的市场位置，更加容易。

任何愚蠢的人都可以进行研究，无论是技术的、基本面的，还是其他类型的研究，以此来确定市场的走势。

一旦你进入市场，但是你对市场做了精神上的自我承诺，你就很难放弃了。

毕竟，你是一个明辨事理、明智的成功人士，你的判断绝大多数是对的。但是，在市场里，当你做出判断时，人脑会做出各种各样的事情。它主要工作就是锁定一个主意，然后用各种为什么这个有用的理由来强化你的理性思维。当这个定位并不有效时，你的反抗式思维会让你一直想出更多你应该坚持下去，而不是退出的理由。

不要听从你的反抗式思维。

听从市场，市场会以绝对的说法告诉你，你的理性决策是错的。这意味着，你的下次理性决策必须跳出这个市场定位或者改变主张。

预测

我不敢相信，究竟有多少认为市场预测有极大价值的交易者和投资顾问。

你能做的最糟糕的事情就是预测市场将要发生什么，因为那时你会爱上你的定位，即使大量证据证实你的定位是错的，包括你经纪人的提醒、保证金职员的提醒，以及自己度过数个失眠的夜晚，你也不愿意离开它。市场清楚且响亮地传达它的信息。它告诉你它正在做什么。如果你赔钱了，当时它向反面运转，你也必须做反向操作。毕竟，你的职责就是与市场同步。你的职责不是与市场争辩。

奇怪的是，我们的思维方式是证实或者强化我们的决定，而非寻求信息来做出正确决定。

期货交易终极指南

前辈们会称其为刚愎自用。我不懂心理学家或精神病学家会如何称呼它，但是无论它是什么，如果你想成为一个成功的交易者，你必须从你的脑海中剔除这种思维。回顾我所遭受的所有重大损失（相信我，我经历过一些很大的损失，几乎过于难堪而不想写出来）。这些经历有一个共性：我太绝对相信市场会朝特定方向运行，然后相应地在市场中创立定位。

我的信念如此强烈，并在市场中找准了一个巨大的定位。不仅仅是1或2个合约。我以30、40、50个商品合约告终。在一些情况下，买入数以百计的合约，是因为我"知道"市场将会上涨。它可能会有些许上涨，但当市场开始与我对抗时，惩罚来了。我不是清除市场定位或是改变主张，我的反抗思维一直浮现出各种各样的理由告诉我这是一笔很好的生意，市场是错的，我是对的。

这就是秘诀。记住，你不可能比市场准确。市场不可能出错。只有你是错的，市场是对的。当市场对你有利时，你是对的，市场也是对的。当市场对你不利时，你就与市场步调不一致。市场并不是与你不同步。市场根本不在乎你，所以你必须在意市场。你必须时刻明白，一个最重要的想法是，除了做交易之外，你可以以某种方式推动和控制事情……但是当在市场做交易时，这样并不正确。

你可以考虑市场将会怎么做，但是一旦你对市场抱有期望，或者更糟糕的是你沉迷于渴求市场必须要做，你就在通往贫穷的道路上了。

在生活中，你可以断定一些事情会发生，但是在市场中，这种方法肯定不适用。认为市场"肯定"会按你想要的方向发展的人就是傻瓜。

好的交易者认识到这一点，并只是试着与市场同步。

当写这一部分时，我刚好和 Frankie Joe 有一次愉快的电话交谈。Frankie Joe 可能是最伟大的交易者之一。Frankie 告诉我他正持仓贵金属。贵金属市场正以排山倒海之势上涨。听 Frankie 谈话很有意思。我问他是否他知道贵金属市场会上涨。他回答说他其实根本不介意，它只是在上涨的势头上。他并没有预测价格会走向哪里。

他同时说道，他不知道为什么贵金属会上涨，他们只是处于上涨的趋

第四章 为什么你会失败

势中。"趋势是上升的",Frankie 说到,这是他关心的全部。如果这是一个进入市场的伟大交易者关心的全部,那你为什么关心各种各样的事,而不是市场是否上涨还是下跌?我的朋友啊,这才是重要的。

市场性格?

目前,似乎每个人都用一个性格分析档案来帮助了解员工、他们自己、他们的学生、他们的监管者,甚至运动员。

科罗拉多州立大学的商业教授 Jim Francis 最近开始实施一项性格分析档案,帮助教练选择那些不会在压力下垮掉的运动员。

Francis 发放了 300 份调查问卷,用来收集这些性格图表。这些性格图表反映了受访者的上进心、表现欲、社会认同、毅力和其他性格。

我觉得这位教授工作的有趣之处在于,他将成功的商品期货交易者与那些商学院的学生和运动员的档案进行了比较。

Francis 说,"运动员的档案与那些成功的交易者最类似。两种类型都倾向是成功者,他们盛气凌人,敢于冒险,又有毅力"。Francis 谈论的有一定价值。应该注意到,铸就一个成功交易者或运动员的性格是支配欲和冒险精神。

显然,你不得不冒险成为一个商品期货交易者。与也被称为头脑清晰或意志坚强的支配欲结合在一起,在商品市场中可能导致一些问题。尤其是如果一个人学会了忍受痛苦的本领。

在商品交易中,诸如支配欲和冒险精神之类很好的人格特质会将你摧毁。

市场不可能被主导。在冒险晋升碰上支配欲的砖墙之前,这仅仅只是时间的问题。

我鼓励所有交易者,实际上每个人,都成为风险承担者。对我而言,这似乎是生活唯一明智的方法。但是,咄咄逼人的风险承担者必须认识到,如果愿意承担风险,必须同样愿意承认失败,必须知道一个事实,就是你承担了风险并不保证你会有收获，承担了风险并不意味着你是成功的。你必须始终对你愿意承担多少风险和告诉你何时放弃的机制之间有一个边界。没有如此的体系或策略来操作，风险承担者就会发现，交易其实是一项难以承受的任务。

很容易坠入爱河

你可以感谢 Buddy Holly 的歌《很容易坠入爱河》。正如我们所知，也许他描写的是商品市场。当然很容易爱上市场定位。问题是，要有能力迅速舍弃你所爱的。

Buddy Holly 的副歌重复着"很容易，很容易"，在其中，他可能谈论在商品市场中赚钱。事实上，在市场上赚钱可能是世界上最容易做的事。事实上，你必须要做的正是与你过去一直做的相反。在股票交易和商品交易中，一个人想要现在成功和永远成功，就必须与公众做的相反。

如果你可以弄清是什么让你的头脑过去那样工作，那么尽管做与之相反的事，仅此而已。

我这里展示了标准普尔 500 指数的图表。由我的朋友 Davis 公司的 Ned Davis、Mendal 和 Regenstein 提供。Ned 的图表显示了从 1979 年开始标准普尔 500 指数的曲线图。在图表下面，你会看到一项经济指标，该项经济指标指示了在美林公司的保证金账户中买与卖的比例。要注意到，当公众热情过高时发生了什么，绝大多数时间，市场走高后持续走低，直到一个点，Ned 将此称为追加保证金恐慌。当投资者看到追加保证金现象出现时，会发生什么？市场会转向，并会有重要的、巨大的价格回升。（参见图表 3 和图表 4）

第四章 为什么你会失败

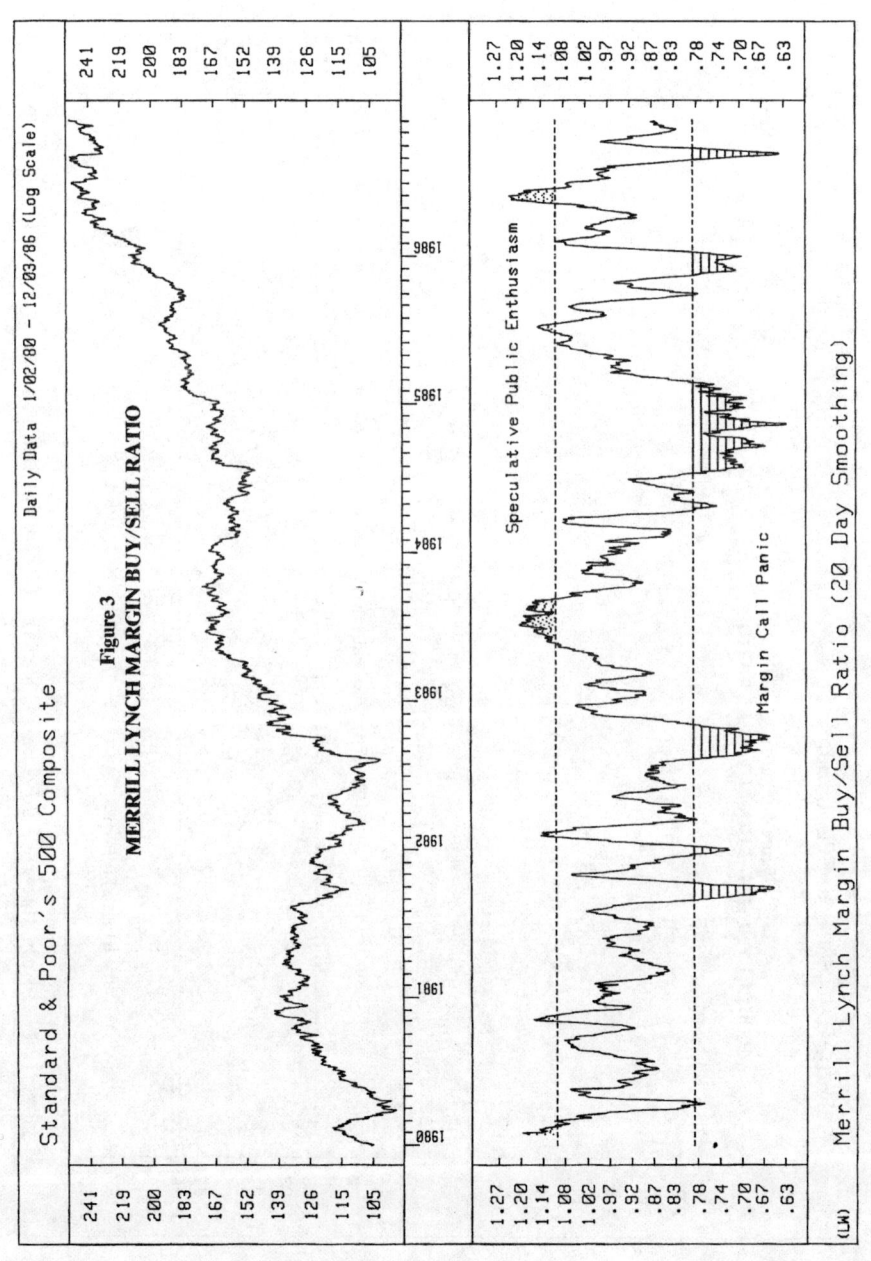

图表3 美林公司保证金买入/卖出比例

期货交易终极指南

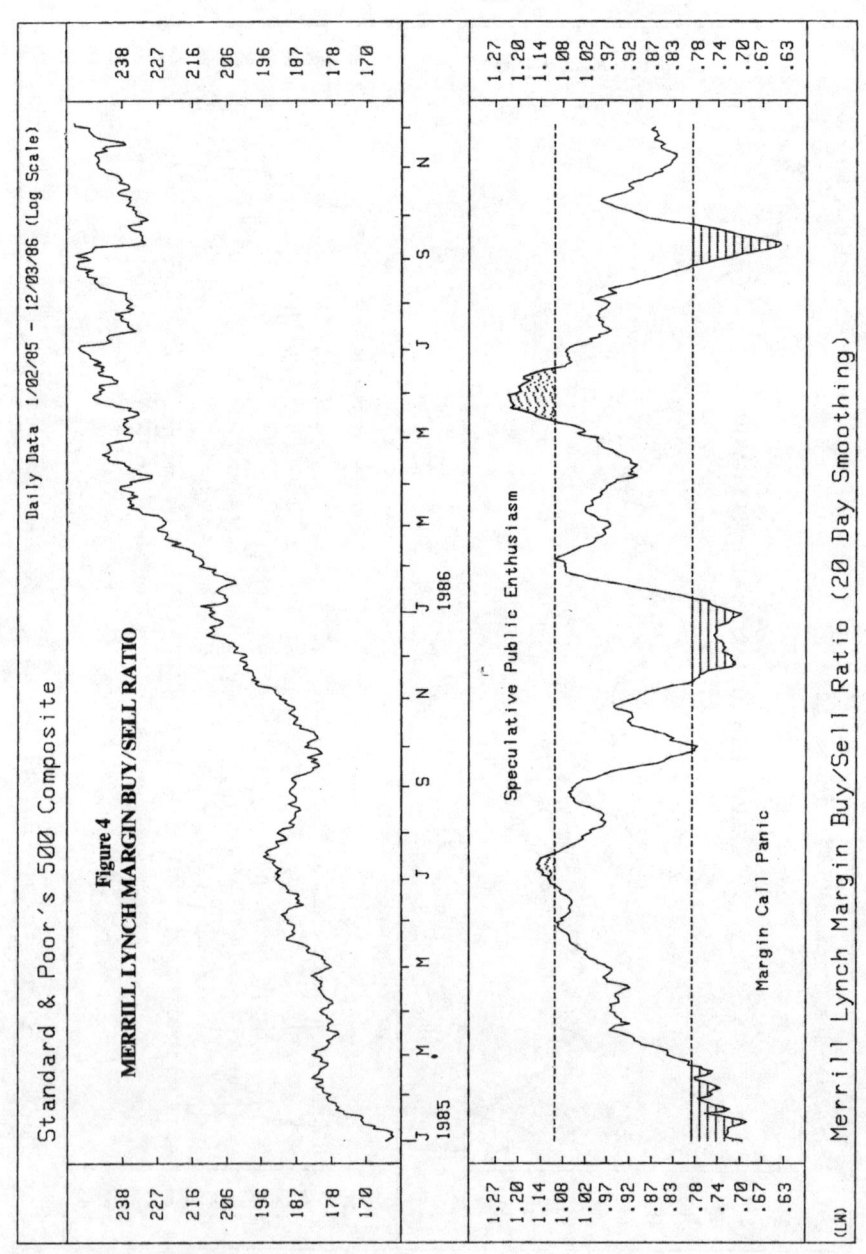

图表4 美林公司买入/卖出比例

第四章 为什么你会失败

没有收益与风险和收益的对比

我的好朋友 Jake Bernstein 是学心理学的，现在是一名首席交易者和市场通讯作家。他经常对我强调一项研究，这项研究展示了让动物和人重复做某项任务的最好方法是在任务结束时给予奖励。

如果你想要一只鸡啄绿色按钮而不是红色按钮，在它啄绿色按钮时，就给它一粒玉米；如果它啄红色按钮，就没有奖励。

如果你想要让一个 10 岁的孩童不再是顽童，当他不是顽童时，给他奖励；当他还是顽童时，就不给任何奖励。

同样的，如果你想成为一名成功的商品期货交易者，当你在市场上获胜时，你可以奖励自己；如果失败了，就不奖励。这样下去，但愿你就可以慢慢明白做正确事情的重要性了。

当你获得一次成功的交易时，仔细回顾那笔交易也同样重要。看看你为什么做那笔交易。看看你的指标与这次交易，记录下当你第一次进行交易的感受，以及当市场开始对你不利时的感想。

与你的赢家们一起做这件事。

很多作者建议你和你的输家一起做这件事。我觉得你需要和你的赢家们做。你需要学习成功，正如你也同样需要学习失败。关注失败太简单了。我想要看你学习成功，去发现那些共同的元素，那些在你成功的交易中存在的元素。你做这笔交易是由于季节性的考虑，还是技术上的考虑，抑或是基本面的考虑？

无论如何，让我们来看看那些盈利的交易，认真钻研它们，从这些盈利交易中获取知识。

你也可以从亏损的交易中学习经验，但是我将更注重盈利的交易。你可能想知道一次盈利交易的构成要素，所以你要更多地钻研这些交易，而不是那些亏损的交易。

拿着你的交易确认单，看看这些盈利交易，为什么他们会如此成功。如果你可以对你那段时期的情绪做一个实时评价，在接下来的交易中你就能很好地掌控自己的情绪。

盈利并非所学

大多数商品期货交易者将商品市场的盈利看作是竞技比赛的胜利或者是生命的成就。

手球比赛中率先获得21分的一方赢得比赛；高尔夫比赛中杆数越少的一方取得比赛胜利，竞技比赛贯穿始终的一条信念是，你要努力去赢得胜利。

我们可以将这一观念引申到市场的竞技中，在市场竞争中，我们要保持赢的信念。显然，为了赢得市场，我们必须要付诸实践，我们要选择所涉足的市场，并选择作为市场中的哪一方。然而一旦参与到市场竞争的游戏中，我们就只能静观其变，不能轻举妄动。如果你买了长期国债，你只能根据参考指标下止损单，静待即将发生的事。

商品市场上的胜利不是得分多少的问题，而是如何做到准确的问题。市场自身为你定义什么是正确的。如果你在市场中是正确的，那你不会承受痛苦，相反，如果你是错误的，你将承受痛苦。承受痛苦与否是你在市场中是否正确的指标之一。

依此类推，我们可以说，决定交易成功与否的关键在于，你能在这一过程中承受多少痛苦。一旦你承受的痛苦达到X，那就该退出市场了。

对商品期货交易者来说，图表上的支撑位、阻力位、最高价和最低价并不重要，真正重要的是他愿意承受多少痛苦，而市场的奇妙之处在于你可以预见你将承受多少痛苦。对于一个5000美元的账户，如果你能承受的损失痛苦不超过1000美元，那就意味着1000美元就是你的止损点。所以你的止损点，也就是证明你在市场中的行为是错误的，这个点就是你所拥有的钱与你愿意分割的钱的临界点。

我料想，如果有人运行一个已经停止的机制，根据承受多少美元的痛苦而不是市场行为来转变，那这个机制将会和很多已经市场化的机制一样有效。

关于经纪人的最后一点

商品期货交易者失败的另一个原因是，没有与经纪人搞好关系。但随着这几年批发期货经纪商的出现，这一情况已大大改善。在批发期货经纪商，你同经纪人的关系就仅仅是他接受你的命令。你们之间的关系就应该是这样，除非你想找一个经纪人跟你聊聊天，给你讲讲笑话、故事之类的，或者是听听他对市场的看法。

不要误解我，我不是轻视经纪人。相反，我认为很多经纪人对市场有良好的洞察力。不过你要弄明白谁才是交易的真正掌舵者——是你，还是你的经纪人。

如果你想找一个经纪人来全权负责你的账户，那你就把账户交给他，并且给予他充分的自由和信任。

同样的，如果你要亲自处理账户上的所有交易，而你的经纪人对你有所猜忌，并告诉你这样做不对，那他就不是你正确的选择。你可以这样告诉他："听着，经纪人先生，这个账户上的所有交易都由我做主，我只要你执行并完成工作，并不想从你那里听到其他事情，我们之间的关系不掺杂任何私人事务。"

或者，你可以这样说："你看，经纪人先生，我对这些市场根本不了解，我希望你来交易这些账户，我会让你全权负责此事。"或者，你也可以采取一个折中的态度与经纪人沟通，比如，"经纪人先生，我希望由你来交易这个账户，我会就如何交易市场给一些指导，你根据这些指导发挥所长进行交易。"或者，你还可以反过来，从经纪人那里听取他对市场发展总体趋势的预见，在此基础上再进行交易。

不论是哪种情况，你要仔细辨明你们之间的关系。谁会为实际交易安排时间呢？当然，你也不希望经纪人因为其乐观性而对某一商品长期抱有这种观点，然后你来接手取代他。谁先开始一项交易谁就要对此交易负责到底。

关于资金管理的最后一点

尽管我在这一部分已经介绍过，但我还是想重申资金管理对于取得商品市场胜利的重要性。

不当的资金管理是指孤注一掷，然后希望并祈祷自己做了正确的选择。这种资金管理方式很快会让你蒙受损失。

正确的资金管理是将一定比例的资金投入到不同的交易中，不管是看涨还是看跌，始终保持同样数量的合同。毕竟，在市场中你有可能是对的，也有可能是错的。

在一个交易中交易 1 个合约并在其他交易中交易 10 个合约是很容易的，但你总是在赔钱的交易市场上持仓过多，而在盈利的交易市场上持仓过少。在这个游戏中，你无法保持领先。不管你在下一次交易中盈利还是亏本，这是一个机遇的问题，但不要将资金管理交付于机遇。

在一个高精度系统中确保利润大于损失的唯一方法是，在每一个领域中交易同样数量的合约。

然而，市场的诱饵却让你的行为南辕北辙，这个诱饵让你觉得自己可以超过或者智胜该体系，并通过相应的升价来证明你所看到的是一笔大的交易。每一次你的加价都会使你加速驶向危险的地带。

你要确保自己不会真的陷进去，也要确保自己有足够的资金来应对可预见的风险，并且不要忘记，一旦开始交易，你就投入了一场战争，要遵守游戏规则。你也知道，我在一周中会接到很多商品期货交易者的电话，有趣的是，失败者的交易合约无一例外地都远远超出了他们的承受范围，而那些大赢家却与他们截然不同。

真正伤害他们的，不是我的建议或是他们自己的看法，而是建议他们超量交易某一市场的人。我希望你能明白我的观点，这不是那些置你于死地的建议，而是教你如何对待建议。在这些年给别人提供投资建议的生涯中，我也确实给出过非常不错的建议，当然也有非常糟糕的建议。但在只交易一个合约基础上，我不相信任何一个交易会严重影响一般商品期货交

第四章 为什么你会失败

易者。真正严重损害一般商品期货交易者利益的是给出了交易 20 甚至 30 个合约而不是 1 个合约的建议。

一口吃不了一个大胖子,反而会引起消化不良,相反,细嚼慢咽,可吞巨兽。

第五章　交易者一天的生活

在研讨班和各种会议中，我听到最多的问题是，"你的一天是怎么度过的？""你的生活是怎样的？""你如何处理你要做的事情？"

这一章的目的就是与大家分享我一天的交易活动。

我不太明白为什么人们很关心交易者的一天是怎样度过的，也不清楚他们能从这样的问题答案中学到什么。但这些年这一问题一直层出不穷。因此，我不得不用一个章节向大家讲述一些关于交易者的生活。

从我所熟知的十多位杰出商品期货交易者身上，我发现了一些我和他们共有的生活方式，以及展开一天交易活动的方式。

我们之间最大的不同在于，我们所生活的时区不同，我居住的地区属于太平洋时区，这就意味着我的一天很早就开始了。我住在西海岸，生活从凌晨4：30就开始了。东海岸的那群懒汉一天的生活是从8：30开始的，这是多奢侈的一件事，但我的生活与他们的不同。

我也有朋友住在香港和夏威夷，他们的居住地意味着他们的时刻表与我们的恰恰相反。我在欧洲做过个人交易，那里的股票市场是下午开盘。所以不论你住在哪里，时间将是你进行交易的关键所在。

你会明白市场是瞬息万变的，这一点非常重要。据我所知，很多的股票交易者出行途中的时间会以他们居住地的时刻为主，因为他们知道加州时间11：00所发生的事和东海岸11：00所发生的事是不同的，这一点至关重要。

我的一天通常是在凌晨4：00-4：30开始的，起床，身体机能为即将开始的一天开始运作，很幸运的是我不需要一个闹钟来提醒我每天这个时间起床。我发现股票交易市场是如此令人兴奋，以至于让人难以入睡，更不会错过第二天的交易机会。我们不是闹钟的奴隶。我们起床的时间是一天交易开始的时间，所以我们要在那个时候起床。

通常5点之前我就到办公室了，我住的地方离办公地点很近，而且有非常便利的通勤车。

住在大城市的同行和我一样，也住在办公地点附近，看起来大家都不想把宝贵的时间花在上班路上，那些时间是要用来做交易的。

第五章 交易者一天的生活

5∶00-5∶15之间，我会检查今天计划要进行的交易，然后我会核对前一天下午的工作以确保没有差错。接着我会调整自己的状态，让自己集中精力，调动思维，充满活力地投入今天的工作。我也会检查所有的股票运行，看看我的账户交易状况。

我不喝咖啡和其他刺激神经的东西，但我的很多交易伙伴都是咖啡嗜饮者。我不喝咖啡有两个原因：首先它会让我兴奋过度，其次我也担心大量喝咖啡所带来的长期影响。

5∶20之前，我已经从经纪人那里得到今天早上市场开盘可能上涨或下跌的建议，这会让我对今天一天有个大概的预期。如果货币市场急剧上涨，我知道债券市场就有下跌的风险，贵金属就有高开的可能。

我很少进行瑞士法郎、德国马克和日元的日内交易，因为价格波动往往集中在开盘期间。快速浏览一下任何一份这几种货币的图表集，你就会发现这些货币的交易市场存在很大的缺口，而且这种缺口比其他任何一个市场的缺口都要大。因此我会选择隔岸观火，观察这些市场如何在交易开始的最初半小时弥补这种缺口，而不是试图在这些市场上赚钱。

5∶45之前，对于任何买进或卖出货币存在的严重风险，我已经有了不错的了解。接下来我会和经纪人一起核对国债的叫价，我们可以从短期国债的交易状况估计这个价格。

我也会留意金银今天的开盘走势。

早晨6∶00，黄金市场开盘，如果我选择在这一天交易白银，我会选择买入或卖出白银。因为时刻谨记着我的个人账户的绝大多数交易都是日内交易，所以我比一般交易者更关注短期波动。不管我是不是在做日内交易，在股票市场获取信息方面我都会采用这种模式。在长期国债开盘前，如果我知道以什么价格出手，我就会买入订单。

等到白银市场开盘的时候，我会心跳加速，因为真正的游戏要开始了。

我会把一天要做的每一件事情事先写在卡片或纸板上，并亲自记录每个市场的买入水平、卖出水平和止损点。这样，如果当天我遇到麻烦，我就很清楚该怎么做，也不用考虑猜测或担心我该做什么，所有的事情我已

期货交易终极指南

做好计划。我要么执行计划，要么不按计划行事，但如果我不按计划行事，那我一开始做那些卡片有什么意义呢？

因为我的很多当日交易价格水平是基于市场价格上加一个具体数字，所以我会把这个具体数字记录下来，这样就很方便我打电话给我的经纪人，获得开盘价，再根据我的报价设备检查他的开盘价，同时迅速地报出今天我的买入或卖出价格。

我已经发现，这些3×5吋大小的小卡片对于跟踪我的交易起着非常重要的作用。因为一般你很容易认为自己有35个合约的时候但实际上你告诉经纪人的是40个，晚些时候你会发现其中的20个是一个价格，而另外20个是另一价格。所以做记录是很重要的。

用卡片不仅可以记录你的交易价格，还可以记录你在不同价格上的合约数量，其作用是不可比拟的。在一天的工作中，我都会参考这些卡片。

就像音乐家有乐谱，投球手有记分卡，棒球经理有计划书，股票交易者要将他该做的提前做好规划，因为一天当中的事情千头万绪，错综复杂，你可能会偏离你该做事情的轨道。

白银市场已经开盘，我已经让经纪人下单，现在我要看看将要发生什么，不是我认为会发生的状况，而是真正所发生的。

此时此刻，我已接近一天当中头脑异常清醒、情绪格外激昂的时刻。我知道，在标准普尔500指数和道琼斯工业平均指数开盘后不久，我就会精力减退。不仅我，所有的交易者都有这种情况。与接下来的时间相比较，我们都对最开始两小时左右的市场更感兴趣。我必须要保持旺盛的精力，因为接下来的时间里会有更大的波动。我不能在头一小时消耗所有精力而对接下来的波动猝不及防，离开市场。时间对于交易者来说是致命的。我们一大清早匆忙入市，接着要么损失金钱，要么丧失决心或意志，然后对于下午的市场波动不能加以利用。

在处理这些焦头烂额的事务期间，我还不断地从我的市场咨询订阅者和客户那里接到电话，他们想知道这一天我在干什么或是我认为他们该干什么。早上7：06，Ned打来电话。Ned是加州的一名医生，他与给我打电话的其他人一样对市场很敏感。我们会聊上几句，通常对前一天所发生的

第五章　交易者一天的生活

事情的缘由他的信息要比我多，我告诉他，如果标准普尔500指数的价格回升到一个确定价位，我就会买入。Ned道谢后挂了电话。

接着尼克打来电话。我和尼克相识多年，他是一个五大三粗、不拘小节、牛仔类型的家伙。他来自于一个有过银行业和证券业从业背景的家庭，不过他现在对股票市场的了解只停留在技术层面。尼克很尖锐，切中关键，他想知道当前的回升能够持续多久，我告诉他后就挂线了。

白银还没有回升到我的入市价，因此在我等待一个买入信号的时候什么都没有发生。长期国债已经开盘，交易已经开始一段时间了，我急于卖掉这只股票。根据系统分析，我想买入标准普尔500指数的股票，所以我有点不知所措。通常长期国债和标准普尔500指数差不多，但今天早上我得两头倒，因为系统想让我买入标准普尔500指数卖出长期国债。

这就进退两难了。我是两个都进行，还是选择其一，或是别的什么？对我来说，答案很简单，我要依照系统给出的建议执行。特别是根据大量的交易国债的记录，系统让我交易二者，我就会照着执行。在当日交易的基础上，实际给出的信号中，65%的国债的交易信号被证明是正确的，并且赚了一大笔钱。今天早上，债券强势开盘，现在是高位出售。我希望他们的价格走低，从而触发我售出。

利用商品报价图形终端，我一直盯着市场的走势。这是一套非常不错的技术装备，它不但能给出当前的市场价格，而且能显示一天中的最高价、最低价和收盘价。我可以让它以图表的模式来显示一天当中每五分钟时间段的价格范围。这些五分钟图表与市场的联系太过紧密，对于大多数人来说根本无所适从，但是它对我很有用。我还可以利用这套设备制作日表、周表、月表、价差、不同市场间的关系和各种指标。它确实能够带来喜悦。报价模式能简单地呈现开盘价、最高价、最低价和收盘价，但在一天中我要在报价模式和图表模式中反复切换。我竭尽全力从现有的数据中分析出该做什么。国债的价格现在又开始回升了，没有卖出信号，我有些沮丧。我本来希望它会降到我的价位。现在我想结束这个交易了。

现在是7：46，时间紧迫，我急于想知道这一天的标准普尔500指数和价值线指数会如何开盘。我给我的好朋友埃德·沃特打了个电话。埃德是一个经纪人，我从他那得到了报价。他说，从债券的强劲势头来看，价格会继续上扬，不知道涨到具体什么价位就是会更高。

接着我打给了洛杉矶希尔森公司的艾尔·埃历山德拉。艾尔今早情绪乐观，他说他的同事都看好市场上扬，但这并没有意义，因为市场有可能会下跌。他来到交易所，得到一个叫价，他们现在认为标准普尔500指数会上涨35个点。债券目前日内上涨7个点，很好地脱离了低位。

我对此作了笔记，再用一分钟回顾了一下刚刚所发生的事情。债券市场经历低开之后已经开始回升。债券上涨，国债上涨，贵金属继续维持开盘价，贵金属市场的投资人没什么动作，因此从这儿得不到什么信号。

债券现在日内上涨3个点，该是我上财经新闻网节目做早间金融分析的时间了。鉴于前几日的市场势头和今早债券市场的强劲表现，我认为市场会继续上涨。在接下来的4分钟，我要弄清楚到底会上涨多少。

不断有电话打进来，但我只能先晾着，因为我要做电视节目。有些人不明白这一点，他们不了解电视节目，也有人懂，会为致电感到抱歉，并表示稍后再打来。接着财经新闻网的比尔·格里菲斯打来电话。比尔是这个节目的主持人，工作极为出色。我和国内很多的金融媒体人打过交道，做过新书巡展等，坦白地讲，他们当中没有一个人像比尔一样对市场有最基本的敏感度和认识度。比尔不仅新闻工作做得好，而且比起大多数财经播报员，他更明白自己所讲的东西。他很尖锐，我很享受和他之间大概15或20分钟的谈话，直到该我出镜。我有60秒的时间向观众讲述我对市场的预期。

我已经决定做上涨的预期，我判断今天早上市场会上涨45到50点。这并不奇怪，因为其他人的预期是上涨25到30个点。由于昨天的市场势头和债券价格在开盘价的基础上持续上升，我认为上涨会比他们预期的要高。比尔开始采访，他说道："拉瑞，今天早上我们已经看到债券市场的上涨，你怎么看标准普尔500指数呢？"

我答道，"比尔，我认为标准普尔500指数今天上午会上涨50个点，价值线指数的上涨可能会更高（我之所以这么认为，是因为价值线指数市场投机性更强，如果我的推测准确，那价值线指数应该会超过标准普尔

第五章　交易者一天的生活

500 指数）。另外，我预测今天的成交高点会达到 19170 点，预计的低点是 19065 点。"

人们很好奇我是怎样做出预测的。其实很简单，我将前一天的最高价、最低价和收盘价相加除以 3 再乘以 2，所得结果减去最高价就是今天的预估最低价，减去最低价就是今天的预估最高价。

举例来说，如果昨天的高价是 18865 点，低价是 18700 点，收盘价是 18755 点，将这三者相加得 56320，56320 除以 3 等于 18773，所得结果再乘以 2 等于 37546，用 37546 减去昨天最高价 18865，得到今天的预估最低价 18680，用 37546 减去昨日最低价 18700，得到今天的预估最高价 18850。计算预估最高价和最低价的方法并不神奇，只是一个简单的技巧，这个技巧是我在 1969 年第一次读《选择股票的秘密》一书时学到的。

我还告诉比尔，我估计在高开之后会有大约 45 分钟的下跌，抛售持续 2 小时后价格会回升，最终以高价收盘。

我这么说，是因为我知道市场高开，特别是上涨 50 点或者更高（除非我们正处于牛市爆发的阶段）的时候，就会面临交易所人员抛售的情况。开盘价高是因为公众推高的结果，而交易者的行为对此正好起抵消作用。通常公众掌控开盘 45 到 50 分钟内的市场，接着将由交易者操控。

比尔问到了贵金属的走势。我告诉他贵金属有上涨趋势，而且是大幅度上涨。我这么说，你肯定会觉得我逻辑混乱，因为我打算将白银售出，却在此做出估计认为它的价格会上涨。但是一个关键因素在于，我对贵金属的长期观点是看涨，但是我是一个当日交易者，今天收盘之前，不管输赢或持平，我都会出仓。所以我的当日交易和我的长期预测没有关联。

到这儿，我一分钟对市场的预估时间已到，我和比尔互相道别，我该看看市场的开盘状况。我很幸运，标准普尔 500 指数开盘了，已经上涨了 50 点。太棒了！不过接下来会发生什么呢？说实话，谁都不知道。今早的价格会带来一定的价值，我告诉自己我要买盘。我检查了之前的笔记，根据笔记上的数据我将在股价上涨 45 个点的任何时候买入股票。

我拿起电话，打给与我合作的期货经纪商，告诉他们我今天的订单，在当前价格下我要买 25 个合约。

期货交易终极指南

现在，我在市场上有三个订单：一是出售白银，二是出售债券，三是购买标准普尔500指数的股票。

我对价值线指数也采取相同的措施。我打给另一个交易价值线指数的经纪人，告诉他我的购买价格。

接下来的几分钟，生猪、猪腩、活牛也将开盘了，接着农产品市场也开盘了。这一领域曾是市场的核心，而现在大豆市场的地位就如同"公交车的后车位"，因为你们的兴趣都集中在金融领域，在这一领域一切皆有可能。无论如何我会跟随大豆市场和活牛市场，这更多是源于我对这些品种的偏爱。

我也知道，未来某一天，这些品种会迎来牛市，我想那个时候自己会是这一市场的参与者。不论一年还是两年，我都要参与其中，那时你会在哪个市场呢？

股票的价格开始从高价下跌，我在财经新闻网的预测看来是错的。事实上，市场高开之后一直在跌，交易者不相信一早看到的大众股民的势头，而是立即抛售。

有谁知道这是为什么吗？债券也开始下跌。有人谴责这是交易者出售标准普尔500指数股票的结果。或者标准普尔500指数股价下跌是因为债券市场的下跌？到底是尾巴摇着狗，还是狗摇着尾巴。在市场交易中二者都是可能的，而且我看到发生这两种情况的比率是一样高的。早上8：30的时候，我要再做一次财经新闻网的节目。

电话响了，又是财经新闻网的比尔。简单回顾之后，我们都看到了市场上即时的卖压。我对自己的预测略略做了调整，我告诉观众卖压可能会持续到中午，不是一两个小时的问题。我已经查了上涨股和下跌股的比例是成正比的。上涨股的数量多于下跌股。但是交易指数却没有体现这一点。交易指数是体现上涨量和下跌量的比除以上涨股和下跌股个数的关系。交易指数不容乐观，令人担心。所以我不会告诉观众让他们抵押住房进而购买今早的股票。相反，我希望局面能有所扭转，接下来的收盘价格能高一些。

卖压持续，债券的下跌已经可以触发出售信号。

第五章 交易者一天的生活

我很想知道会发生什么？债券已经下跌，这就暗示着标准普尔500指数不会给出一个买入信号。这是我所希望发生的，说明二者是相互关联的。我不想处于一种中间状态，长期债券和短期标准普尔500指数，但是我不断告诉自己依照系统，遵守规则，这样我才能赚钱。

这就像一场对话。"依照系统"。人们打电话问我的80%的问题都可以用一个答案回答："依照系统。"以致于有时候人们打来电话问我问题，不等我开口，他们便会说："我知道，依照系统嘛。"然后他们会挂掉电话。

难道你会不知道？债券市场刚刚进入卖空，又开始回升了。现在我怀疑这种回升是不是我在财经新闻网上预测的。标准普尔500指数正在上涨，这是不是意味着我在债券市场的交易要亏损了，该转投标准普尔500指数了？当然，谁知道呢？当然，还是遵守规则。标准普尔500指数的上涨只持续了15分钟，时间不长，接着又开始下滑。此时，债券价格回到了我的入市价，我心里不愉快的感觉消失了。今天我还没有赚到钱，但也没有亏损。我希望债券能够跌破我的入市价，狠狠地跌破，能让我在此有利可图。现在我的所有订单都在市场运作中，我只能坐着等待市场活跃起来。这就好像鱼线上有条大鱼，只要它上钩了，那你就不用管了，在你收网或是鱼线被扯断之前，任凭它蹦。

这也意味着我是时候去处理一些正常运行的业务了。除了在市场做交易，我还是一家银行的主管，还经营医疗氧气业务。在接下来的一个多小时的时间里我会处理这些业务，虽然注意力不及在股票市场上的……当然，除非事情变得一团糟的话，还是要投入精力的。

商品报价图形终端的一个问题在于，它不能让我专注于其他工作。当我在思考其他业务中需要解决的问题时，市场报价又开始了，债券市场出现生机，价格开始回升，但这对我无益。我怀疑而且担心到底发生了什么，就会从手头的事情上分心。不过我有这台机器，也许我喜欢这种分散注意力的工作模式，喜欢接收实时更新的信息。

不断有商品期货交易者打来电话咨询市场的状况。此时来自盐湖城的一些人想了解我对债券市场和标准普尔500指数的预测，我告诉他们，没人知道债券和标准普尔500指数到底是好是坏，但我还是根据我的推断做出了预测。平均每个电话的时长持续 45-50 秒，我们双方都没有时间去浪费。

我开始回复来信。有一件事我很自豪就是在这一行干了 20 年，没有一封来信我没有回复。很多人都很惊讶给我写信原来这么简单……我会自己接电话，当然除非有人打来时我正好有其他电话正在接，那我会让我的秘书或是程序员肖恩帮忙。我怎么能让那些长途电话交由秘书接听？

还有，为什么我不给人们回信呢？他们同我之前一样都是普通的股民或是对市场有兴趣的民众。

那封我没有回复的信有 121 页长，问了我一个关于我写的手册的问题。那本手册大概有 42 页，我觉得要么就是不值得回答这样一个人的问题，要么就是我不太会沟通，让我以 42 页的手册内容回答他 121 页长的信，无论如何我都做不到。

标准普尔 500 指数的价格渐升。我正打算进入这个市场，但是，该死的债券市场还在下跌。"哦，我没想到也许系统会成为这二者的赢家。"拭目以待。

是的，标准普尔 500 指数和价值线指数已经印证了这一点，债券市场继续下跌，看起来在这两个市场我都会有最好的收益。同时，白银市场还没有动静，很明显在我进入该市交易之前，它会有一番大的波动。我估计今天我可能不会交易白银。

期货经纪商的电话回复很快，大概三分钟内市场价格会发展到我的入市价水平，"拉瑞，是你的价格了。"（我的订单本来处于停止限价的状态）我又回到手头的工作。

我发现自己的情绪有些波动，而且有点累了，目前没有太多有优势的交易，毕竟市场已经开盘 3 个半小时了。现在是当地时间 11：30，我已经工作了 5 个小时，快到中饭时间了，我饿了。不知道为什么我情绪有点消沉，可能是因为标准普尔 500 指数和价值线指数跌破了我的入市价，而现在又将收盘。我的情绪和市场表现不谋而合。优秀的交易者知道这一点，而且会克服这种伴随的潜在问题。

我的内心非常纠结，到底是会在某一个市场赢，还是在两个市场都

第五章 交易者一天的生活

亏,这让我筋疲力尽。我承认这一点,而且事情就是这样,我们会看到市场今日会如何收盘。

有个朋友叫我同他一起吃午饭,我当然回绝了。就是因为午餐会很贵,所以我很少出去吃午饭。很多时候我出去吃午饭的时候还是赢的,但是等到我回来就已经亏了,更糟糕的是,回来后发现已经亏了2万美元。我付不起这么昂贵的午饭。

偶尔,我交易比较少的时候,如果提前安排好,我会出去吃午饭,但是在交易时间,在报价机器前看不到我的概率很小。

很多时候,我会在旅行途中做交易,这个时候的方法是很不一样的,我会明确途中所有的停靠点。如果发生什么,我会保护自己,躲过重大灾难。

我是极少数在飞机上做日间交易赚钱的美国人。最幽默的做日间交易赚钱的经历是在1985年的夏天。

我对乔治·阿恩特先生侵犯版权一事向法院提起诉讼。案件是在波士顿审理。法官连什么是大宗商品都搞不清楚,更不要说我们的系统是否被侵权和为什么被侵权等问题。我在那也做日间交易。一大清早我向经纪人下订单,接着去法庭,一整天都在那,回来后市场已经收盘,只能看看这一天的交易是输是赢。我有三天连续赢钱,第二天早上一路上笑到法庭。

顺便提一下,我在那场官司中获得了一大笔钱。

现在是下午12∶15,猪腩市场已经收盘,大豆市场正在收盘,我知道我今天不会交易金银了。这就意味着离结束交易我还有两个小时。从现在开始不怎么有电话打进来,除非有大动静。债券市场向更有利于我的方向发展,标准普尔500指数在我买入之后没有变化。

离债券收盘还有半小时,我意识到这会是一个盈利的交易。现在有一个问题就是,我要不要关闭交易(收盘自杀,还是收市做盘)。我想简单地关闭交易退出。债券已经承受了一天的压力,在收盘之前还在压力之下。我打电话给我的经纪人,告诉他我要买25手债券。以收市价做盘,意味着不管发生什么,我将在收盘的时候退出交易。请注意我不会整夜地想着交易,尽管情感上和理智上我都希望在我隔夜公式的基础上,明天市场

期货交易终极指南

会下跌。隔夜公式是个小技巧，我会在当日交易一章介绍。

现在我再也不用担心债券交易了，我开始担心标准普尔500指数和价值线指数。由于债券市场在临近收盘时遇到更多的卖压，标准普尔500指数和价值线指数的价格现在已经低于我的购买价了。在这个交易中今天我要亏损了，不过债券市场的收益会弥补一些损失。随着债券市场收盘，我计算了一下这一天我在此交易中的收益。我的25个合约总共盈利2万美元。比起我的利润，两个主要输家损失惨重。今天，我下跌了8500美元。这就好比今晚的晚饭是麦当劳一样。

我检查了我的五分钟柱状图，发现债券有一个价格回升的传统，即在芝加哥时间11:30的时候开始回升，一个小时后下跌，有人将此现象称为"正午气球"。如果债券按照这种模式发展，那在它收盘之后标准普尔500指数应该会有所反应。当然，问题是标准普尔500指数的发展会不会和债券一致。我希望不是，但是没有人知道会怎样。

"哦，标准普尔500指数有动静了。"标准普尔500指数的发展方向和债券一致，现在它正在下跌。到目前我今天损失了15000美元。但系统仍然提示我按兵不动。还没有到退出的时候，所以我还在坚持。

不幸的是，债券要花费很长时间结算，所以在其收盘之后的半小时内一直没有结算价格。随着市场越来越接近我的止损点，我对标准普尔500指数的感觉更差了。我们还剩26分钟的时间。

我还算平静地看着屏幕上的指示器，看看有没有一线生机。希望好像出现了，因为我的短期动能指标超过了长期动能指标，这就暗示着如果价格回升，现在就是时候。

你瞧！价格回升了，虽然幅度不大，但是我们还是看到了低迷之后一次五分钟的强势上涨。希望这种上涨能够持续。

还有半小时，时间是13:45，价格还在持续回升。我打电话给我的经纪人，告诉他们在收市之前的退出点位。我希望现在的价格回升能够形成规模，在收盘之际能看到其他买家。我们现在的交易价格要高于早晨的开盘价，这次的回升振奋人心，虽然我依然亏损，但是亏损的数额已经减少了。

第五章　交易者一天的生活

14∶00 的时候，道琼斯工业平均指数收盘了，价格变动指数和交易指数呈现良好势头。我愿意看到 40-60 秒走势能够提示一些买入机会。但现在情况不同。我们现在是 87，这说明当前市场行情看涨，但涨势还不够强劲。

道琼斯工业平均指数一收盘，卖压就转移到标准普尔 500 指数这边来了，较今日开盘价下跌了 20 点，我在想，我要不要在道琼斯指数收盘的同时退出标准普尔 500 指数的交易？

我还是选择参考系统，系统建议我将把已经给经纪人的订单一直保持到收盘。此时此刻，做其他选择都为时已晚。

随着最后的一声铃响，不远的地方，所有的交易者都松了一口气。今天的交易结束了，我的损失不大，我在债券上盈利了，在标准普尔 500 指数和价值线指数上略有亏损。最终显示我的损失是 2500 美元。

我告诉自己如果我的亏损都控制在 2500 美元左右或者更少，那我还是大有希望的。到现在，我已经得到了债券的结算价格，已经更新了我所交易的活跃商品的数量。14∶20，标准普尔 500 指数和价值线指数在结算，我为我的商品同步服务系统更新了今天的数据，明天交易还要在这个系统上进行。接着，我开始为明天想进行的当日交易做一些准备工作。我拿出一张新的 3×5 的卡片，将买入和卖出的市场作出标记并记下来。我也会记下价格，看看价格走向，如果价格走高就买进，走低就卖出。再次检查了我的工作后，我把卡片放进笔记本里，完成了我的商品同步报告，希望这样就算收工了。毕竟，16∶00 的时候我还有一场手球比赛，我从早晨 5∶30 到现在一直呆在这儿。一切都结束的时候已经是下午 15∶15，我该去处理那些白天没有回复的电话了。

在此期间，我的程序员肖恩·奎克带来一些关于一个系统的消息，我们一直在尝试给这个系统编程，想看看它是否有效。但是到目前为止结果还不太明朗，情况好像始终如此。

所有人们推荐给我的系统，不管他们形容得有多好，在应对电脑的决定性测试时表现都不佳。但是我还是告诉自己我们要引领潮流，追求完美。时间是下午 15∶30，我该走了。

我告诉我的员工我要离开一会,如果有什么事记下来放到我的桌子上,我晚些时候回来处理。

玩手球要比做交易更加得心应手,一小时十分钟的时间令人愉快,尽管有几次我的思绪又飘到了明天的市场上,而没有专注于手球,往往那个时候我就丢分了。在我洗完澡换完衣服后已经是18:15了,我开车回到办公室,看看今天的市场活动以及在我外出的时候有没有什么资料送到办公室,接着我就直接回家吃饭。

回到家里,见到了我的妻子和两个孩子,我们共进晚餐,尽一个父亲该尽的责任,如其他人每天做的一样。安顿好孩子们睡觉后,我又溜进家里的办公室,花了一个小时看图表。有时候我这么做是想研究某个特别的现象。其他时候,我只是坐着,盯着那些表,想象自己如同一个足球迷研究足球电影一般痴迷。我不是一定要找什么,就只是看着,从这些再现的图表中总结经验。

我一般22:00以前上床睡觉,如果情况理想,我会一直睡到凌晨2:00,然后起床回到家里的办公室,从2:00工作到3:00或3:30,接着再回去睡觉,起床之后开始第二天的交易活动。

早晨2:00-3:00是工作的最好时间,尤其是做研究工作。这个时候没有电话,没有市场开盘,没有顺便来访的访客和未经预约的生意伙伴。

一位我所知道的大交易者表示,他的所有市场工作都是在清早完成,他把对秘书的指示写下来,当他睡觉的时候,秘书根据他的指示下订单。他睡醒的时候,市场已经开盘了,又开始在家里工作,继续之前的步骤。市场开盘,他却"收盘"睡了,这在市场交易中是一个非常有意思的方法。

他之所以这么做,是因为他担心在白天做错事,却很自信晚上在他研究市场的时候能做正确的事。所以他更喜欢做研究,下订单,然后他将研究的产品和研究本身分隔开来,互不影响。

学习。当然,我想知道内德·达维斯和马蒂·泽维格对待事物的看法,也想知道佩里·威索的想法,我会看阿特·美林的图表,阅读伊安·麦克艾维特、格里·阿佩尔和其他人的信件。

第五章　交易者一天的生活

我这么做,不是一定要得到他们对市场的观点,而是想看看发生了什么,寻找一种感觉……放慢节奏……看看有什么新业务。某种程度上讲,我就是一个与周围世界的快车道脱轨的隐士。同行的投资咨询信件会将我与外界联系起来。

我并不是唯一一个在市场收盘后花时间锻炼身体的商品期货交易者。我认为走出办公室,从惯常的思维模式中解脱出来是很重要的。我看到很多过度肥胖的商品期货交易者,这些人四五十岁的时候就去世了,我不希望这个事情也发生在我身上。有大量研究表明,身体状况越好,脑力输出也更强大。我不在乎这种说法正确与否,因为我知道自己身体健康时感觉很棒。我身体状况良好时,在市场中就会很有闯劲。一天花8-9个小时进行可以称之为激烈脑力运动的交易,对我来说是很有意义的……我们需要平衡脑力活动和体力活动,花一些时间来锻炼身体。一个商品期货交易者生命的常态都是坐着的,除非你强迫自己进行体育锻炼。

我选择手球作为我的锻炼项目,手球需要慢跑和身体轻盈做底子,我不玩手球的时候也会进行鹦鹉螺式训练。其他人有选择网球的,举重的,还有其他以一年为基础的训练项目如:壁球,壁内网球,游泳,以及一些其他运动类型。这些运动项目既有充满竞争性的挑战,又可以锻炼身体,已经成为我的一种生活方式,对我的交易有颇多益处。就像没有那些3×5的小卡片我不会开始工作一样,在我的工作时间里一定要有定期的锻炼。这是能让脑力和体力协调一致的结合,从而让我精力充沛地在市场运作中搏击。

在做市场交易四五年后,我意识到如果我不开拓除了市场以外的其他领域的知识,那很快我就会成为世界上最愚蠢的人。

你和我可以很愉快地一起坐下来讨论猪腩、大豆、短期国债和债券,但是在我们的妻子、爱人、朋友、孩子和邻居的眼中,我们的大部分话题都很无聊。因此我尝试追求至少一个其他领域的知识,直到对这一领域我有足够的自信。凑巧的是,比起在股票市场树立自信,在营养学、针灸、核燃料方面树立自信就相对容易。我试图钻研各种领域而不仅限于市场。因此,我让市场成为我生活的独角戏。

期货交易终极指南

大概在六七年的时间里，我钻研蒙大拿州的政治，以致于自己竞选美国参议院，但在大选的两次场合中被对手以微弱优势打败。是的，我这么做是因为我有强烈的政治信念，但是我确信参加竞选是因为它可以让我的话题不仅限于市场。它可以让我接触市场以外的人，可以让我站在世界的另一端，不被囚禁，不被报价机器束缚。

在市场交易的时候，我有一种很梦幻的感觉。我认为那个时候，其实人们该离开那里去接触现实中的人们，而不只是感受作为一个商品期货交易者的生活乐趣只有金钱。

在一天的时间里，当有成千上万的美元可以赚取，亏损的时候人们不会感激金钱。如果你与一个年收入只有12000-20000美元的朋友吃饭，你就能真实地感觉到那些钱的意义。

如果你看到你的朋友无法支付一些你可以凭借你的商品交易活动轻易获得的东西时，你就懂得感激了。通过商品交易赚钱是很容易的，我们倾向于将我们拥有的财富看作智力的标志，这会让我们觉得我们是很聪慧的人，几乎是出众到可以以我们的喜好改造世界的人。但这并不是真的。

仅仅因为你在市场中赚了钱，也不意味你就有一盎司的智力，仅仅意味着你很幸运或者很懂市场。我发现，懂市场不意味着我理解发生在生活中的一切。

有句谚语："如果你是如此聪明，那你为什么不富有？"但现实却和谚语相反。商品期货交易者通常都是该谚语的反面教材，他们会说："我很富有，因此我很聪明，而且如果我聪明，我就能做下面的事。"

如果你在商品交易方面很成功，你会发现你会是下一个李·艾柯亚或是霍华德·休斯。自行决定你的市场利润，使其增值去构建一个超级帝国。

在他们快30岁或30多岁的年纪，尝试将商品交易的利润通过购买或开创一个交易转化为成功的时候，我已经是很成功的商品期货交易者了。

这样的事，我很少看到。

我们都会做的第一件事就是买一家餐馆。比起交易商品，开餐馆赚钱更难。

理查德·威科夫是这一行的老手，他在自己的书中曾有一段有趣的评价："看到商人们在市场中亏损那么多钱着实令人惊讶，但令人更惊讶的是商人们干回实业，赚足够多的钱后又回到市场把钱输掉。"他的观点是，大多数商人如果能简单地从生意中获利，并把这些钱存起来，要比把更多的钱用来交易商品好得多。

这本书只是为商品期货交易者提供了另一种途径。如果你擅长商品交易，我是说真的很擅长，那你就不要用商品交易的利润去为成为大型企业赌博。相反，把这些资金存起来或是放在一个地方，如果你在市场中亏损了，你不能动用那部分钱再去亏损，一个聪明的商人就该这么做。

让人难以置信的是，很多优秀的商品期货交易者在商业活动中竟然亏损了那么多钱，然后回到市场筹集足够的资金，去维系他们的交易活动。

一旦你已经这么做了

一旦你在市场上已经这么做了，我确信你应该将一部分利润存起来，不是把他们搁置一边，而是藏起来，放在一个你接触不到的地方。

阿尔夫·毕姆的公司以美林、皮尔斯、芬纳、史密斯和毕姆著称，他告诉我，19世纪60年代中期，他只见证过一位在市场中盈利的商品期货交易者。阿尔夫斥责我已经成为一个商品期货交易者，并且进一步说，一个商品期货交易者之所以能够胜出，是因为他将自己赚的所有资金都投入到一个他无法触及的信托机构。仅仅因为这个原因，这个交易者便成为最后的赢家。毕姆说，否则他就会把那些赚来的钱投入市场，最后不知所终。

我不知道你是否需要做长远打算将钱放在一个你看不见且不能取消服务的信托机构，无法控制那些钱。但确信的一点是，你为年老后的生活做好了铺垫。即便是最炙手可热的商品期货交易者也有马失前蹄的时候，所以要未雨绸缪，提前存钱。没有什么比确信自己是坐在一座金山上更让人踏实的了，因为你已做好准备，所以你在今天的市场是否盈利其实不重要。

所以，你已经看到，在一个商品期货交易者每天的生活中，这已经成为一种惯用的方法。

有些日子比起往日更加光荣，有些日子里你赚了大钱，而有些日子里你却亏得很惨，但无论如何其基本技巧是相同的。我们可以学到的教训就是握紧你的武器，不要疏离你的专业知识。你需要一个系统，听从系统意见，将你的表现做一个记录，坚持这么做。

归结起来，你要规划你的工作，践行你的计划。一天做一点，日复一日，在这件事情上，持久性是很多人不愿付出的。

第六章　黑暗的一面

诡计、骗局、欺诈和圈套

在这一章,你将学到的不是怎么赚到几百万美元,而是如何不败给那些围绕在商品市场周围的贪婪者。商品市场上的贪婪者形形色色。他们穿着三件套的西服,开着劳斯莱斯,讲英式英语。我还看到他们伪装成成功的法律工作者、商人、牧师和教师等角色,随便你怎么称呼。偷窃是这些人行为的核心,那些做不到这一点的人很快会失败,他们会试着掏你钱包里的钱,而不是从市场上赚钱。

在尝试交易的时间里,有三个地方是商品期货交易者必须要小心的。首先,你要当心期货经纪商。法庭的案件中充斥着人们被经纪人和/或期货经纪商诈骗的案例,给你一分钟你就能了解这种状况。不论可能性大小,他们对你使诈的可能性总是存在的。

相信我,我不是要指责经纪人或者期货经纪商,因为我接下来要说的一类人中,我就是其中一员——专业投资顾问。我们的口碑比期货经纪商好不到哪去……也许期货经纪商会告诉你我们的口碑是最差的……当然法院的文件能够说明他们的所作所为。不过那些案件都是未经决议的。一个投资顾问会像其他任何人一样骗你的钱,毁掉你辛辛苦苦经营的名声。但是他们的方法不太一样。他们明知自己在市场上无力回天,却还给你一些毫无价值的意见,或是给你一些他们并没有研究过或经过实验发现不起作用的系统。有些人根本不去费力给你提供任何东西,仅凭他们对市场的"远见",就可以骗你的钱。

最后,还有一批市场的参与者和员工,没什么合适称号,我们姑且把他们称为市场运作者吧(与1930年代文献中的术语含义不同)。这些运作者只是外在的操纵者,他们都很奸诈,因为在接近你之前他们已将自己伪装得很好。当你碰到他们,你对他们的第一印象是,他们很像你这一行的参与者,就像你自己一样想要解密市场,想找到让这个宏大神秘的行业运作的机制。

事实上,那只是他们的假象。他们真正做的是操纵市场朝着与你的预

第六章 黑暗的一面

判相反的方向发展，或是将你拉进市场的一边，比如作为买家，而他们却作为卖家站在市场的另一端。

我或者其他任一作者给你的所有技巧、基本知识和书本学习都没用，直到你自己认出这些运作者。有一个众人皆知的方法就是，保护好自己，远离这些人。我希望你能在这一章学到一些众人皆知的方法，也能辨别出这三类人惯常使用的伎俩。

恕我直言，期货经纪商、经纪人、股票或商品，就像你在午夜走过纽约市某条后街时看到站在橱窗下面的那些家伙一样，想要对你使诈。

让我们一起来看看期货经纪商为了能骗到人们最好的东西而使用的各种伎俩。

既然美林是当今世界上最大的期货经纪商，那我们就先从最大的公司说起，依次向下。

在20世纪60年代晚期，美林公司向它的大众消费者推荐大量购进某只股票，我记得那只股票是迈克多内尔·道格拉斯。他们通过大众传媒手段推销这只股票。同时，在他们这么做的同一星期，美林建议它的机构持有者抛掉这只股票，原因在于他们获得关于这个公司很快可能出现的大量负面消息。

在这次奇怪事件后，这只股票的价格一落千丈。那些大的机构投资者当然从中受益，但是大多数的普通投资者——像你我一样的普通人——的钱包被掏空了。幸运的是，我没有中圈套，但是大多数的公众被连累，有些人损失惨重。

当我回想这件事，美林因为这件事只受到名义上的惩戒，但那些积极参与那次阴谋的经纪人却被踢出了股票市场。

这是一个能说明问题的典型例子。尽管非法交易是在期货经纪商的支持下进行的，但期货经纪商很少受到任何惩罚，反而是经纪人要面对罚款和公众的谴责。这样做当然对期货经纪商有利，因为经纪人来来去去，影响不大，但是像美林公司、迪安·威特、赫顿、美国运通这样的期货经纪商会有长时间的影响力。

提到赫顿，人们首先想到的是他们为证券业所做的创新性广告，其中

期货交易终极指南

有名的一句广告词是:"我的经纪人的赫顿,赫顿开口,众人聆听。"

但是赫顿所得到的要比在金融秘密诈骗中所得的份额多得多。

你对赫顿最熟悉的可能就是它的检查补空计划,该公司会开空头支票,将支票从一个银行流动到另一个银行,从而赚取利息或者掩盖其并不存在的基金,数目能达到成百上千万。在这种情况下,那些运行赫顿的人会被罚款并受到惩罚,而对公司本身影响不大。

我的脑海中马上浮现出一起针对赫顿经纪人的官司,我的一位朋友在这场官司中是提供针对经纪人证词的专家证人。这个经纪人告诉一位把三万美元运作成三十五万美元的交易者,他能做的比这个交易者好很多。

这个客户是一个单纯的交易者,相信了经纪人的话,于是把他的账户委托给这位经纪人。该经纪人开始交易的方式近乎疯癫,三十五万美元最后缩水成极其糟糕、微不足道的几千美元。

赫顿的经纪人有时候有多达 100 份的猪腩交易合约,长期的、短期的都有,可能在一天内的四五个场合,交易的市场内外合约大概有 30-60 个。

期货经纪商不会大肆宣扬这种事情。但是事情发生了,期货经纪商不想为这位经纪人的"挥金如土"买单。期货经纪商并没有对其经纪人给予基本的公平对待。

我所见过的另外一起期货经纪商的阴谋是:

20 世纪 60 年代中期,我在加州帕洛阿尔托市的一家小期货经纪商做交易。我们的业绩并不突出,但也不差。根据我的记忆,公司有一万个账户,每个账户都是盈利的,大概账户所得有 2000-6000 美元。

这个经纪人在处理账号时并没有把我之前所做的交易考虑进去,他认为我一直在交易的市场会下跌而不是上涨。接着,他开始交易这个账号,不是按我之前的交易理念,而是以恰恰相反的方式进行。

如果一个经纪人得到了你的允许,那他可以那样做。可是,这个经纪人没有这个账户的决定权,没有与我协商,也没有与客户进行沟通确定是否他们希望他去交易这个账户。不管如何,这位先生在没有告知任何人的情况下,自行对这个账户进行交易。直到交易账户交易开始显现下滑,我

第六章 黑暗的一面

们才意识到发生了什么。他的表现并不好。在几天之内让这个账户损失了五六千美元。

幸运的是,这家期货经纪商的经理是一个负责任的人,他保证由公司来弥补该客户的损失。

但是经纪人为了弥补客户的损失而一头栽进市场是不常见的。

你要确定你的经纪人是否对你的账户有决定权,你为此已经致信于他,且自己有一份经认证的副本,将你愿意交易的参数给经纪人,这一点是你必须要仔细的地方。

你给的参数应该包括:任何交易的合约数不得超过 X 个;经纪人不能参与当日交易;当账户下跌了某个百分比的时候经纪人必须立刻停止所有交易,一般我设定的下跌上限是 50%。

如果你给经纪人的信与期货经纪商一起存档,如果日后经纪人的行为超越信件内容的规定时,那你就有证据上诉经纪人和期货经纪商了。没有这封信,那你们之间的官司会变成双方的唇枪舌战。

我还看到一些很不可靠的商品交易期货经纪商大肆在全国范围的股票市场电视节目上为自己做广告。这些人开研讨会,兜售市场,但是我怀疑他们对市场的认识不会比他们的宠物金鱼多。不同的是,金鱼不能从蛊惑人们买卖股票的勾当中得到经纪人佣金。

波士顿有一家这样的期货经纪商,他们促成了一种不同寻常的交易。你把你的钱给他们,他们帮你交易,每笔交易收取 500 美元的费用。有趣的是,我能用我的账户做同样的事,但是我的佣金是 16-20 美元。但是,他们辩称通过这样做他们为你设立一个投资项目,因此你不用担心再会收取更高的费用。

据我所知,从来没有一位市场赢家是出自这种期货经纪商的。我所听到的都是亏损的案例,巨额的亏损。也许那儿也有赢家,只是目前还没有一个人告诉我这一点。

局面也有扭转的时候,你可能有兴趣知道当一个骗局已经被安排好的时候,期货经纪商就和你我一样容易上当受骗。

大概 10 年前,一位魅力非凡的女士和一位股票经纪人开始交往。这个经纪人所在的期货经纪商最后被美国运通吞并。

这个经纪人不仅惊艳于女孩的美丽，更为女孩的背景而惊喜。交往一段时间后，经纪人发现这个女孩的叔叔掌控着梵蒂冈——天主教教会投资的决定权。

如果他能获得梵蒂冈投资交易行动的蛛丝马迹，那他今后的事业就飞黄腾达了。他知道这一点，所以使尽浑身解数追求这个女孩。当然他所期待的不仅是赢得女孩的芳心，更是她叔叔的交易账户和经纪业务。

我不知道梵蒂冈每年经纪佣金的具体数额，但是我敢说天主教教会作为一个整体每年至少有300-500万美元的经纪业务佣金。这可能是很保守的估计。

两个人交往一些日子后，这个经纪人催促与女孩的叔叔见面，看看他能否有机会处理一些经纪事务。反正，梵蒂冈正打算找人一起处理他们的经纪事务，那这个人很可能就是他。

在女孩的牵线搭桥下，经纪人和他的期货经纪商收到了梵蒂冈的来信，信中说他们有兴趣在这家公司开设一个账户。他们在纽约进行了几次会晤，出席的有大主教、女孩的叔叔、期货经纪商的几个代表，来明确所有纸质文件的正确性以及确保教会的投资会得到很好的保护和监控。

账户开设之际，教会的人员提及了巨额的佣金，数目每年能达到千万美元。相应地，他们希望期货经纪商能为天主教堂捐一笔小款，数额大概是10万美元左右。

你可以把这个称为回扣，或者你想称作别的什么都可以，那个时候这种事情很常见。那些年里，这家公司还开出过比这个数额还庞大的回扣性质的支出。

这家公司的一个合伙人对回扣一事很是怀疑，开始思考这个问题。是不是出了什么差错？他开始了街头巷尾的调查，看看能发现什么，结果让他震惊。

来自梵蒂冈的信和女孩的叔叔都是假的。这个骗局看起来和那个女孩一样美好，从华尔街的期货经纪商处卷走了100万美元。

第六章 黑暗的一面

飞来横财

当然，所有期货经纪商的员工都不愿将这种潜在的大单与其他期货经纪商分享，他们担心其他公司会乘机而入抢走自己的生意。当我的朋友开始查这件事的时候，发现这伙人用同样的伎俩已经拉了至少10家期货经纪商下水，从他们那里分别获得了10万美元甚至更多的"回扣"，而最后这些公司发现，整件事情原来就是一个谜中谜，一个惊天大骗局。

那些积欠巨债的客户也让期货经纪商备受重创。因此期货经纪商对你会非常小心。一旦他们发现你的账户余额不足，就会要求你汇钱给他们。如果你打算交易商品，你最好确保你的账户所在银行有电汇部门，这样如果你的期货经纪商不在本地区时你可以汇钱给他们。我知道，某些时候你确实需要汇钱，因为我已经干过很多次了。

你要确保你所汇的钱进入你的账户，而不仅仅是进入期货经纪商的账户。在"存款账户"一栏填入期货经纪商名称以及他们的账号，接着在"信用账户"一栏填入你的名字和你的账号。这样做的话，如果电汇丢失或者这笔钱在期货经纪商结束交易，不会混淆。电汇的资金是你的钱，所以要直接汇入你的账户。没有在电汇中附属你的账号时不要将钱汇到期货经纪商的账户。

赤字危机

如果你是一个交易大户，那你就有可能陷入赤字危机。赤字就是你没有资金填补亏空。这种情况在我身上发生过，也在别人身上发生过。当你确实在一家期货经纪商有巨额亏损，他们就会把你列入黑名单，那上面记录的可都是最近赤字的人。这就让你很难在另一家期货经纪商开立账户，因为期货经纪商A知道你欠了期货经纪商B一大笔钱，所以他们会很不乐意与你打交道。因此，与期货经纪商保持良好的关系或者在多家期货经纪商开设多个账户是很重要的。

期货交易终极指南

当然如果你产生赤字，处理你的账户的经纪人会以各种方式威胁你，谴责你，向你提出各种要求，但事实上，他们就是迟迟不会采取法律行动。

我猜想这可能是因为他们不想宣扬时常控告那些发生赤字的人的消息。那样的话他们将不得不请多于现在两倍的律师。根据我的经验，如果你和他们签署一个期票来偿还欠款，并设立一个合理的偿还计划，那期货经纪商是很愿意帮你解决赤字危机的。然后他们会拿着票据，给你时间让你还债。

首先他们会坚持要你去当地银行借款还钱。不要这么做。你就告诉他们你不想这么做，告诉他们你没办法从银行弄到钱……你对他们讲什么不要紧，要紧的是你告诉他们你不会那么做。接着，他们没有别的办法只能自己为欠款筹措资金，而且他们会这样做。如果你真的发生赤字——一种不太愉快的经历，记住在某种程度上你是掌握方向盘的司机，有主动权，是他们需要你的钱而不是你需要他们的票据。期货经纪商对于制定还款计划很有一套。

一些我知道的有巨额欠款的交易大户通过尖锐的谈判只用70美分就还清了债务。如果期货经纪商真的相信你只有7美元了，而且这是所有债权人都在抢夺的唯一一杯羹，如果你把这7美元给他们，他们会彻底免除你10美元的欠款。因为他们知道即使十分之七或者五分之一，也比什么都没有的强。

我希望这能给你在面对赤字情况时一种灵感和帮助。再者，我奉劝你不要被劳斯莱斯（即便是我开的黑色那款）、三件套、昂贵的酒店房间之类的所迷惑。那些都是装饰，都是那些没有拥有它的人所使用的，给你一种他们拥有那些东西的印象。

我坚信一个人可以通过封面来评判一本书，但是你要钻研封面，从而去发现书的实质内容。比封面更重要的是书的内容以及所谈及的男性或女性的精神。

第六章 黑暗的一面

关于顾问的建议

投资顾问是一个奇怪的身份。我们的人格是矛盾的。我们一部分的人格是外向的，外向到用我们滑稽的照片在像《期货》、《巴伦周刊》之类的主流杂志上发布广告。但同时我们又内向到只想坐着被图表、计算机和报价机器围困。这样的人既怪异又精彩。

我总感觉，激励一个投资顾问的关键因素，不是他想向人们显示他有多聪明，而是想展示在他已经得到答案的时候，其他人都没有。我所知道的绝大多数股票和商品顾问都是竞争意识很强的人，对我们来说，这是一个非常自我的游戏。

如果我们没有赢得这场自我的游戏，如果我们没有成功的标签围绕着我们，没在市场上赚到钱，我们会尝试其他赚钱的方式，继续在生意场上生存。

其他一种赚钱的方式，就摆脱不了从客户、朋友、同事和期货经纪商身上骗钱。

作为他的商情报告书的成千上万的订购者之一，一个投资顾问让你产生金融不安的最简单方法是推荐你买入市场上的商品 XYZ 或者股票 ABC，而且对于这种做法能赚到大钱有很多的报道。

当然，你所信任的投资顾问已经用他的账户这样做了，不过都转移成你的买入了。你的买入促成价格走高，至少在一两天内是这种状况，你觉得是谁在卖出呢？你的市场位置可能会继续有利于你，也可能不会。这都不重要，重要的是你的顾问已经卷利润走人了，而你却只剩空钱袋了。

坦白地说，这种做法在 40 年代非常盛行，现在很多人会告诉你已经没有人这么做了。

我强烈反对这种说法。

我认为，有很多将自己困在市场中的投资顾问能想出让自己摆脱困境的唯一方法就是，将他们所在的市场位置做成牛市或熊市，让其他人在尝试推动价格上涨时犯同样的错误。

可能他们没有办法将价格推高到足以让他们摆脱现状。但是，不论哪种情况，他们都偏向于让你跟随他们，犯同样的错。所以要小心了。

还有一种投资顾问，他们同样是想利用你，这些人会提供非常全面的服务。他会为你设立一个特别的税务项目，一个特别的长期投资计划，为你的孩子设立一个信托账号等等。有一些顾问工作出色，而有一些只是将你的钱转移到他的账户，将你孩子的信托账户变成他孩子的，或是将一大笔资金最后落入他们的口袋而不是你的。

如果你打算将你所有的金融事务交给这种类型的顾问，我强烈建议你多联系几个其他的客户。不仅仅是一两年的那种客户，而是从交易一开始便与他一直合作的客户。如果他不是一个骗子，那他就应该有客户非常愿意为他担保。

真正的骗局来源于这样一个简单的事实，投资顾问坚持自己拥有这个行业并不存在的技术。你不仅必须核查该顾问，还要向独立顾问（律师、民间财产代理人或其他金融顾问）核实该顾问建议的构架是否有效。单凭他自己声称自己发现了规律，不能说明他真的做到了，也不能说明没有其他解读存在的可能性。与他的对手攀谈，是判定他是真正识破天机还是自欺欺人的最好方法。

任何针对你的节税建议都是不同寻常的，你要对此展开一而再、再而三的核查。

研讨会小夜曲

很多投资顾问，包括我在内，都被指责利用研讨会为自己赚了一大笔钱，而不是为客户。这可能是真的，所以让我们来看看研讨会业务，因为这又是一个让你的顾问有可能利用你的机会。

对于世界上第一个开办高价商品交易研讨会（我们是收取 1500 美元，那是在 20 世纪 70 年代早期）的事我们知之甚少。

从那时起，我就见证了成千上万想通过开办研讨会复制成功的投资顾问。想想看，他们都可以为此提出一个体系了，一种必杀技，虽然我说过

第六章 黑暗的一面

我也有……所以他们可以赚一大笔钱后逃之夭夭。

当然，现在的投资顾问举办的研讨会更多，并且还发行商情报告书。我鼓励这么做，是因为我不相信在市场交易这一块有谁真的掌握着独一无二的真理。如果有人愿意开办一场研讨会，并且说"我已经发现这一点在市场中是正确的，对你也是有价值的"，那好，我认为它是有价值的。但是，你需要非常小心地去确定这个研讨会是真正有价值，而不仅仅是自吹自擂。

很多研讨会是没有价值的。要确保你所接触的东西是真的有价值，最好的方法是在实施交易方面对这个顾问进行核查。他能提供真实的交易，或是实施交易的真实市场案例吗？而不仅仅是计算机模拟他的技巧到底有多棒。他能提供那些见证过该系统运行的人，利用该系统赚到钱的人的名字和电话号码吗？能提供期货经纪商的确认书和交易单吗？如果能，那就很不错，这个研讨会值得你关注。如果不能，在今天的市场，我会很小心。

一个投资顾问很容易有这样的信念，即他发现了一些革命性价值的东西。有几次我也是那么认为的，然后举行研讨会分享自己的技巧和方法，但结果是我并有任何非同凡响的发现。这会让投资顾问处境尴尬。毕竟，他原本以为自己有非常独到的发现，但实时表现说明他的发现并没有自己想象的那么独到。

就是因为这个原因，我只有在拿自己的钱在市场交易中用过某个系统或技巧之后，才会为此举行研讨会向人们教授。我猜你会说我的经验教训得来着实不易，就像人们购买商品系统，研讨会的参与者用自己来之不易的方法去粗取精，学习经验。

当然一位资深的投资顾问不太愿意与你分享太多。快速浏览一下以前的商品杂志或是其他的商品文献，你会发现是谁在每年推出新的系统。这些同行所做的不是理论创新，他们的方法和技巧是一种隐蔽的黑盒方法，或是藏于电脑软件当中，所以你无法真正学习到那些技巧。你所能学到的全部就是把它放到你的电脑里再打印出来。但这不是学习。我想商品期货交易者迫切需要的是真正的学习。

你也有权获得担保。因为电脑故障，我为一台我所出售的系统将3/4的所得款退还了。那很痛苦，但是任何一个合法卖主都应该愿意为你提供诚信担保。

每年，杰克·伯恩斯坦和我会召开国际期货研讨会，我们会请10-30位商品和股票投资顾问发表演讲。这种研讨会的优势在于，我们会亲自挑选演讲嘉宾，所以你不会接触到那些不在行的人。另外，我们会让这些人展示新方法、新技巧和新理念，而不仅仅是他们的自我推销。很多其他研讨会最后都沦为投资顾问的推销会，宣传这些顾问如何厉害，如何独自凌波微步（而事实上，我们所有人都湿了脚）。

无论何时，当一个投资顾问想要出售某样东西，你都要留意是否有退款保证。应该有一个保证来保护你，确保如果投资顾问的好想法实现不了，你的权利能够得到保障。投资顾问事先应有所准备，这样你才不会面临大问题。所有聪明的投资顾问都会有针对客户的退款保证。

核实那些退款保证，因为我看到一些退款保证漏洞百出，根本不可能凭此要回你的钱。也有一些保证书确实很严谨，但是执行它的人却是"事不关己"型的，不会好好兑现退款保证。我知道这一点，所以我会努力自己要回退款。

我想起加州一个叫L.P.J.或什么的人，这个人给我展示了一个从投资顾问那里买到的商品系统，但是这个系统既不新颖又不能盈利。当他提起退款保障要求的时候，得到只有信件。如果这件事发生在你身上，你不要找美国商品期货交易委员会，而是去公平交易委员会，因为现在这个事情已经带有诈骗性质了。诈骗要比违反美国商品期货交易委员会条例性质恶劣得多，而商品期货交易委员会的条例中不一定涉及投资顾问。

我会让你成为百万富翁

我还发现有一些投资顾问会向你提供私人辅导，教你如何成为世界上最了不起的交易者。

一些从事这种活动的老油条已经干了15到20年了。

第六章 黑暗的一面

我想起来这样一个将自己伪装成阿米什牧师的家伙,我不知道他到底是不是阿米什牧师,但他的故事确实很精彩。

我就暂且称这个家伙为维吉尔,让我来告诉你维吉尔干这行的一些经历。

我最后一次知道维吉尔的行踪是他去往农牧场社区的时候,他深刻认同那些人正处在艰难时刻,他告诉他们唯一能拯救农场的方法是学着交易商品。他会向人们展示他完美的系统,这个系统能够击退市场中的黑客。因此比起料理小麦、黄豆、燕麦和大麦这些农作物,在交易市场上农民们能赚到更多的钱。维吉尔展开他的图表,并参考《圣经》来解释为什么不久就会发生这些神奇的事情。有趣的是,他只会展示图表的一部分,他不会让任何一个人真正看到图表的全部,而是展示他六个月前的推测,以及市场是如何准确无误地印证了他的推测,以及他对未来交易的推测。

他在两个方面赢得了农民们的信心。首先,他唤起农民们的本能认识,即他们受到了不公平的待遇。其次,他完美地将自己伪装成一个宗教人士,不仅是冒充阿米什牧师,而且在他的市场工作中大量引用《圣经》。令人惊讶的是,维吉尔向人们收取的"学费"高达35000美元到100000美元。

那些人将自己的农场和牧场抵押出去,就是为了学习如何交易商品,如何成为百万富翁。

不幸的是,当他们交了钱之后,发现维吉尔的市场预测并不像之前那么准确。他同那些人一起承受失败的痛苦,但是并不十分痛苦,因为他已经获得了农场的所有权或将他们的钱揽入自己的腰包。而那些人只有图表和注有《圣经》引文的纸张。

我还知道另外一个投资顾问,他的咨询费是每小时2000美元。我们从事这一行的很多人普遍认为,他收费如此夸张是为了确保没有人前来咨询。然而事实上,我们发现有很多人向他咨询,而且竟然支付那笔巨额的咨询费。我有幸和其中一位参加过他的咨询会的人聊天,这个人很坦白地表示他在其中什么也没学到。他所得到的全部信息无非就是金价要走高,个人要保护自己对抗通胀之类的,这个投资顾问自己甚至都不知道几个月后会发生什么。我个人对于收费过高的投资咨询会很谨慎。

我认为，投资顾问收取咨询费是理所应当的，尤其是他要为此打乱自己的正常安排。但是收费奇高，特别当你还是他的商情报告书的订阅者或顾客的时候，我就觉得不合适了。毕竟，如果他真的要给出最好的建议，那就应该把这些写在他的商情报告书里，这个还值得花钱，但是你要确保自己不要为那些没有实际意义的概论性质的东西付钱。

另一个企图通过个人咨询课程来让你成为"百万富翁"的老油条叫安德鲁斯。安德鲁斯对市场知识体系最大的贡献就是众所周知的"安德鲁斯阻力线"。

或许仅仅是因为我不够聪明，所以我无法判断这个老男人的工作。但是，对于我自身而言，我看不到他的技术有任何重要价值。安德鲁斯的袋子似乎将要传授给人们神奇的公式，并且给人们一个特许经营协议，然而，他卖给你的东西和卖给别人的东西是完全一样的。

我曾听到有人说，安德鲁斯的技术应用在他们的广告文学中有各种伟大和神奇之处。但我还没有见到哪一个商人走过来对我说，"这是一个完全用安德鲁斯的技术赚钱的交易。"

我不想对安德鲁斯如此绝情。据我所知，他是一个有趣的家伙。他已步入耄耋之年，在一些宗教组织下参与运作。请不要混淆他和阿米什牧师。不要仅仅因为他们都引自"圣经"，就意味着彼此相同，相反，他们是不同的。

正在发生的是，那些试图给你灌输安德鲁斯技术的人宣称，他已经获得了各种利润。但是大多数情况下，这些利润只能出现在安德鲁斯自己写的文字中，根据至少一个来源所知，这些文字都是马后炮。

当看到有人教授交易市场的专属私人课程，我有点不愿支付大价钱。要价2000-4000美元是可以接受的，但是，如果要价10000美元、20000美元，甚至30000美元，那就要注意这些秘诀是多么了不起了。一定要确保你看到这些技术的真实执行文件和交易确认单，保证它们已经为别人挣到了钱。投资顾问没必要赚钱，但是，必须有人提前告诉你这些都是可以带来盈利的技术。我看到大部分私人研讨会的教学课程都是围绕占星术或

第六章 黑暗的一面

威廉·D·江恩的传奇成就所展开的。

我猜想江恩在坟墓里看到人们是如何试图拆分解读他的成果和做各种申诉时，一定会捧腹大笑。

我猜想江恩是一名出色的商人和推销者。当然，这是你我之间的秘密。

我之所以这么说，是因为我很幸运和一个人有私人通讯和往来，而这个人曾和江恩共事，并推动有关江恩的研讨会。

我们的信件证明，江恩并不像他的门徒们所塑造的那样每次投资都准确无误。事实上，有时江恩会赔掉大量金钱。值得注意的是，正确预测1929年美股大崩溃之后，江恩在大约股价峰值一半的价位买入。江恩开发了一些非常实用的用于股票市场交易的分析工具，并且，这些分析工具在当时是非常先进的。我并不想否认江恩的成果，只是想指出，江恩没有"圣杯"，没有解开代码。

有时候，你会看到有些人赋予江恩理论一些创新的东西，并从中赚一大笔。为此我再次表示怀疑并要求他们提供大量的证明文件，因为我见过威廉·D·江恩的"非凡的工作"，而且到目前为止这些技巧似乎没有在实际的交易中为倡导者赚到钱。你认为赚钱需要好的工具和技巧，实际上却是需要一个完美的系统……我所熟识最出色的江恩式的交易者学习过江恩的理论技巧，因为他学习研究江恩的理论技巧，而不是简单地照搬照抄。

最后，这个故事应该让你确认，有多少盗窃引起了投资顾问内心的关注和考虑。

在20世纪70年代中期，我个人所熟知的一位注册投资顾问向5000人寄出了一份商情报告单，告诉他们购买大豆。这位投资顾问又向另外5000人寄出了一份商情报告，告诉他们售出大豆。我记不清具体的细节了，但是我们知道的是大豆价格上涨。当然，他再没有向曾告知大豆价格下降的人们发出任何招揽诱惑，而是将另外5000人分成两组，分别向各组寄出一份商情报告。其中一份报告中说，现在是购买猪腩的时候；另一份报告中说，这是卖出猪腩的好时期。结果，猪腩价格下降。由此，他就曾准确将大豆和猪腩行情告知给2500人；然后，他又将这2500人分成两组，向其中一组（即1250人）寄出商情报告，说接下来应该投资购买白银，白银的价格将会上涨。向另外的一组（即1250人）寄出另一份报告，说此时应该卖出白银。

结果白银价格上升。在这1250人看来，这位投资顾问就好像是一位英雄。他在这三次交易上都做出了正确的预测。现在让我们来看看他的推销技术。

他向这1250人提供特殊的订阅服务，即价值500美元的商情报告年刊。如果这1250人都采纳了他在三次交易中的意见，都会赚得盆满钵满。与他们每人所赚得的钱相比，500美元的年刊费用真是九牛一毛。

商品市场是不存在圣诞老人的。你必须非常谨慎并且清楚地知道你在跟谁打交道。

不要成为一个傻瓜，要警惕基金经理人

如果不关注一下最后一类人，本章是不完整的。

我使用基金经理人这个词，大致地代表试图操纵你或市场的个人或团体。

如果你想要真正快速地学习基金经理人的经验，那么你需要去去斯波坎和温哥华的一些小证券交易所学习。或者关注一下盐湖城的活动，你将看到这些经理人是如何工作的。基金经理人们通常会操控一支价格低下的普通股，然后，通过推广宣传抬高股票价格。接着，公众买进这只股票，与此同时，基金经理人脱手这只股票。

这是基本的技术，只是这些基本技术变换出各种复杂的方式操作。我坚信在商品市场曾有基金操纵着1980年的黄金价格大增。虽然市场上存在一个松散地编织在一起的基金，但是都不知道彼此在做什么。

它也不是一个早已计划好的事件。但在英明领袖詹姆斯·丹斯和霍华德·鲁夫预测市场走向之后，大批投资顾问紧随其后，直接模仿两位领袖预测贵金属价格将会上涨。因此，整个贵金属的市场上涨，从而驱使黄金和白银价格上涨。这证明了商情报告的预测。

第六章 黑暗的一面

我得澄清一下,詹姆斯·丹斯和霍华德·鲁夫与此事并无丝毫关系。接下来发生的是,大量的投资顾问在提高贵金属价格的问题上,持有大致相同的意见,并且试图超越彼此。因此,这些投资顾问们更加深入地控制了市场。但是,我相信他们没有自觉意识到他们与30年代的基金经理人一样操控着市场。

期货经纪商都有一个习惯,那就是一年挑选一个市场,告诉其经纪人这个市场过时了,需要卖掉认购期权。这就是一年中经纪人所要做的事情。他们曾排挤白糖市场、铜市场。无论什么曾被打压过的,市场都萎靡不振。他们告诉经纪人支持某个市场并大量买进,以试图抬高价格。

我会非常关注有关任何市场源源不断的好消息,而这些市场以前曾被严重制约排挤。这些消息都来源于一家期货经纪商。我认为这只是营销尝试,因为对于没有专业知识的普通人来说,没有比以前售价60美分的商品现在售价3美分更好的事了。这看起来是符合逻辑的,那就是3美分低于商品真实价值,60美分高于商品真实价值,商品的真实价值介于3美分和60美分之间。

未必如此简单。许多市场在价格评估之前一直处于被低估的状态,仅仅因为低价格就让人毫无理由地去购买商品。价格低有一个原因,你可能不知道这个原因,但事实是低价格有足够的理由,要小心将你所有的财产投入到商品中。尤其是处于剧烈的下降期,而不是处于探底阶段。

我在市场上的25年间,曾两次看到过基金曾试图影响投资顾问。第一次是在20世纪60年代中期,几个来自圣路易斯和密苏里州的豪赌客订阅了我的股票商情报告,然后邀请我去加利福尼亚。起初,我对此印象深刻,这不仅因为我当时很年轻,而且还因为我对材料项目印象深刻。这几个人看起来胸有成竹,有成功的把握。他们为大型期货经纪商工作,操控着巨额资金,并让我强烈推荐他们所持有的一只股票。坦率地说,如果当时这只股票真有潜力有价值,我一定会推荐。

我非常感谢这些人所带来的事情引起我的注意,不管是好的事情还是坏的事情。

但是,我越看这只股票,他们无法回答的问题就越多。最终他们的唯

期货交易终极指南

一答案一定是:"拉瑞,如果你在你的商情报告中强烈推荐这只股票,那么我们将会给你丰厚的报酬。"或许就因为如此,有许多投资顾问就会推荐某只股票或商品,但是我绝不会这么做。我之所以强烈推荐某只股票,只是因为这只股票有上升的潜力,而不是因为按照别人的意愿推荐我将会得到丰厚的报酬。在20世纪80年代中期,某个人试图垄断市场提出了相似的提议,这在我们许多投资顾问中引起广泛讨论。

当然,大家都知道发生在亨特兄弟身上的事情。亨特兄弟曾经垄断部分的白银市场,但最终却因此而破产。公众普遍认为亨特兄弟是整个事件中的坏家伙。我认为不是亨特兄弟造成市场崩溃,而是监管者和芝加哥期货交易所造成的。这些人中途改变了规则,并深深地打击了亨特兄弟。亨特兄弟做了他们应该做的事情……他们购买贵金属,是因为当时的总统吉米·卡特。

令亨特兄弟没有预料到的是,他们的政府会制约他们……相应的监管者会因为他们赚了太多钱而改变规则。而这些都是非资本主义社会采取的方式。

另一方面,杰克·辛普劳代表了最纯粹的资本主义形式。在辛普劳一生中,曾两次垄断过土豆市场,并赚取了大量金钱。我非常敬佩辛普劳的所作所为。他曾指出土豆将会出现市场短缺的现象,随后购买了他所能订购的所有土豆。当民众需要购买土豆时,市场上土豆短缺,辛普劳购买了所有土豆,土豆价格急剧上升。虽然监管者在最后一刻改变了规则迫使辛普劳收手,但是辛普劳没有顺从,并且狠赚了一笔(我认为从土豆市场赚了2000万美元)。辛普劳是个足够强大的人,他告诉监管者应该如何监管。监管者们别无选择,只好处罚他。具体罚了多少,我也不得而知,可能是200万美元。但是,相对于辛普劳所赚的钱来说,这200万美元是微不足道的。

在市场上进行联营是有好处的,一位经验丰富的交易者从中看到运行的过程。所以,当你看到某个集团投入到某一市场时,你可以尾随其后,寻求与他们相同的市场举动。

第六章 黑暗的一面

"怪异的哈罗德"

如果没有描述我所指的"怪异的哈罗德"戈德斯坦和詹姆斯·卡尔这样的骗子，本章就是不完整的。在20世纪70年代早期的洛杉矶，当时大约二十五六岁的戈德斯坦就开始做商品期权交易。

戈德斯坦的基本手段就是用一小部分的钱购买一支商品股权，比如说5%。如果商品价格上涨，你将成为大赢家。如果商品既没有上涨也没有下降，你将会"赚钱"。这看起来就像哈罗德发明了永动机，投资者被迫付出约3000万美元投入戈德斯坦的骗局中。相信我，戈德斯坦已经把他们彻底搞糊涂了。

我记得在洛杉矶的一家金融电视台曾严肃批评过戈德斯坦的操作，声称这是一个骗局，但这些言论都被删除了。这并不是因为我说的不对，而是因为戈德斯坦是一个更为重要的广告客户。戈德斯坦对此的回应是，带着大笔支票重回电台，声称这是给他的客户们的奖金。

事实上，这是古老的庞氏骗局……哈罗德将后来投资者的钱作为快速盈利付给最初投资者以诱使更多人上当。他声称将利用一些精密复杂的计算机系统，将投资者的钱投放到市场进行套期保值。因此，他能给人们带来利润。但是，它没有像想象中的那样运作。哈罗德没有兑现给出的承诺，而且他的承诺如此暴露且不受保护。最后，这个体系在他面前爆炸了。这让我想起了在戈德斯坦惨败的停业期间发生的几个幽默故事。

比尔·米汉是教我许多关于市场基本原理的老前辈。他的一个朋友在戈德斯坦的交易中赚到了钱并要求把所得利润给他。但是，他并没有得到相应的利润。在过了一段时期的威胁、电话投诉和发出律师函之后，依然没有拿到应得的支票。每次回复都相同……那就是支票将于明天邮寄给你。但是，他的朋友依然没有拿到支票，于是比尔建议他的朋友用更好的方法来讨回自己的钱。

比尔的朋友是个平时沉默寡言又谨慎的人。有一天，他径直去了戈德斯坦的办公室，并成功预约到了戈德斯坦。我认为他是在伪装成潜在新客

期货交易终极指南

户的幌子下才预约到了戈德斯坦。他来到戈德斯坦的办公室，屋里只有他和戈德斯坦。他掏出了一把手枪，对戈德斯坦说，"你不给我应得的支票，我是不会离开的"，接着他拿出了戈德斯坦发给他的业务报表。他一直坐在那里，直到戈德斯坦给他写了一张支票。并且，他告诉戈德斯坦如果支票不是真的，那么他还会再来的。

从那天开始，哈罗德给自己配备了保镖。

当然，最终哈罗德倒下了，并被关进联邦监狱。街头巷尾都在议论，戈德斯坦进监狱之前在加拿大银行储蓄了 300 万至 600 万美元。通过许多可靠的信息来源，我听到一个关于戈德斯坦的故事：在哈罗德服刑 12-16 个月期间，曾有几个无期徒刑犯人接近他，并询问关于他们所拥有金矿的建议。他们告诉哈罗德，他们之所以进监狱，是因为杀了几个向他们索赔的即将成为矿工的人。他们想从哈罗德那里得到如何在监狱中充分利用金矿并获得利润的建议。虽然他们似乎要在监狱中度过余生，但他们尤其想知道怎样做才能使家人获得金矿利益。

哈罗德永远是个善于走捷径、使用诈骗策略的人。当他看到这个交易时，他告诉这些无期徒刑囚犯说自己有个好主意可以帮到他们。在对财产进行法定描述之后，哈罗德监狱外的朋友对金矿的潜力进行了调查评估。他估计在金价偏低的这一年，这些金矿也会有 1000 万至 1200 万美元的价值。

哈罗德在此扮演了一个好人，他告诉这些囚犯们说，最好的办法是直接将金矿卖给他自己。他将会付给这些囚犯们几百万美元，他们的家庭会直接拿到现金。而且，这些囚犯们不会再被管理金矿的问题所困扰。哈罗德在 10 个月之内将会出狱，届时他将会管理金矿。

最终，哈罗德和他们达成了协议，以很低的价格买下金矿，顺利成为金矿的主人。在哈罗德看来，他又一次成功地利用别人，而且他似乎喜欢这样做。

贪婪导致的后果就是让你粗心草率……让你无法完成自己的工作……更重要的是它让你直接跳向结论，而这些结论原本应该通过仔细审查其理性工作过程而得到的。

第六章　黑暗的一面

这就是发生在哈罗德身上的事。哈罗德忘记了做自己该做的工作，他忘了仔细审查所谓的狱友。事实上，这些狱友不是什么无期徒刑犯，他们是与哈罗德一样的骗子。他们设法得到矿井，并将此虚饰成金矿，让哈罗德认为这是一个被掩藏的丰富矿脉。

事实却并非如此。它是我所听过的最完美的谎言之一，将一个罪有应得的人拉扯了进去。哈罗德，无论你在哪里，我都不能告诉你我有多高兴你买下了这座金矿。

在此有一个对许多戈德斯坦的罪恶勾当有趣的注解：戈德斯坦刚被释放出狱，哈罗德就立即厚颜无耻地回到洛杉矶地区的电台，给投资者编造了另一个乌托邦式的梦想。这次梦想涉及能源期货，因为石油禁运问题，所以消息很快传开。哈罗德再次提出如果投资者们跟随他的智慧，他将让投资者的财富在相对短期内两倍、三倍甚至四倍地增长。

像哈罗德这样的人，他们有完美的技术，却只是简单地说"我还在假释期，我不可能做错事啊"，这就会缓解投资者在对待这种人时可能会有的恐惧……他给出的论证解释是，这次投资绝对是合法的，因为没有人会愚蠢到连续两次试图欺骗公众。但是有许多公众还是信以为真了。成千上万的人支持哈罗德，最终却发现在乌托邦式的投资里，只有哈罗德一个人成为赢家。

这会令你怀疑到底哪里出了差错，是戈德斯坦这样的骗子所给出的承诺是错的，还是容易上当受骗的公众呢？

在我的一生中，我很少做那种从别人那里攫取金钱的交易。但是如果我这么做了，这是世界上最令人沮丧的事情之一。人们不愿意投资那些极其正规、保守且极其周密的交易，因为这些交易持续很多年才会为他们赚到钱。相反，人们愿意将钱投入骗子最新兴起的骗局中，得到一些关于未来成功不切实际的预测。看起来，筹钱最简单的办法是给人们一些永远无法实现的诺言，且从不担心这些诺言能否兑现。如果与一些合理的东西（例如能源危机、预算赤字、奇特的节税方法以及从某事或某人那里得到利益的新方法）联系起来，那么交易似乎就很容易达成。

密切注视

或许严密注视潜在骗局最好的办法，就是订阅《洛杉矶时报》和《迈阿密先驱报》。这些报纸是推销者首选的用于宣传"新思路"的广告媒介。在我看来，一位敏锐的检察长或者公诉人能够花一整天来监管投资实践，而这是通过简单地阅读这些报纸并对相关广告提出惊人的申诉做到的。

记录在案

让我成为第一个记录在册的人来说以下言论：如果有些事情听起来好得让人难以置信，这并不意味着就是错的。

有听起来好得令人难以置信的事是真的。这取决于投资者和商品期货交易者调查这些陈述，看看在其背后有没有理论基础和论据。最重要的是，看看除了推销者之外还有没有人曾证实过这一案例。如果你能用文件证明案例被证实了，你将为别人做出了贡献，那么别人就能复制这一成功。如果你愿意进行科学探究，然后你可能偶然发现了令人难以置信的真事。

诚然，20年前乃至30年前，人们关于现在产品和生活方式的论述在当时被认为是"好得令人难以置信"。

你不必太过极端，比如把人送入太空。我们可以转向扩展生命的长度。人的生命可以延长20%，我认为20年前很少有人接受这一言论。而现在我们有各种证据证明这一言论是可能实现的。30年前，如果你声称在接下来的10年中确保每年10%的收益，那么你早已被贴上唯利是图商贩的标签，甚至更糟糕。但这确实是当年保险公司给出的承诺。20年前，人们认为不可能造出达到每加仑行驶17英里的四驱汽车。但是现在，我许多的朋友和邻居却开着这样的汽车。

所以，再次强调，不是仅仅因为许多事情听起来难以置信就意味着你要退让。而是意味着要进行调查。

第六章　黑暗的一面

永远不要忘记，"speculate"一词来源于拉丁语"specular"，而"specular"的意思就是观察。聪明的投机商人要做的事情是——努力观察自己周围的事情，看清楚在世界上哪些事情是真的，哪些事情是假的。即使在一个充满骗局、欺诈和罪恶勾当的世界里，根据这些观察，投机商们也能做出正确的判断。

为了你能更好地观察，我将展示几个每天发生的报纸剪辑。

期货交易终极指南

报纸简报图表

第六章 黑暗的一面

暴露实情的迹象

我相信,大多数的阴谋和骗局都会出现许多暴露实情的迹象。

仅仅因为一个或多个下列事情显而易见,并不意味着你看到的是有问题的交易或计划,而是意味着需要做更多的调查。但是,我认为以下是一个非常有用的清单,我们应该用红色标注并且要格外注意。

1. **年轻的天才**。在我年轻的时候,我并不同意这条准则。但是,当我回顾那段时光,我意识到为什么自己容易受到影响,为什么年轻人容易受到影响,在错误的时间做了错误的事情。首先,一个21岁的神童肯定是一个相当出色聪明的人,并且拥有别人尚没发现的东西(我觉得这非常符合我的情况)。然而,年轻的神童可能缺少了如何处理他所发现东西的视角。在我看来,视角是投资世界里最重要的事情之一。除此之外,我所认识的几乎每个年轻人都容易受到周围人或事的影响。

1984年华盛顿州,一个年轻的神童在自己建立的一个商品方案中让投资者损失了大约2000万美元。在看完法庭记录和与知道此事的许多高人交谈之后,我确认一开始这位神童野心勃勃且有能力完成市场交易。因为他没有完全理解自己正在做的事情,所以问题出现了——视角。他很容易地被几个利用他的年长的人所影响。

2. **这个体系非常好,你不能告诉别人**。这一准则有一个变换形式,那就是,"我的体系非常好,你不能告诉别人"。当有人不愿透露信息给你或者不愿你透露信息给别人时,那就要小心了。

毕竟,如果事情是好的,就是好的;如果事情是合法的,就是合法的。如果说保密性很重要,是因为受到人们都懂得这个道理的影响,还是有其他方法来控制它。对于推销者来说,让一个人购买信息并签署附有违约惩罚措施的文件是很容易的。

3. **急于做出判断**。如果让你在一个有限的时间内做出判断,我会非常小心。通常,骗子会给他们自己的提议或产品设定一个极其严格的期限。他们这么做是要让你跳入陷阱……让你急于做出决定……遇上这种情况,投资者应该冷静下来，不要急于做出决定。

4. 让人难以置信的巨大利润！这个准则的另一个变换形式就是"你会赚非常多的钱，明天就可以退休了。"如果有人给你承诺说有一夜暴富的投资项目，而你投资几千美元到这一项目中，那么你的人生将会一夜之间发生变化，你会发现你所得到的是不可信的。首先，如果有什么是金融界压倒一切的成功秘诀，假如它确实有的话，那么就不大需要发起者来和你分享想法了。如果推销者可以让你在接下来的12-24个月内赚到几百万或者数千万美元，那么他为何不自己投资呢？话又说回来，他可能在做此类合法项目的投资，所以我们要调查一下他的资金来源。就像他们所说的那样，"跟随钱"，它会告诉我们真实的行动。

我所见过的几乎每次坏的阴谋都有这个共同的特点，那就是令人难以置信的巨大利润。这看起来能很好地抓住投资者，就像我最喜爱的钓鱼洞里的鱼饵一样。

5. 帮助小人物的项目。得了吧……你一定在开玩笑。你真的认为推销者会在乎谁赚钱吗？当然会不。任何诚实的推销者都会告诉你，他真正关心的是自己的推广成功。而成功推广的唯一途径就是，不管他的客户是大人物还是小人物，是胖还是瘦，是白人还是黑人，是愚笨之人还是聪明人，贫穷还是富有，都能赚的钱。

如果这次推广有利于投资者，那么推销员可以再次进行他的另一个推广，帮助投资者赚钱，进而进行下一个推广，下下一个推广。一个好的推销者和投资顾问都知道一件事，那就是只有成功才能孕育成功。如果这个交易成功了，那么他会跟随你进行下一个更大的交易。如果有人告诉你说他的项目帮助小人物……那么要小心。这就像政治家给出的承诺：让每个公民吃穿不愁，而且出门以车代步。只有慷慨激昂夸大其词的宣传能够让你感觉到，他真正知晓你的问题并与你站在一起。我深深地怀疑，这个人是不是你的朋友。

6. 位置。受贿者好像在美国的5到6个主要城市或州工作一样。我会非常小心注意来自佛罗里达、加州南部、纽约、芝加哥、波士顿和凤凰城的投资推销者。我不确定是否由于这些地区的生活方式或者道德伦理孕育

第六章 黑暗的一面

了这些犯罪勾当,但是,这些组织在这些地区上演了一个又一个的骗局。这不是最重要的,重要的是,注意来自这些地区的推广。

7. 洲际资本,洲际主义。这是一个重大的称号,一个重大的标题。我希望你没有被这个标题所迷惑,但是这个标题应该让人抓住重点,直达主题。坏投资人的致命弱点是,通过命名生意泄露了自己的秘密。他们似乎认为拥有像国际、星际和洲际这样的名字能给投资者留下好印象。或者,他们把已有的名字转化为自己的优势,例如哈佛、斯坦福投资者、亚历山大·汉密尔顿和林肯等。这些骗子们喜欢套用有威望的名字,希望这些威望能传递给他们。他们这些人希望名字应该至少3至5个音节那么长,而且希望一般人完全无法理解。他们觉得这么做能够成就他们。像国际、全球这样的名字,应该受到严密的监视。

这些清单可以一直列下去。但是,我希望现在你已经有了洞察力和注意防范的能力。

8. 绝望。由于人们认为世界是个不完美的地方,所以似乎总有那么一群人觉得自己正遭受迫害。这一年可能是一群农民,下一年可能是经销商。这一年可能是共和党,下一年是民主党。但是无论是哪一群人,无论这群人是否正受迫害,没有赚到钱,这都是投资阴谋成熟的时期。因此,如果你恰巧是这群人中的一员,像1985年的农民那样承受着经济压力,你会被预先告诫,这将会使你更加痛苦悲伤。

这种情况经常发生在经济衰退期的交易者身上,他们没有可利用的金钱,或者只有高利息的钱可用。这时你会看到各种各样的骗局出现,骗子们声称能从国外投资资源得到低利息贷款。这次是瑞士银行,下次是伊朗或者阿富汗。总有一个境外投资资源"真心想帮助"受压迫的穷人们。如果这就是你所听到的,那么要小心了。如果你跟随这一阴谋,从某群人中脱离到另一群让人绝望的人群中,那么你将会更受压迫。

9. 当你交易的时候寻求帮助。我曾在本章前面谈到这一点,但是想再次谈一下这个问题。因为大多数人在得知自己被骗后,不知道应该怎么做。

如果你对一家商品期货经纪商存有疑问,那么你最可能去的就是监管商品期货经纪商的地方。

  1974年，我在一家期货经纪商开了一个4万美元的账户，并在两个月内成交超过8万美元。后来期货经纪商关门倒闭，我什么都没有得到。不仅我投入的钱没有拿回，而且我获得的巨大利润也没有拿到。问题是，期货经纪商本应该还欠我一些补偿金。当时我犯了一个致命的错误，那就是去寻求监管者的帮助，才发现他们似乎是世界上我们最不应该寻求帮助的人。因为他们知晓问题，也想解决问题，并知道该怎么解决问题，但就是不做。

  回想起来，如果再发生类似的事，我相信我会立即去公平交易委员会。在市场过去的25年中，我学会的事情之一就是，监管者有一个"优秀历史"：只有马跑了才会关上马厩的门。

  坦白地说，如果我认为我已经发挥了优势，我更倾向于承担个人责任和个人行动。不会到达兰博那种程度，但会在某种程度上遵循这条准则。我之所以这么说，是因为这实际上是唯一一种看上去成功让监管机构不把钱给投资者的行为。

  在寻求帮助的过程中你最需要的三个特质是：敏捷、韧性和耐力。你必须立刻采取行动。如果你感觉有问题，那么就做别的投资者，因为一旦所有的投资者包围淹没了交易的推广者，那么推广者不可能将钱归还给所有人。推广者会不得不退还第一批不信任者的钱来维持游戏正常进行。第二，你需要拥有强大的韧性。尤其是如果你足够幸运行动非常快的话，没有什么比韧性更有效。正是早期的抱怨投诉才得到关注，吱吱呀呀的车轮才会得到润滑油。如果你不发出吱吱呀呀的声音，就不会得到润滑油。

  最后，你所需要的一个特性就是毅力。你必须完全专注，全心投入你所要实现的目标中，这样监管者和那些欺骗你的人意识到世界上没有一个办法让你使他们摆脱困境。你必须通过不懈的努力来说服他们在某些时候以一种或另一种方式和你打交道。

  10. 这一切的勇气。这些实施大骗局的骗子们可以通过他们不畏一切的感觉而被人们辨认出来……他们可以让生活超越本身的感觉，尤其是在能将问题危机转化为机遇的时候。

第六章 黑暗的一面

伯尼·康菲尔德和他的好友罗伯特·维斯特将成为历史上最大的两个骗子。康菲尔德和他的海外投资者组织举办和平会议，给政治家和来自世界各地的领导人展现他们的诚意和为海外投资者服务的意愿。当人道主义会议召开的同时，他却从投资者那里偷走了上亿美元。

也许几年前你曾经看过一个叫詹姆斯·卡尔的发起人推广的"60分钟"特刊，他在波士顿开始做，用一个商品期权的骗局骗取投资者的钱财。

最后，一些投资者开始起诉卡尔，使得卡尔最终暴露。卡尔认为很多事情并不是他真实的那样，开始抵制这些诉讼。在法庭上他和他的律师为窃取钱财做了很多辩护。

一名波士顿法庭的发言人告诉我两件关于卡尔有趣的事情。庭审时，一个控方律师一直盯着卡尔想记起他认识这张脸。最后，铃声响了，律师却说这不是卡尔，而是一个逃犯。但是在最后审判和处理他的财产时，足以显现出卡尔有多大的胆量。有一个问题是如何处理他的车。这是一个奇特的、高性能的高价汽车。法院在想应该怎么处置汽车时，卡尔对法官说："如果你对它感兴趣，我可以让你做一个了不起的交易。"

勇气……也许就是这些人所拥有的……尤其当你看紧自己钱包的时候！

第七章
股指期货——交易者梦想成真

如果这本书五六年前写完，那么你就看不到这一章了。因为直到1982年才出现股指期货交易。

对于涉足股指期货的商品期货交易者来说，在一定程度上几乎处于异教徒地位。但是相信我，我们应该更深地涉足。

我们大多数老资格的商品期货交易者是时候尝试交易实物了，比如你吃的东西用的东西……像大豆、小麦、铜、黄金、白银等。许多东西的出现是没有功利性价值的。股指期货的出现不利于我们的基本粮食（没有双关含义）。

商品交易老手的新举措

但这并没有使我们远离新的市场交易。事实上，新交易梦想成真。

一本没有一章关于股指期货的商品交易书籍，就好像没有牛肉的威灵顿牛肉片一样。就像西部乡村歌曲所唱的那样，"在德克萨斯一定要演奏小提琴"。如果你认为自己是20世纪的商品投机家，那么你必须高度关注股指期货。

在类似于1965年股指期货的基础上，我们可以进行股票市场交易。科拉尔指数公司是一家英国企业，基本上是赌徒接待厅，给投机者提供购买道琼斯工业平均指数期权和期货合约的机会。

因为他们就形成一个赌场，然而赔率固定，对他们非常有利。首先，他们只会为道琼斯工业指数100点以内的波动付钱。如果超过，他们将不会得到额外的收入。当然，他们的高额利息坚挺不跌。尽管如此，如果不是完全按照股票市场涨跌预期交易，那么许多商品投机者和股票市场交易者就利用老的科拉尔指数公司在市场上设置障碍。

现在一切都变了。随着1982年4月第一只股指期货——价值线指数综合平均指数的出现，交易开始了。

股指期货已经成为备受欢迎的交易机制，这一市场比除了证券市场之外的其他市场增长更加迅速。

第七章 股指期货——交易者梦想成真

目前，投机者可以在堪萨斯交易所进行价值线指数合约交易；在芝加哥国际货币市场进行标准普尔500指数合约交易；在纽约期货交易所进行纽交所综合指数交易；标准普尔500指数100指数；OEX期权；美国主要市场指数；SPOC；标准普尔500指数，等等。

对于那些口袋里没有现金的投机者来说，这里有微型价值线指数合同或者标准普尔500指数100指数。这些也许是所有市场中最具投资性的，这还是因为股指期货没有功利性价值。越低的利润，投机者水准越低，他们经常涉足这些期货市场。低水准的投机者经常涉足这些期货市场。

了解标准普尔500指数500指数

正如它的名字所显示的一样，有500只股票组成了标准普尔500指数500指数。这些股票中包括20家运输企业、40家金融企业（如各大银行、储蓄和贷款企业等）、40家主要公用企业，其余400只股票是那些产业资本雄厚的企业。标准普尔500指数在反映整个股票市场行情上具有广泛的代表性，因为它有非常大的股票数量。

道琼斯工业指数现在如何

道琼斯工业平均指数平均只有30只股票，因此它代表真正意义上的30只个股。这30只股票也许可以或者不能从全局上反映整个市场的走势。因此，我感觉标准普尔500指数500指数或更广泛的价值平均线，能够为反映整个市场的行情提供更好的角度。道琼斯平均工业指数已经显示出偏向于显示大公司的趋势，这些是旧时代的蓝筹股。

价值线指数是基于1685只个股，其中大部分在美国或者纽约证券交易所上市。价值线指数和其他市场平均值的区别在于，价值线指数是通过每只股票每天收盘价除以前一天收盘价得到的，先是由什么构成，然后得到几何平均。这种情况的原因是每只股票都会用这种数学方程给予一个等值权重。一个小公司假如只有100万流通股，在指数变化上比像通用这种具有上百万级流通股的大企业会受到更大影响。

最后，还有纽约股票交易指数反映1520只个股。它能够在大规模基础上更好地反映市场走势。它不像价值线指数一样，给每只股票相同的权重，它的测定用来反映资本和价值走向。

美梦延续

在指数诞生之前，基于三个基本假设，每个交易者将能够进行股票市场平均水平交易作为自己的梦想。第一，证券市场比个人股更加好预测。第二，股指期货可能造就大规模交易，因此进入和退出更加容易。理论上看，有大量公众跟随的标准普尔500指数交易比诸如猪腩、铂、丙烷之类的专门商品交易更容易。最后，因为有关证券市场的知识比其他个别商品的知识更加丰富，所以证券市场应该更具预见性。由于我们手中可利用的关于证券市场的资料比个别商品多，我们有更多的信息指向关于股票价格是如何根据股票收益率、红利、收益比率和短期销售等因素而变化的。

正因如此，影响股票市场进入不稳定状态比它自己波动更困难。比如，小麦就处于不稳定状态。一分钟关于小麦颗粒无收的新闻播出，可能导致小麦市场大幅波动。但是投资者会采取一项重大举措，在股票市场增加相同的比例。

虽然这没有在实践中被证实是真的，但这至少是一种理论。股票市场和股票平均指数都有一些狂乱且飘忽不定的波动，尤其是在过去的几年里。

许多关于如何进行股指期货交易的假设已经实现，尤其是流动资产因素。这是进行股指期货交易最大的好处。它们相对容易入场和退出，标准普尔500指数500指数是最容易入场进行交易的。纽约期货交易所和价值线指数难以满足交易量。

这种关系未来可能会有所改变。你所需要做的就是研究交易量。任何交易量最大的市场都会提供足够的交易量。

1988年，我在撰写本书时，最大的市场是利率期货，其次是标准普尔

第七章 股指期货——交易者梦想成真

500 指数期货。因此，活跃的交易者将他们的注意力集中在大量交易上，这样进出 500 到 1000 份合约是很顺利的。对于商品基金经理和个人交易者来说，流动性是极其重要的，所以将来这些市场将会发展更大，而不是更小。正因为这种流动性，股指期货市场活动比一般市场活动更顺畅。

证券市场的另一个优点是，其波动往往处于稳定和非常不稳定之间。

让我们来看一下商品经常会出现什么问题。每隔几年会出现失控的波动，例如 1985 年秋天的咖啡、1973 年的白糖、大豆和黄金。它们都曾大幅上涨。如果投资者没有在起初上涨的时候入手，那么对于他们来说就很难确定一个位置并退出。

这种情况几乎在股指期货中不可能出现。证券市场本身在 1985 年秋至 1986 年初曾有一次巨大的止跌回升。如果交易者没有在 1985 年 9 月 18 日开始出现波动的时候退出，那么他们可以选择许多点重回市场。同样，股指期货不会长期处于横盘状态。大多数时候，股指期货都是有趋势方向的。

证券市场的另一优点是，很容易跟随这些市场。我已经交易了来自巴黎、夏威夷、墨西哥、加拿大、比利时、维也纳甚至蒙大拿的标准普尔 500 指数。

这里有一个有趣的故事。当股票指数开始交易时，正如所有的商品都有限度，在频繁交易的基础上，市场上升或下降使长期处于跌停或涨停的交易者都有限度。

我知道，针对你所在的位置锁定限制波动是一件非常痛苦的事情。有的人具有非凡的智慧和远见，能从股指期货中移除限制。股指期货不仅没有增加其不稳定性，反而降低了其不稳定性。在限额较之于先前的强制限额提升以后，我们看到原来的限额即 500 点发生了更小的变动。但愿商品交易所的人将意识到在市场上设置限制是多么残忍的事情。毕竟，如果市场处于巨大的压力之下，将会向上浮动。我们为什么要人为地设置一个控制一天内涨幅多少的限制呢？如果商品期货交易者就像我们所呼吁的那样成为真正的自由交易者，我们必须亲自且理性地憎恶涨幅限制。涨幅限制是自由市场上的人工障碍。

对于卖空者来说，在牛市中使自己免除失败的最好办法就是不惜任何代价进行交易。如果市场一天又一天地被设定限制，那么卖空者永远不能退出。

缺点

然而，股指期货交易也有许多缺点和不利的方面。第一，这一点你可能没有想到，即使你是富有经验的股指期货交易者，也可能没有想到，那就是保证金。这些股指期货的保证金是极高的。标准普尔500指数的保证金一般是6000美元，价值线指数的保证金一般是7000美元。（有时保证金会上升到高达20000美元！）我敢说，进行股指期货交易的大多数成功系统，相比投入相同钱到例如债券、黄金、白银等其他商品而言，受到的冲击要小得多。总之，如果你有好的体系进行其他市场交易，那么你在这些市场所得的资本回报率可能比在股指期货所得的要高。

另一个缺点，实际上是优点的另一面。我前面提到过的优势之一是市场没有很紧的趋势或者不会出现难以控制的波动，例如，在更加传统的商品中出现商品牛市。相信我，没有什么比手持准确的头寸，并且价格在限定的波动范围内，朝着对我们有利的方向上升或者下降更好的事情了。

这在股指期货交易中并不经常发生。因为可以用最真实的商品开发，所以我们的举动不会带来巨额利润。在现在和接下来的10-12天大部分时间里，将会看到你进行股指期货交易……而且，你会捕获大部分的行动。另一个缺点就是，有许多像你我一样的交易者正努力试图打击股指期货。我们在潜意识层面都注意到了相同的事情，采取了通向市场的基本方针。在逻辑基础上一定会失败，在市场上我们不可能总是正确的。因此，我们都得出了相同的基本结论。我向你保证，为过去效力的在将来不会有用。

如何开始

现在，让我们把注意力转向如何实际交易股指期货，并初步给出一些

第七章　股指期货——交易者梦想成真

关于股指期货交易的想法和意见。在之后的章节中，我将给大家系统地介绍交易股指期货的内容。

首先，让我们把注意力转向股指期货的月交易。所有的股票期货都有合约到期日，多在每年的3月、6月、9月和12月。这意味着3月的交易合同我们通常在12月1日就开始，同样地，6月的交易合同在3月1日开始，9月的交易合同在6月1日开始，12月的交易合同在9月1日开始。我将会做近月合约交易，直到交割月的第二周交付。

由于期货合约的存在，在任何市场，他们必须做一些交易来冲销。毕竟，中坚力量具有一定的代表（这是现货），股票指数期货也必须代表一些。大多数大宗商品期货交易者没有意识到存在一个股指期货冲销的现货指数，即标准普尔500指数本身。我现在展示的是标准普尔500指数本身和1985年12月标准普尔500指数期货的对比图。大家可以看到这些合约交易方式存在的细微差别。虽然差别不多，但是如果你仔细研究，就会发现有一些差异存在于趋势和方向之间的现货和期货指数本身。

在关注每日交易的基础上，我想强调在日常生活或图表模式中的模型——更多的依赖现货指数表现而不是期货指数表现。

无论是图表模式还是趋势线，抑或是自然的事物，对现货指数的依赖远远超过了期货指数。当我们把注意力转移到价值线指数上时，这种现象变得更加明显。我已经把现货和价值线指数期货交易之间的特殊差异标示在图表中。正如你可以看到的，价格模式是截然不同的。

我们注意到，在市场中最具戏剧性的是，当价值线指数期货出现滞后或趋势略有下降时，现货指数却是略有上升趋势。这种情况将导致价值线指数期货回调，与现货指数接轨并构筑底部支撑来维持稳定。同样地，如果现货趋势较弱而期货指数较高时，这种情况在持续几天后，指数期货将遵循现货指数趋势开始趋弱，从而维持交易稳定。

这两种现象对大宗商品期货交易者来说是有利的，因为我们不是做现货交易，而是做期货交易，现货指数变化可以为我们预测期货的波动规律。

然而，建立在瞬间波动基础上，就正好本末倒置了。股票指数期货合

期货交易终极指南

约对市场信息和新闻反应最为敏锐。值得一提的是，考察 10 月价值线指数时，我们参照 3 月的价值线指数合约，没有一个类似的市场价值下降趋势线，这意味着价值线指数在 3 月将获得底部支撑。这是必然会发生的事。

通过对比在 10 月 21 日和 28 日期间现货和期货价格模式的不同，据去年 11 月、12 月初，再到 1 月 13 日至 27 日期间的每一个实例表明，现货能够让我们预知期货会发生什么变化，而不是期货在影响现货。现货确实是通过学习图表模式和趋势感知市场变化的王者。

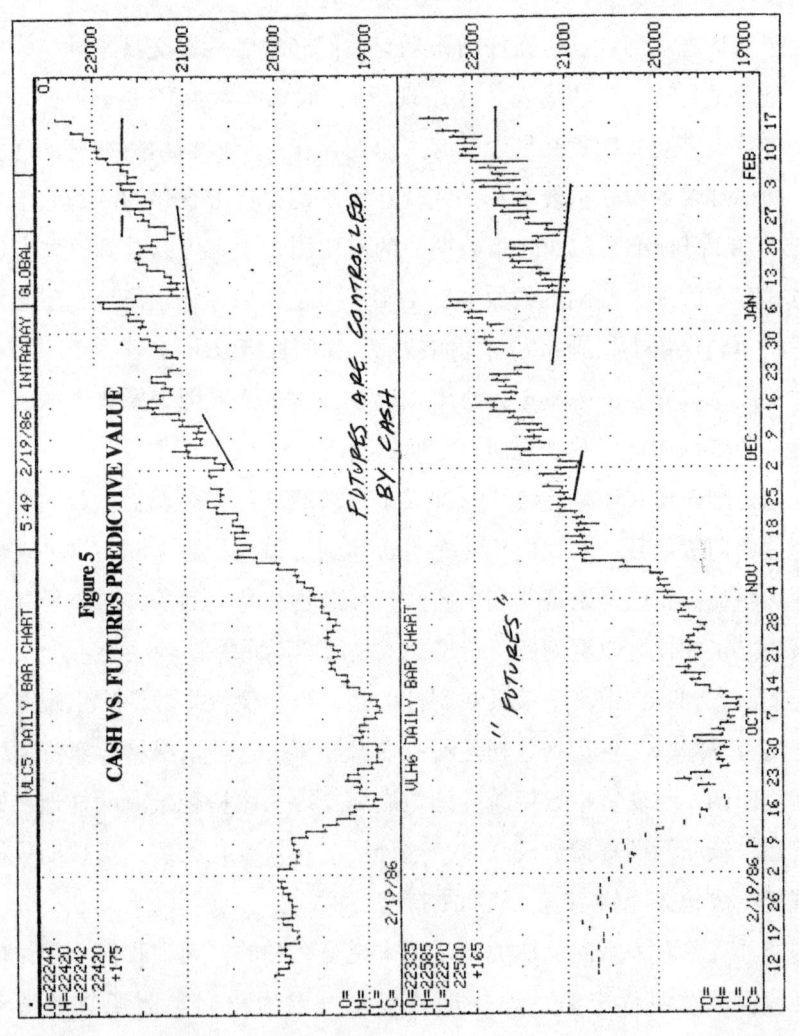

图表 5　现货与期货预期价值

第七章 股指期货——交易者梦想成真

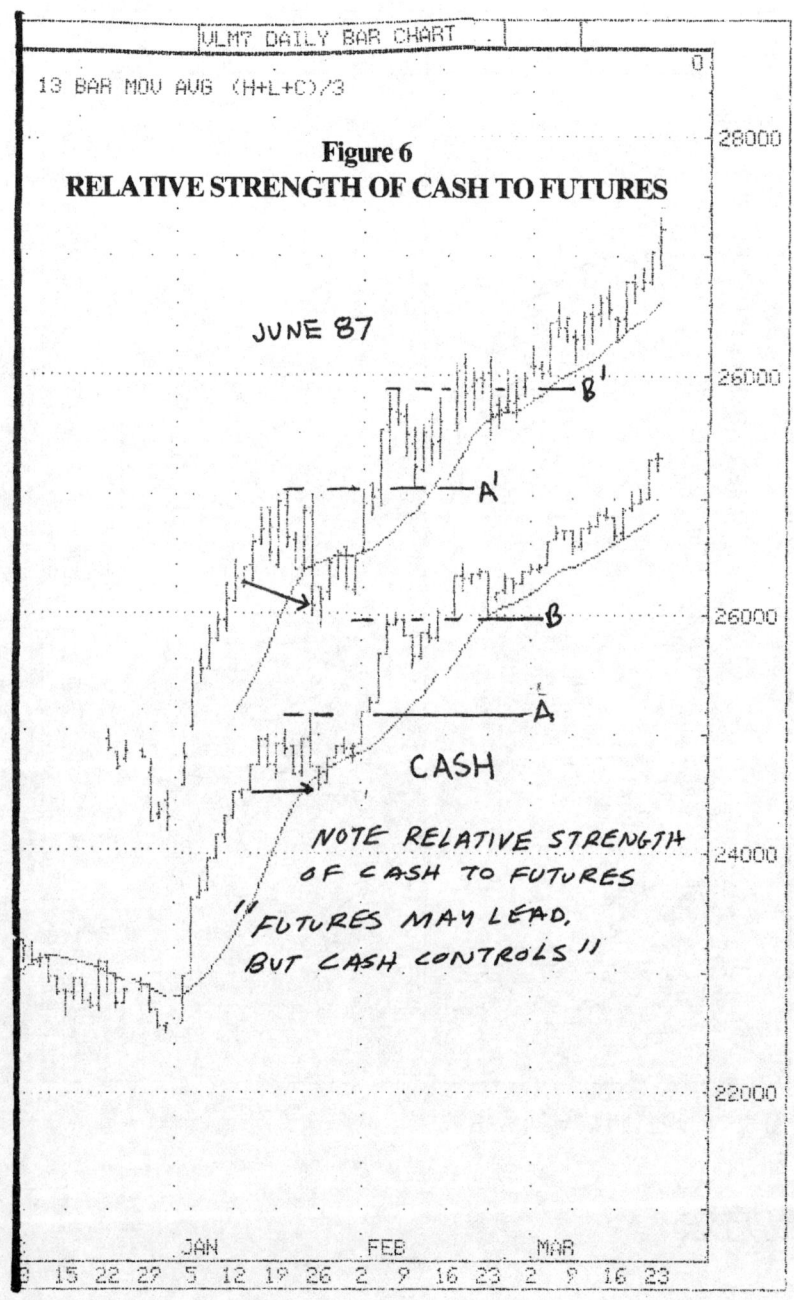

图表 6 现货与期货的相关度

期货交易终极指南

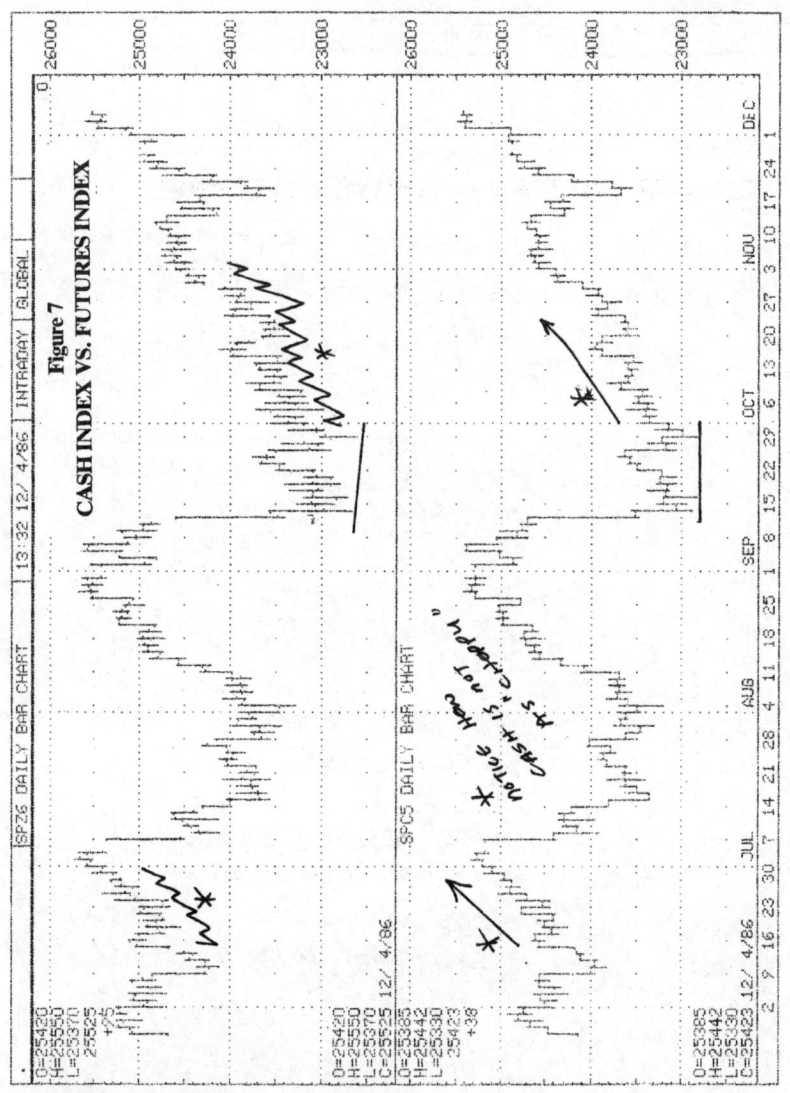

图表 7　现货指数与期货指数

交易方法

进行股指期货交易时，你所考虑的第一种方法，我称之为**市场结构**。就短期市场的高低点而言，市场结构严格关注市场价格模式。

市场结构将按此定义，可以这么说，一个短线市场的高点将是任何一

第七章　股指期货——交易者梦想成真

天的高点，这个高点在其两边都有更低的高点。

同样地，一个短线市场低点将是任何一天的低点，这个低点在其两边都有更高的低点。

我建议你下一次明确短期市场波动的点数。我们确定中期市场浮动点数时可以这么说，一个中期市场的高点将是任何短期市场的高点，这个高点在短期市场的两端都有更低的高点。任何中期市场的低点都将是短期市场的低点，这个低点在其两端都有更高的低点。

我们可以进一步深化，可以这么说，一个主要或者重要的市场高点将是任何中期市场的高点，在中期市场的这个高点，在其两端还有更低的高点。一个主要或重要的市场低点将是任何中期市场的低点，在中期市场，这个低点在其两端还有更高的低点。

如果这些话让你困惑不解，不要担心。你所寻找的价格结构我在下图将有所展示。你可以看到这些点是如何层层叠叠地形成的。一旦你确定了一个短期市场高点，你可以回过头来看一下这个高点出现在相关中期主要市场的什么地方。这就是市场结构的主要观点，这可以帮助你识别市场趋势。只要你保持创中期高点新高，不要创中期低点新低，你就处于上升趋势。这个推论也适用于跌势。

对于普通商品期货交易者来说，这是一个非常概括的观点，所以让我们认真考虑一下在短期市场基础上的市场模式。在市场上辨别中期市场高点有两种方法。第一种方法，也是最简单的一种方法，我称之为市场结构趋势逆转。

一个市场结构逆转

一个市场结构的趋势逆转将会使价格低于目前短期市场的最低价格。当出现这种情况时，市场结构瓦解。你本该有连续更低的低点，但因为上次市场低点已破，所以你不会再出现连续更低的低点。这告诉我们此前市场底到破裂前的最高峰是一个中期市场高点。第二种辨别一个中期市场高点的方法是，形成一个比此前短期市场高点更低的高点。

你在寻找什么

在市场结构中，你所寻找的一个购买信号应该是，构建一个比先前市场低点更高的一个短期市场低点。这是一个短期市场低点，其次是一个更高的短期市场低点。正是这个更高市场低点的形成告诉你，最低点是一个中期市场低点，你可以继续下去。

当达到一个卖出信号时，你正在找寻一个相反的点。在这里，你正寻找一个比先前短期市场高点更低的一个短期市场高点。正如我为你所指定的图标，一旦短期市场更低高点被知晓，或者此趋势被打破，你可以采取其中的一种方式。

我已经在价值线指数现货指数的市场结构模式中用买卖箭头标示出买卖信号。虽然它有许多不好的信号，但是你看到它明确地捕捉到了主要的市场趋势，标明了许多重要的上下浮动。这对于系统来说，是不寻常的。如果你有精力去承受许多剧烈的大幅波动，那么这种交易方法对你来说是没有问题的。同样，把你的注意力转向市场结构，你将会得到回报。许多读者可能会说，"拉瑞，这非常好而且很完美，但是你不能进行现货指数交易"。对于这点，我想说的是，当你在现货指数遇到一个购买信号，实际上，这是购买附近期货合约的大好时机。

1986年3月价值线指数结果已经显示，此结果同样令人印象深刻。在这段时间里，一共有12个信号，7位赢家总盈利32.90美分，总亏损10.90美分，从好的方面说底线值是22.00美分。需要再乘以500美元得出净利润总额，此时对于总额来说，每一分都非常值钱。因此，在这12处信号交易的净利润是11000美元。正如你所看到的，这是一个进行股指期货交易的初步方法。当然，这个方法也有问题，那就是我们的一些损失或许比我们本希望看到的更大。但是，如果你跟随市场结构，通常能正确地看透市场，能够抓住主要的波动。

短期市场交易者可能也想按照市场结构指示，考虑与趋势协调一致交易的可能性。一旦一个购买信号生效，在此过程中，你将会采用其他相似

第七章 股指期货——交易者梦想成真

的购买信号。随着卖出信号生效，你将会限制自己来采用短期卖出信号，可能是即日卖出信号或者其他信号。你将不会抵制市场结构指示和确定的总体市场趋势。

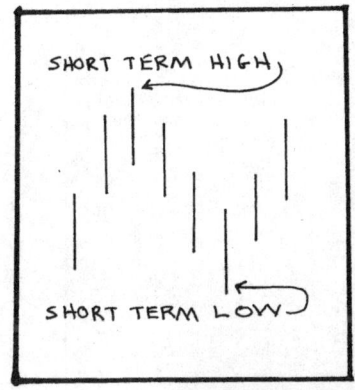
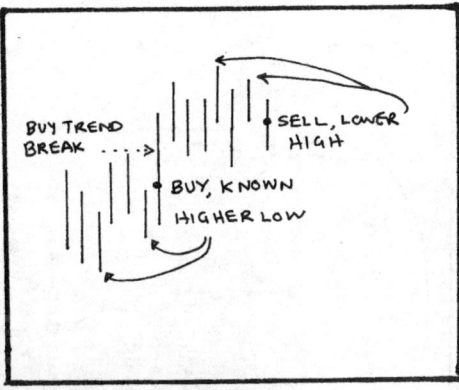

Figure 8
MARKET STRUCTURE TREND REVERSAL SYSTEM

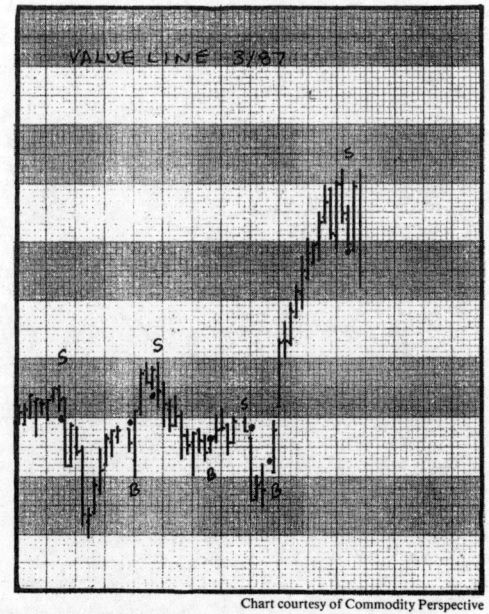

图表8　市场结构趋势反转系统

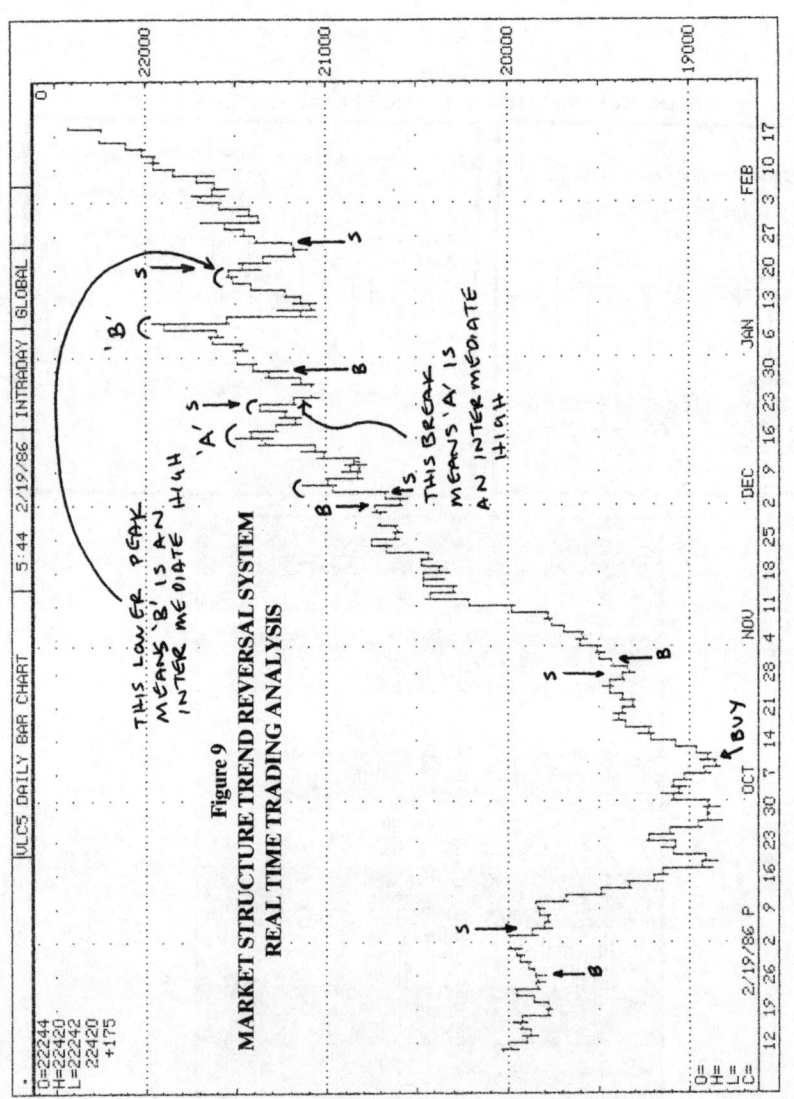

图表 9 市场结构趋势反转系统实时交易分析

第七章 股指期货——交易者梦想成真

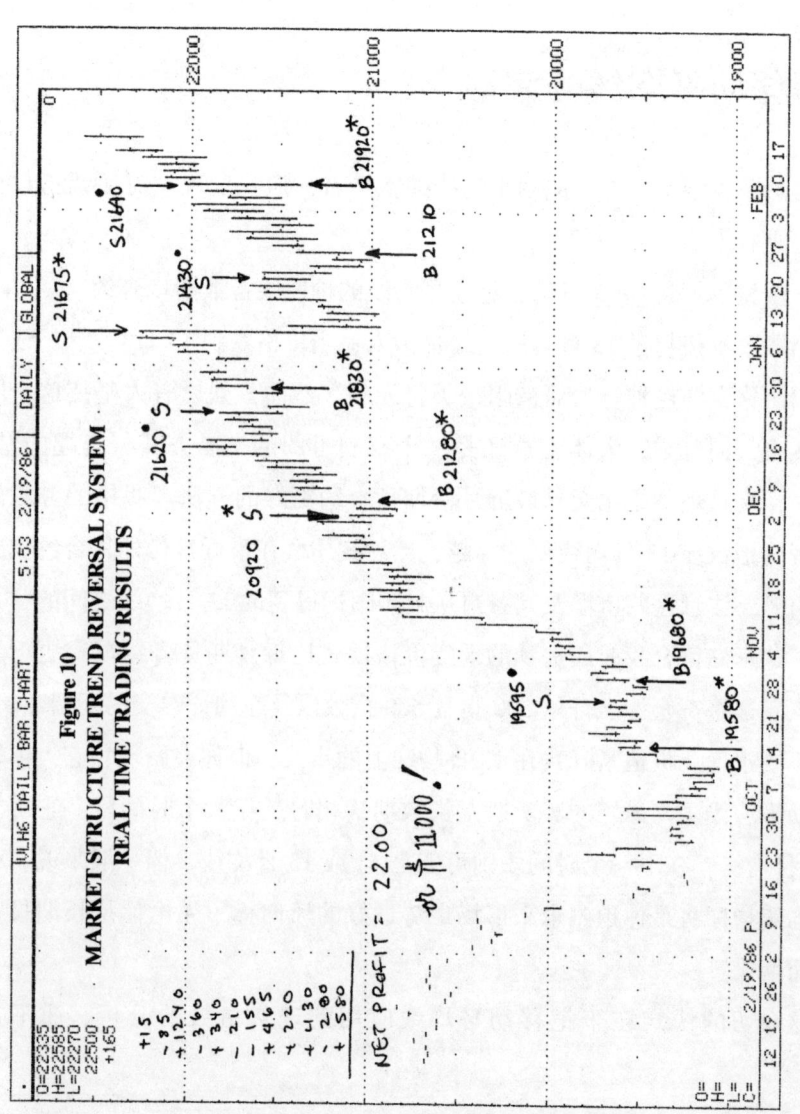

图表10 市场结构趋势反转系统实时交易结果

沿着移动平均线的波动

虽然我肯定不会拥有使用平均线的支持者,但我发现它对股票指数交易者还是有用的。

下图显示了具有 13 日价格移动平均线的价值线指数期货合约。

当股票价格超过 13 日均线时,你买入;当价格跌到 13 日均线以下时,你卖出。你会因这种行为而被用鞭子打死的。然而,如果有人坚持这个原则和资本去拥有它,大体上这还是一个有利可图的交易方式。有趣的是,在这里,交易现货是比交易最近月份期货合约更好的方法。我用的方法是等待现货指数在 13 日均线处的穿越,然后我才会在最近月份期货合约做出卖出信号。注意这些市场及其各自从封闭图标得到的 13 日均线之间的巨大差异。这正好符合我前面提到的现货价格模式比近月期货合约模式更可靠的观点。这将符合标准普尔 500 指数 500 指数以及纽约证券交易所指数。

不要永远死板地紧盯我在 13 日均线上的步伐,但你会发现,它大体符合波动平均线,与最好的买卖股票指数期货相若。在一个时间段,它可能是 12 日均线,在下一个时间段则可能是 14 或 15 日均线。但一般来说,移动平均线指标将是你预测未来市场走势最好的风向标,无论你是长期投资还是短期投资。

这一切的诀窍在于把移动平均线应用到现货指数的分析,而不是期货。

第七章 股指期货——交易者梦想成真

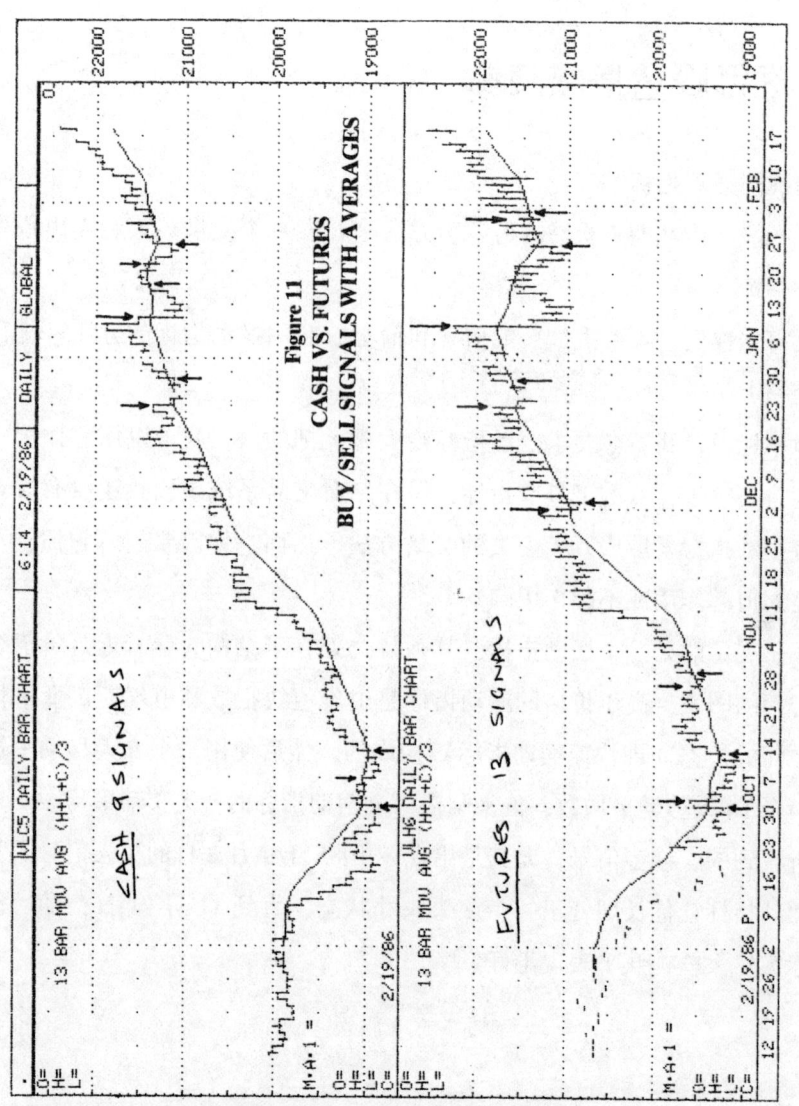

图表11 现货与期货建立在移动平均线基础上的买卖信号

如何进行股票指数交易

请询问摆动指标？

进行股票指数期货交易的另一种方法是开发一个提供买入和卖出信号的摆动指标。

我警告你们，不要把太多的信念和信心放在用摆动指标的方法来进行市场交易上。

坦率地说，我不会要求摆动指标给我赚大把的钱。我可以用它作为一种预测将要发生什么的工具或指导，但在绝对交易系统中，我还没有看到如何将摆动指标发展成万无一失的交易方法。然而，你需要了解它们，看它们是如何起作用或不起作用的。

我所展示的第一个摆动指标，其独特之处在于结构。看看近月价值线指数合约的图表。高于价格的摆动指标是由价值线指数和道琼斯工业平均指数之间的价差（即快速摆动指标）构成的。然后使用一个6天移动平均数和一个16天移动平均数差价来制造一个摆动指标的8天移动平均数。正如你所看到的，许多信号，尤其是出现在1985年9月3日的买入信号非常好。摆动指标让你长期处于一个多头头寸状态，直到11月21日，随后摆动指标突然大跌，几乎表现不好。

第七章 股指期货——交易者梦想成真

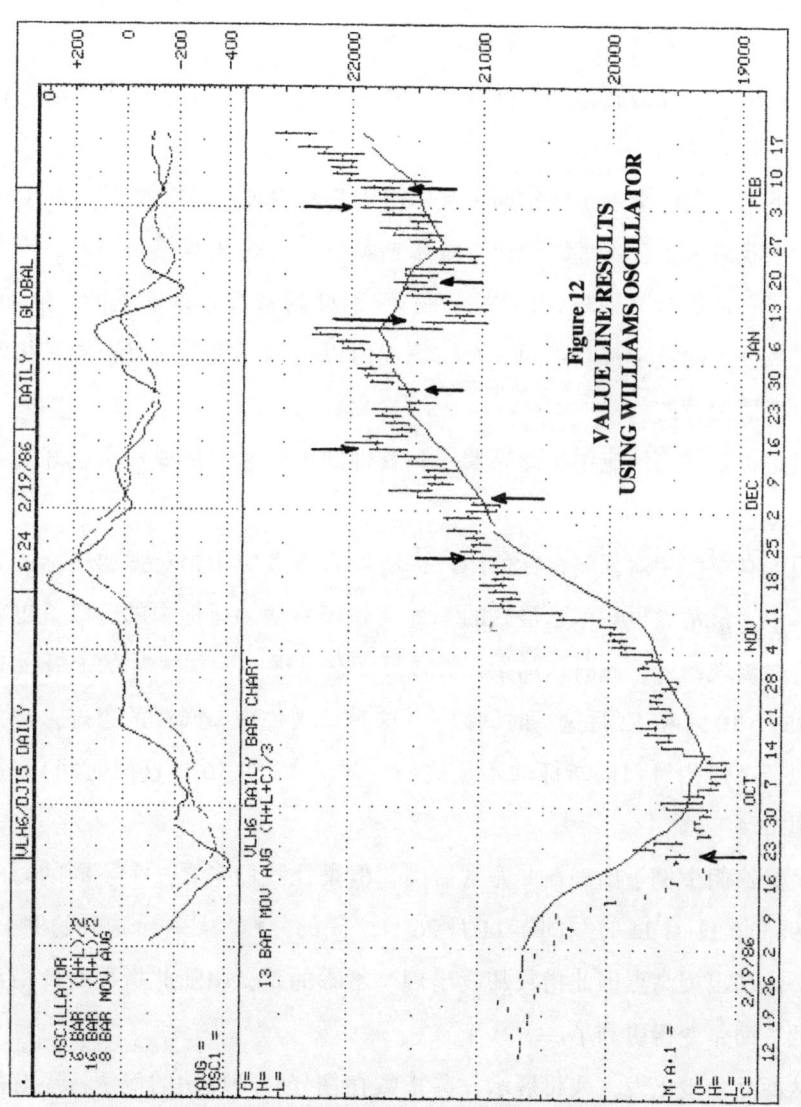

图表 12 使用威廉姆斯摆动指标的价值线指数结果

这似乎是大多数摆动指标的历史。有时它们的信号非常好，有时却不好。

让我们把注意力转移到标准普尔500指数上，看一下在这个市场上摆动指标是什么样的。

接下来，我将会展示威尔斯·维尔德创造的相对强弱指数。

对于我来说，我不理解为什么威尔斯将其称之为相对强弱指数。因为相对强弱必须相对其他事情的强弱而言，而此指数却不是这样的。然而，所有代入公式的数字都基于同一个市场。所以，你不能说这个指数是相对于其他事情而言的。

但是，它被广泛应用于商品期货和其他图表服务，是威尔斯最好的工具之一。

因为有很多相对强弱指标的用户，所以有许多应用相对强弱指标的方法。其中，最常见也貌似是最好的一种就是等待摆动指标中的分歧。也就是当价格出现新低，此时摆动指标失效反而会呈现"阶梯式"的上升（看看1985年10月和12月这一时间段）。这时呈现牛市。同样的道理，当价格出现新高但相对强弱指标却不是这样（看看12月16日这段时间），据称股票市场下跌。

虽然这两个例子出现在此非常恰当，但是让我们来看一个不同的时间段。1985年11月11日与同年11月26日之间的分歧就是一个很好的例子。此时，市场出现高点但此指数却没出现。不幸的是，跟随此指数的价格没有更低，而是变得更高了。

从商品角度出发，我将展示一些指数存在分歧却成功的例子，还有指数存在分歧不成功的例子。

其他分析师已经决定将趋势线作用于相对强弱指数来给出买卖信号。有时这些购买信号是正确的。我已经绘制了趋势线，并将此趋势线用于标准普尔500指数，进而给出1986年3月标准普尔500指数合约的基本趋势。许多信号确实是很好的，但是你不能从坏的信号中分辨出好的信号。

第七章　股指期货——交易者梦想成真

更糟糕的是，因为这不是一个系统，而是一个主观的工具，所以很难得出重要的数字（例如平均利润、平均损失和交易份额等正确数据）。

请不要误解我，我并不是要否定摆动指标的作用。在我早年的交易中，尤其是 1965 年到 1973 年的交易中，我建立过很多摆动指标。我曾像任何人一样被摆动指标所欺骗。然而，随着岁月流逝，我更倾向认为它们只是一个工具，除此之外不应被应用。

摆动指标也有许多麻烦。或许除了我的终极摆动指标，你会将市场推入一个锁定的时间段内。至于相对强弱指标，这一时间段为 9 天。我将要给你展示的下一个摆动指标，时间段则是 14 天。问题在于，一个扩展的市场向上浮动可能会持续 30、40、50 或 60 天，然而你将在一个 14 天的周期里进行交易。因为市场已经增加了其强度和周期性，你需要在一个更长的周期内进行交易。

接下来是一个你从未见过的摆动指标。这一指标是一个 2 天移动平均数的高点和低点与一个 9 天移动平均数的差异。

最后，这条虚线是一个摆动指标的 5 天移动平均数，这个移动平均数是 2 天移动平均数和 9 天移动平均数之差。

我已经用与虚线平稳趋势相交的摆动指标划分了买卖信号。你能看到这一方法所给出的这类信号。有很多这样的信号，且这些信号非常迅速。这使得短期交易者非常开心；你可能赚不到钱但你将得到大量信号！

这类似于短期摆动指标的方法。摆动指标将提供给你很多不好的信号，但是会时常提供一些非常好的信号。如果你耐心大胆且有资金来一直使用这种交易方法，那就非常好。坚持使用下去。

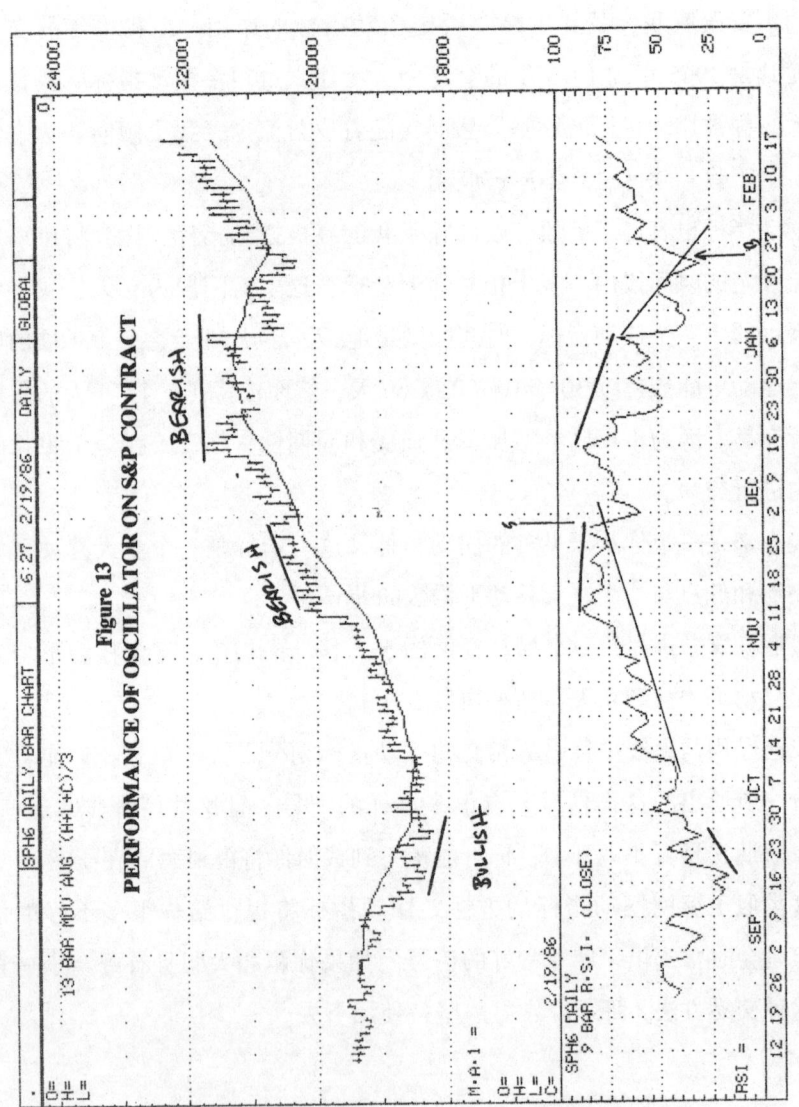

图表 13 标准普尔 500 指数合约的摆动指标显示

第七章 股指期货——交易者梦想成真

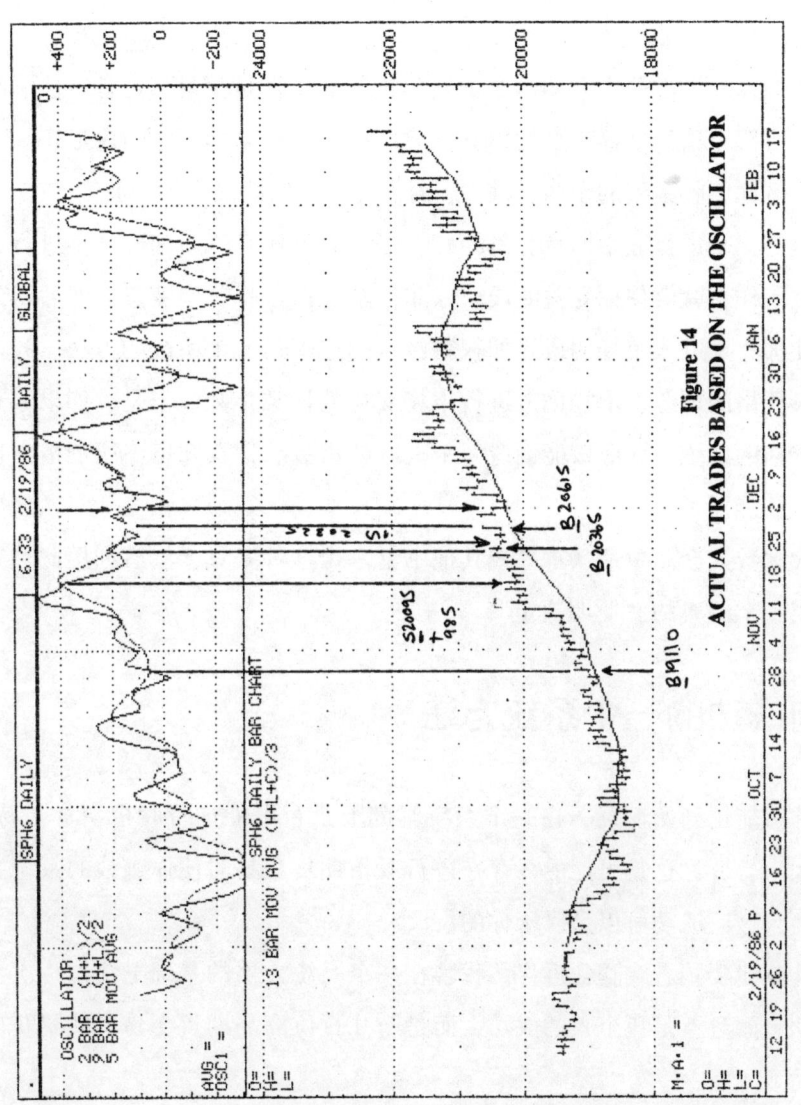

图表14 建立在摆动指标基础上的实际交易

厨房水槽法

我们也要考虑使用"厨房水槽法"进行股指期货交易。这种方法意味着你要将摆动指标、移动平均指标、离散指标、趋势指标、图表形态和差价关系等你能收集到的东西扔进去,看看什么东西能使得市场波动。

这是一个进行股指期货交易的好方法。如果你有时间和耐心来进行这项研究工作,就会使你受益匪浅。除非你整理衡量每一个变量,然后得到一个使你完全进入市场的最终加权数,否则这不是一个系统的方法。我没有足够严格的训练,不能创造进行市场交易的该类指数。但是,如果你有足够严格的训练,你应该能创造一个极好的指数。让我知道你所创造出来的指数。拜托了!

大多数人会简单地从本书或其他书上拿走这种工具,然后利用此种工具做出一个买卖的"聪明决定"。

通向成功的一个系统方法

你可能正开始怀疑,在一个系统基础上是否可能进行股指期货交易。让我大声告诉你这是可能的。存在进行股指期货交易时使你赚钱的系统方法,而且这一成功可以是属于你的。

此刻我要拍着胸脯告诉你,我曾在一个系统方法的基础上获得一次实际成功。而且不是我个人的成功,而是与几百位商品期货交易者共同获得的成功。

1983年,我曾向交易者们陈述过一个用于进行标准普尔500指数500指数和价值线指数的公式。在为金融网络新闻观众组织的一系列研讨会上,这一公式再次被提出,不过基于相同的理论,此时这一公式有些许改动。

为了这本书,我们将这一方法称之为高低交易系统。

第七章 股指期货——交易者梦想成真

不可思议的标准普尔500指数500指数交易系统

对于你们那些更倾向于精确系统性的人来说，我将给你们呈现一个用于进行标准普尔500指数500指数交易的超级趋势跟踪方法。

在向你们透露这种方法之前，首先让我向你展示一些统计数字；这些数字令人印象深刻，而且在我所见过进行标准普尔500指数交易的最好方法中，我将此系统排在第一位。

我们所研究的这段时间是1982年到1987年1月27日标准普尔500指数交易的起初阶段，存在134个交易，其中80个交易（比例高达59.7%）是非常精确的。净利润为168.29点，以此乘以500美元，得出最后实际金额。在扣除134项交易佣金之前，你将得到84145美元的最低利润。

1985-1987年交易记录

DATE	OPEN	HIGH	LOW	CLOSE	B/S	#CNTRCT	PRICE	PROFIT	CUM-PROFIT
85.1129	206.50	206.90	204.30	204.80	B	1	204.80	0.00	0.00
86.0107	214.30	216.30	214.05	216.05					
86.0108	216.25	216.60	206.30	208.25	S	2	212.33	7.53	7.53
86.0127	207.15	208.70	206.65	207.80					
86.0128	208.00	212.20	207.25	212.05	B	2	211.37	0.96	7.49
86.0203	213.50	215.75	212.00	215.55					
86.0204	216.05	216.45	211.50	213.70	S	2	211.84	0.47	8.96
86.0227	225.40	228.00	224.50	227.30					
86.0228	228.30	228.65	225.50	226.00	B	1	226.00	-14.86	-5.20
86.0227	228.50	231.00	227.50	230.30					
86.0228	231.55	231.60	228.30	228.95	B	1	228.95	0.00	-5.20
86.0227	228.50	231.00	227.50	230.30					
86.0228	231.55	231.60	228.30	228.95	S	2	228.95	0.00	-5.20
86.0310	228.85	230.80	228.50	230.40					
86.0311	231.15	236.60	231.00	236.25	B	2	234.36	-5.41	-10.61
86.0331	242.50	243.05	240.90	241.00					
86.0401	241.60	242.05	236.50	236.00	S	2	236.85	2.49	-8.12
86.0407	228.50	230.40	226.75	229.30					
86.0408	230.40	235.85	230.20	235.60	B	2	233.24	3.61	-4.51
86.0421	242.70	246.40	242.50	246.25					
86.0422	245.70	246.70	241.35	242.90	S	2	242.01	8.77	4.27
86.0519	232.75	233.65	231.95	232.80					
86.0520	233.00	236.90	232.55	236.85	B	2	236.80	5.21	9.48
86.0529	247.25	249.35	245.50	248.85					

86.0530	248.45	250.40	246.55	247.55	S	1	247.55	10.75	20.22
86.0529	249.50	251.50	247.65	251.05					
86.0530	250.05	252.70	249.00	249.85	B	1	249.85	0.00	20.22
86.0529	249.50	251.50	247.65	251.05					
86.0530	250.50	252.70	249.00	249.85	S	2	249.85	0.00	20.22
86.0612	241.70	243.55	241.65	243.05					
86.0613	244.20	248.70	244.20	248.15	B	2	247.23	2.62	22.84
86.0703	254.45	254.70	251.60	252.00					
86.0707	251.00	251.25	243.50	243.55	S	2	247.67	0.44	23.28
86.0701	236.30	237.15	232.65	233.15					
86.0804	233.00	237.50	231.30	237.05	B	2	237.16	10.51	33.78
86.0828	254.00	254.75	252.50	253.65					
86.0829	254.00	254.90	251.90	252.65	S	1	252.65	15.49	49.27
86.0828	255.65	256.40	254.05	255.25					
86.0829	255.80	256.50	253.65	254.35	B	1	254.35	0.00	49.27
86.0828	255.65	256.40	254.05	255.25					
86.0829	255.80	256.50	253.65	254.35	S	2	254.35	0.00	49.27
86.0919	228.80	231.90	228.75	230.50					
86.0922	230.90	234.95	230.80	234.60	B	2	234.46	19.89	69.16
86.0924	235.90	237.45	235.10	235.90					
86.0925	235.00	235.80	229.00	231.35	S	2	231.84	-2.62	66.53
86.0929	229.00	230.20	226.10	229.55					
86.0930	230.40	233.65	229.85	230.60	B	2	233.50	-1.66	64.88
86.1002	232.80	235.10	232.00	234.75					
86.1003	235.50	237.15	229.80	232.40	S	2	230.71	-2.79	62.09
86.1014	237.20	237.40	233.40	234.75					
86.1015	234.90	239.80	234.45	239.70	B	2	238.79	-8.08	54.02
86.1017	239.25	239.35	237.25	237.95					
86.1020	236.40	236.50	233.50	235.50	S	2	233.86	-4.93	49.09
86.1022	235.80	236.70	234.95	235.15					
86.1023	235.85	240.60	235.65	239.60	B	2	239.19	-5.34	43.75
86.1112	248.20	248.30	245.60	246.95					
86.1113	246.95	247.00	241.40	241.55	S	2	242.70	3.51	47.26
86.1119	236.80	238.50	235.20	238.10					
86.1120	238.90	243.20	238.15	242.20	B	2	242.20	0.51	47.76
86.1128	249.90	249.90	248.10	248.65					
86.1201	246.20	251.20	245.10	251.05	S	1	251.05	8.85	56.62
86.1128	250.30	250.40	248.60	249.20					
86.1201	246.80	251.80	245.70	251.60	B	1	251.60	0.00	56.62
86.1128	250.30	250.40	248.60	249.20					
86.1201	246.80	251.80	245.70	251.60	S	2	251.60	0.00	56.62
86.1231	243.45	244.20	240.60	242.15					
87.0102	243.40	247.70	243.40	246.75	B	2	246.31	5.29	61.90
87.0122	268.90	276.90	268.50	276.40					
87.0122	276.65	282.60	266.00	269.30	S	2	271.65	25.33	87.24
87.0123	276.65	282.60	266.00	269.30					
87.0126	270.00	271.85	268.40	271.35	B	1	271.35	0.30	87.53

这个系统的价值在于，在我所见过的趋势跟踪系统中，这是每笔交易

第七章 股指期货——交易者梦想成真

最高平均利润的系统之一,每笔交易利润可达 1.26 或 360 美元。这一系统也是我所见过具有最高风险—收益率之一的系统——风险—收益率为 2.22——这意味着你每失去 1 美元,将赚到 2.2 美元。这些都是从一个简单的趋势跟踪系统中得到的令人印象深刻的结果。

其工作原理如下:一旦给出买入信号,你就购买且处于多头头寸,直到给出一个卖出信号。一旦出现卖出信号,你会改变你的头寸为空头头寸。你总是用这个系统在市场上运作,要么多头头寸,要么空头头寸。

在任何时候,你都不会是一帆风顺的。这就是我为什么称其为一个趋势跟踪系统。它始终在市场上,而且当市场出现大的趋势波动时,你将能追赶上其中的大部分趋势。

在此所展示的这个系统没有一个停止机制。如果你想要保护你的利润,你可能想在此系统中建立一个止盈机制。

就是这里,你将用标准普尔 500 指数 500 指数的收盘价乘以 0.0172。例如,通过交易回顾来看一下这个交易,你会看到在 212.33 点有一个卖出信号(注意箭头)。这个信号是这么得出的,那就是用 1 月 7 日的收盘价 216.05 乘以 0.0172 得出 3.71。在实际交易中,你应该把 3.71 转换为整数 3.70。然后你应该从 7 日的收盘价 216.05 中减去 3.70 得到进入价 212.35。这就是你本该卖空的价格。

1 月 28 日,在 211.37 点时给出购买信号,这是用 0.0172 乘以 207.80,结果为 3.57,然后再加 207.80,得出 211.37 进入价。你保持买空状态,直到任何一天的收盘价格下降 0.0172,此时你会转化为卖空状态。你可能想通过 1985 年到 1987 年的交易基础来检查结果。那段时间,此系统有着 74% 的准确率,净利润高达 43,000 美元!

我相信这个系统会持续很多年,因为它利用了一定比例的价格本身。因为利用了一定比例的价格,所以随着价格的升降,无论发生什么情况,我们都能适应市场。

因为没有移动平均数或确认趋势的方法,所以此系统没有曲线拟合。它的力量在于,我们知道如果市场顺着任何一天收盘的方向出现大幅波动,那么这种情况就极有可能继续发展下去,直到市场的另一方出现一个同样强烈的脉冲。这就是这一系统的工作原理,而且,我相信这一系统会继续工作很多年。不要小看这一系统,它值得你数百次地购买这本书。

解决问题的两种方法

我将要向你展示我认为进行股指期货交易的两种最好方法。

这是两种解决问题的方法,两种在市场上赚钱的方法。

很少有交易者采用第一种方法。但就精确度而言,这种方法的确是最可靠的,而且是最早采取行动的方法。

让我给你解释一下这个系统

大多数商品期货交易者从不花时间或精力从一个更深的角度对市场进行调查。他们仅仅只是通过图表或电脑趋势跟踪方法看到商品的价格。然后他们利用这些数据来预测在下个交易日会发生什么。

我们可以通过研究差价实现突破——或者说股指期货和其他东西之间的差异。这是一个极有价值的商品交易方式。它的重要性我怎么强调也不为过。

有两种基本的方法,我希望你用在股指期货赚钱的目的来看待利差。

第一种方法是简单地利用近期期货合约及现货之间的差异,或者说是价差。从现货合约价格中减去近期期货合约价格,你就获得一个期货对现货的价差。

这种价差已经显示了一个有趣的历史关系。

总的来说,当价差非常大时,即期货都大大超过现货,意味着市场上已经有太多的炒作,价差最终要降下来。同样的道理,当近期期货合约价格和现货合约价格相等或更低时,市场处于反弹的位置。

这也存在例外,即近期期货合约从交易面板上消失时。期货价格在交割日的最后时刻必须始终等于现货交易价格。期货市场在交割日的一个小溢价并不是特别显著。

第七章 股指期货——交易者梦想成真

然而，在其他任何时间把握近期期货价格相等或者低于现货交易价格的时机是非常重要的。这是一个极度看涨的行情。这正在告诉你做好准备把握你看到的所有买入信号。

期货价格大大高于现货价格，这种极高的差价关系是非常明显的。这告诉我们在市场上存在太多的炒作，期货价格必须降下来以符合现货价格，因为现货才是统治者。当一个期货价格大大溢价于现货的情况出现并发展时，你可以放心，你的卖出信号在交易市场上比其他任何时候都更加准确。这是一个有趣的现象。它第一次出现是在我1973年写的《我如何通过商品交易赚取一百万美元》这本书里。我有几个章节强调近期和长期商品合约差价的重要性。这是一个市场运作方式的基本原则，这些差价将给予我们洞察看涨和看跌的机会。

最吸引人的一点是，这本书是写于股指期货开始交易前十年。然而，只要他们开始交易，价差就一直是交易股指期货的最佳工具之一。

我在这里展示当今交易市场的一些历史价差走势图，所以你可以看到价差的关系。如果你想进一步洞察市场是否处于超买或超卖（不是在一个技术基础而是但更根本的基础上）时，我没有想到比价差更好的工具。

价差交易

现在，让我们把注意力转向如何进行价差交易赚钱……赚好多钱！

不要太贪婪，但是让我告诉你到现在为止，价差关系还从没有赔过钱。

是的，你没有听错。自从期货合约开始交易，价差交易就从没失败过。首先，让我告诉你为什么我坚信这是一个真正盈利的交易，为什么是市场上盈利的机会。

首先，你要牢记存在价差市场的事实。价差交易有其运作方式且一定会发生一些事情。我的意思并不是说进行商品交易时一定会有些事情发生，而是说有些事情必定会发生。必定会发生的事情之一就是每份合约都会到期结束交易。这就是一个绝对的事情，必定会发生。

另一个绝对的事情就是当合约到期时，期货交易价格和现货交易价格一定非常接近。在到期日，现货合约和期货合约在本质上是一样的。如果说现货交易和期货交易有什么实质区别的话，就是现货交易价格明显高于期货合约，明智的投资行为将会选择购买期货合约然后在现货市场上出售，来赚取大量利润。

同样的道理，如果期货交易价格高于现货交易价格，那就应该购买现货合约，然后在期货市场上售出，赚取大量利润。

因为市场偏重于效率，所以在合约到期时你很少看到现货合约和近期期货合约之间有大的不同。这是市场的基本规则。

充分利用这个自明之理

当然，问题在于，我们如何充分利用这个自明之理呢？

进行股指期货价差交易可以赚钱，方法如下：

如果——并且仅仅如果——合约开始流动时近期期货合约相比现货合约按溢价计算，那么你将有一个交易机会。这个机会就是卖出此月到期的近期合约并买空下个月的合约。

首先让我们来看一下为什么这个方法奏效。我将向你们展示一个关于这种方法及时奏效的例子。价差交易之所以奏效，是因为近期期货合约交割时的售价比现货合同高。有两件事情必定会发生：要么现货合约价格涨到与期货合约价格相同，要么期货合约价格跌到与现货合约价格相同。通常，期货合约价格会跌到与现货合约价格相同。但是，这真的没有关系，因为只有市场猛烈反弹，才会出现现货合约价格上涨到与期货合约价格相同。

让我们把注意力转向我曾告诉你要购买的合约及下次退出的合约。

有个例子，那就是9月股指期货停牌交易，下个退出的月份是12月。12月合约将在8月1号交易活跃起来。在11月初，随着12月合约开始清算，3月合约开始活跃起来。在2月早中期，随着3月合约终止，6月合约开始活跃起来。而且，大约在5月早中期，当6月合约停牌交易，9月合

第七章 股指期货——交易者梦想成真

约开始活跃。

让我们重新回到我们的这个自明之理上,那就是,在停牌交易当天,期货合约价格一定等于现货合约价格。

在9月合约的例子中,在交易最后一天,9月期货合约必定与现货合约价格大致相同。然而下个退出的月份,也就是12月,期货合约价格必定不会与现货合约价格接近,而是大幅超过现货合约价格。期货合约之所以大幅超过现货合约价格,是因为期货合约有时间、有空间且有余地在遥远某点与现货合约价格相同。

因为这个关系,近期合约价格总是与现货合约价格相同,然而下个月的情况却并非如此。因此,近期合约与远月合约的关系较弱。

百分之百的良好交易机会在于,在到期前一个月的15日卖出近期到期的当月合约,与此同时买空下一个即将退出的合约。

理解以下交易规则:

1. 在到期前一个月的15日,近期期货合约必定按溢价计算高出现货合约。溢价越高,对你的交易越有利。

2. 在到期前一个月的15日或者到达该点最近的市场数据时,购买一个下个月推出的合约并且卖出近期到期的当月合约。即将会处于被称作熊市套利的状态,卖空近期合同,买空远期合同。

3. 利润——如果你在价值线指数的价差交易中获得100%的利润,那就去做吧。这百分之百总是发生。如果你想找点乐趣,那就坚持这个价差,直到你还有4到5个交易日,那时候你再利用价差赚取利润。当按溢价计算时,利润是百分之百有的。

现在,你已经有了交易规则,我想向你呈现关于标准普尔500指数和价值线指数曾经进行价差交易的有关图表。

期货交易终极指南

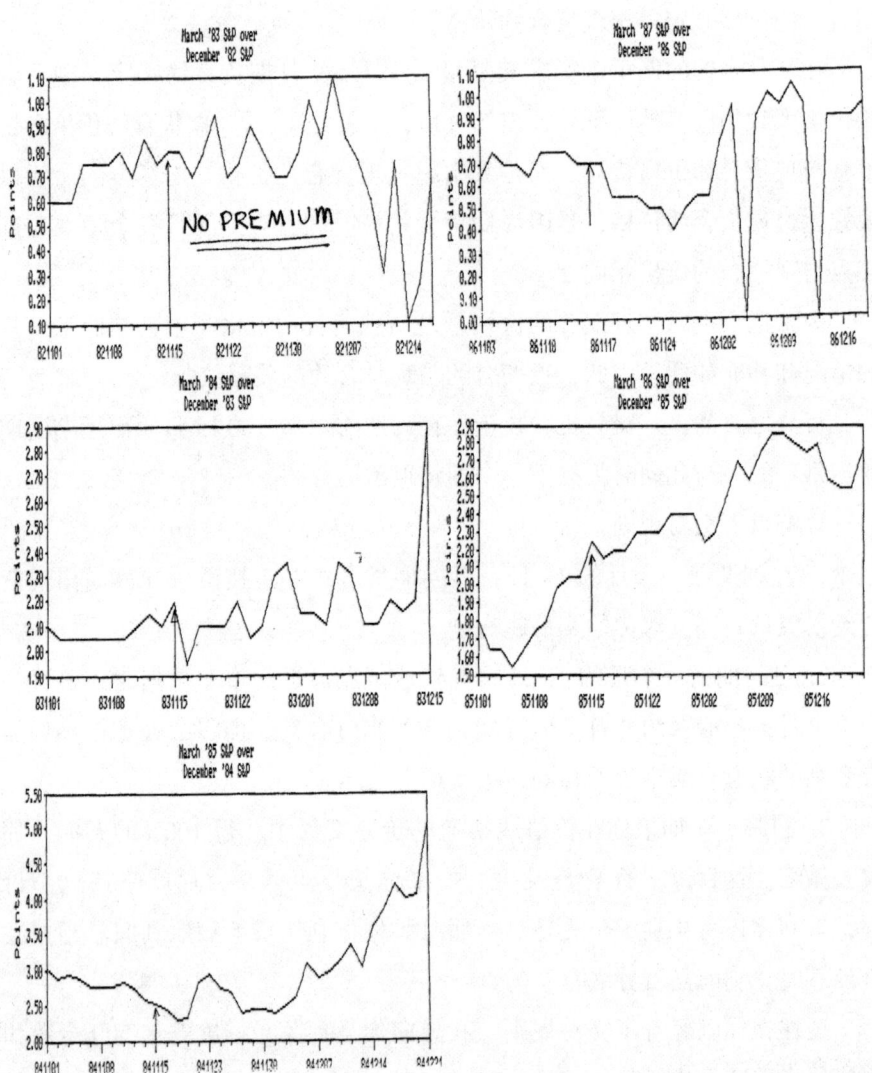

第七章　股指期货——交易者梦想成真

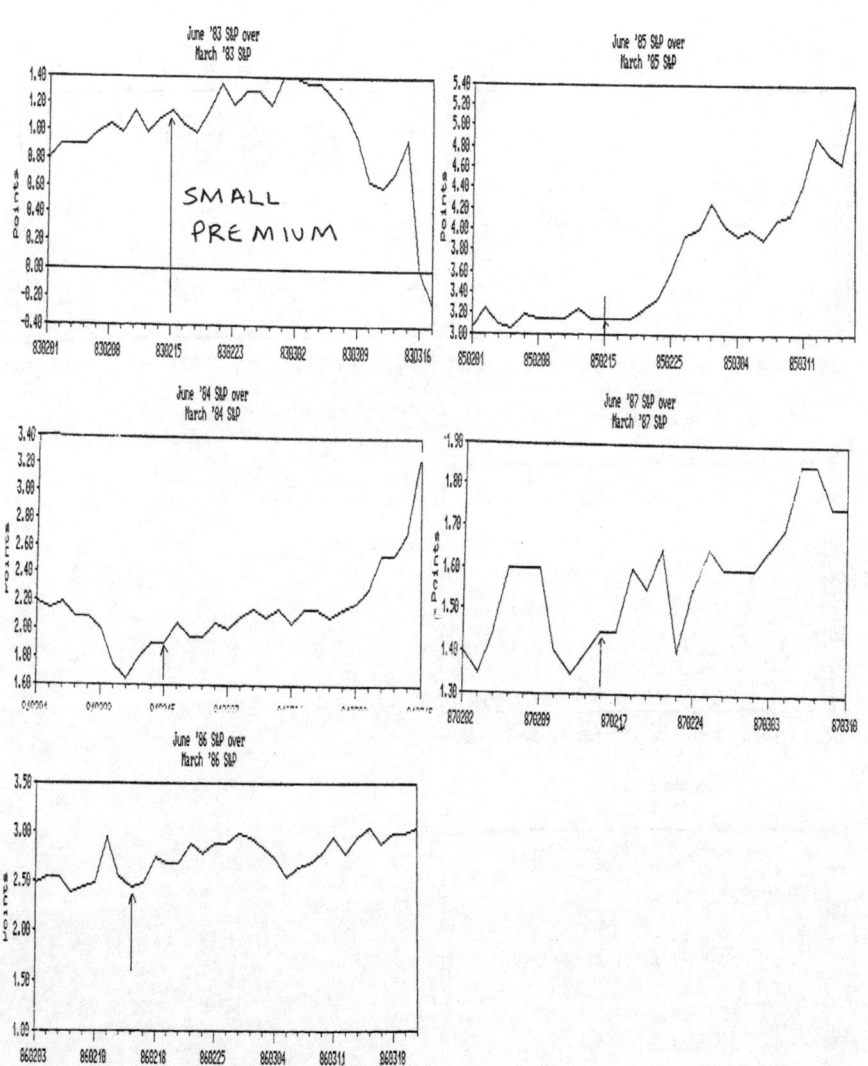

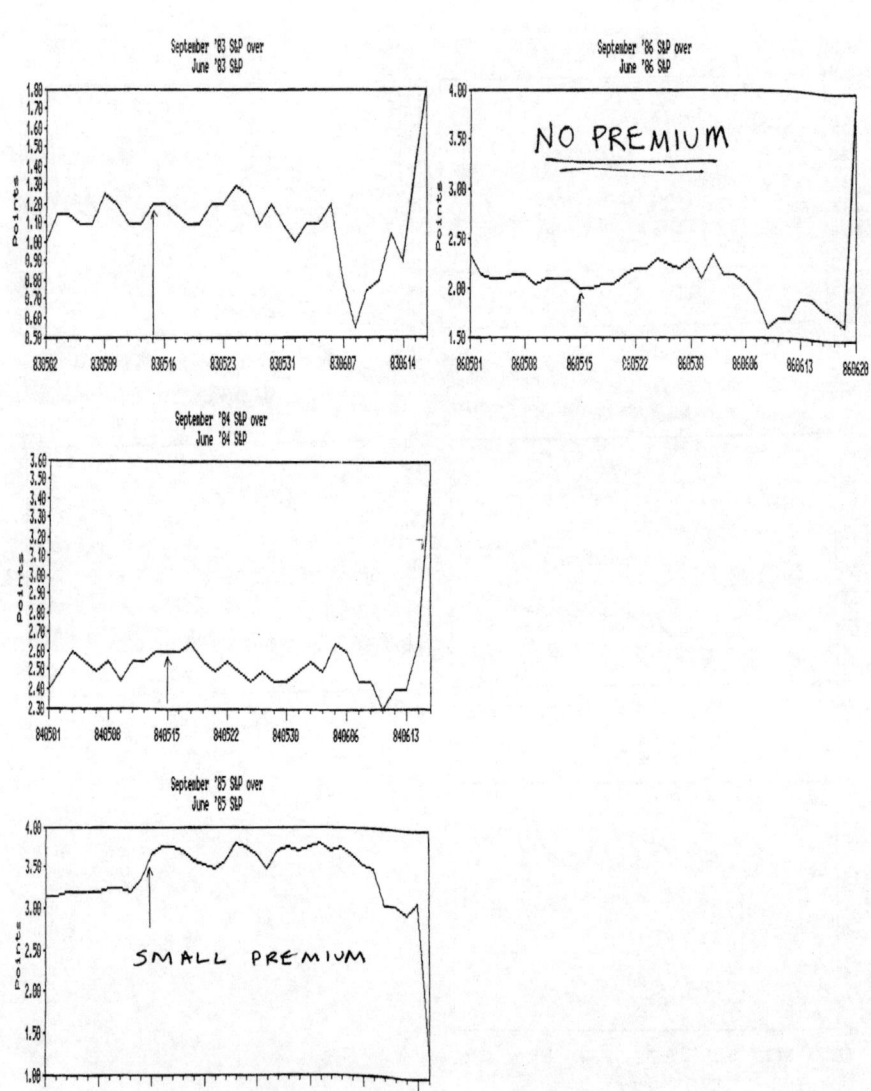

第七章 股指期货——交易者梦想成真

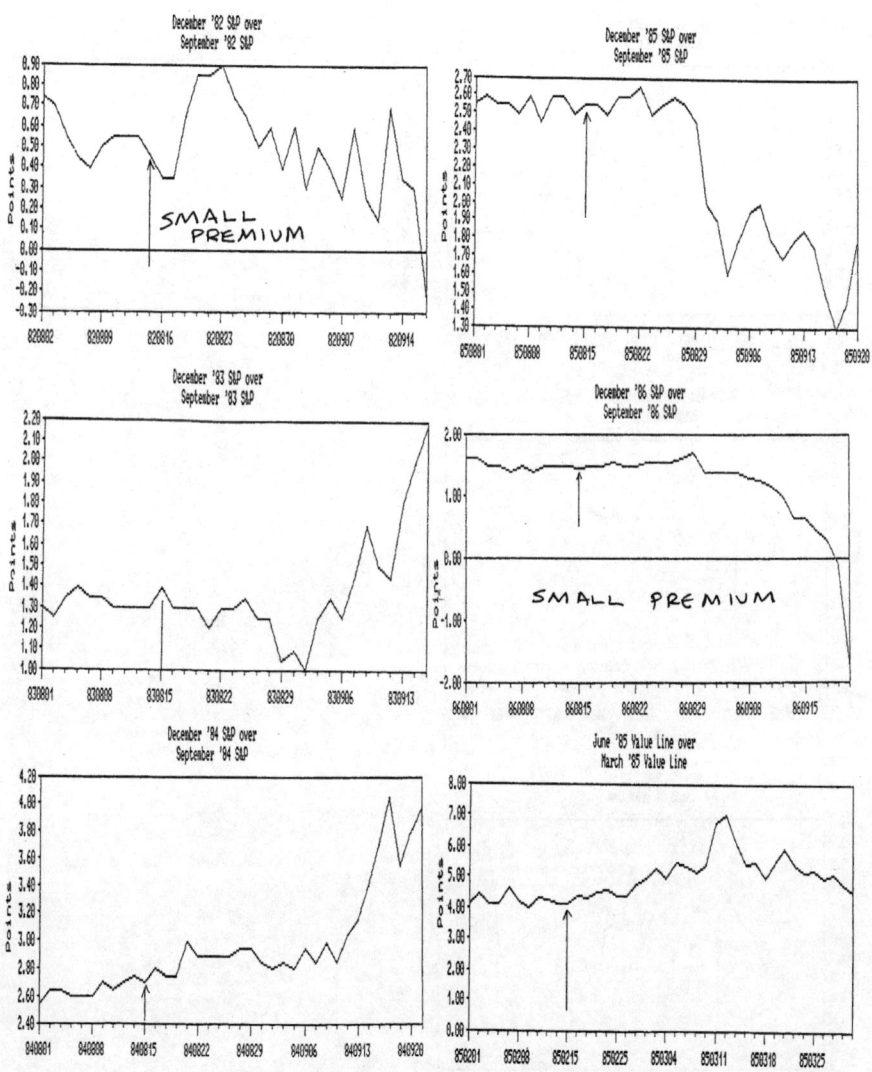

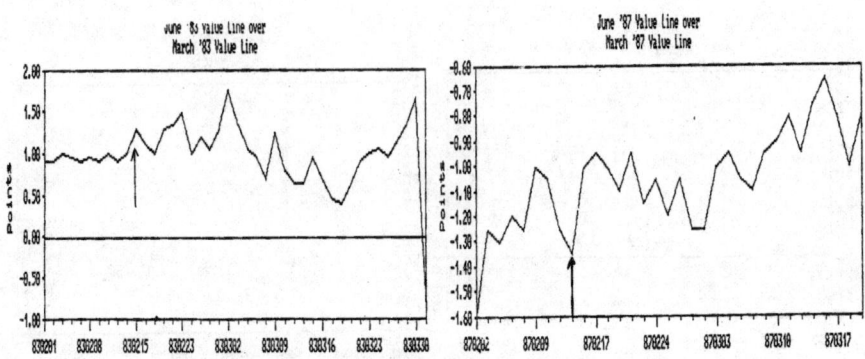
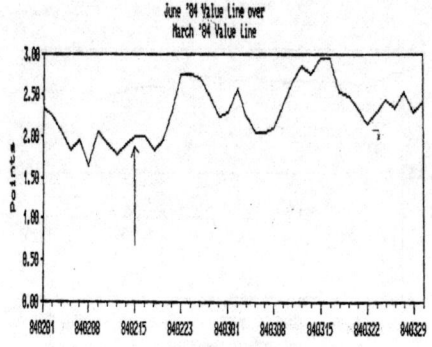
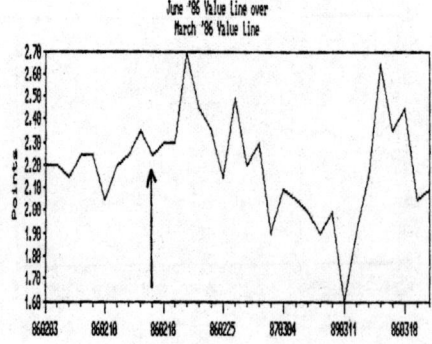

第七章 股指期货——交易者梦想成真

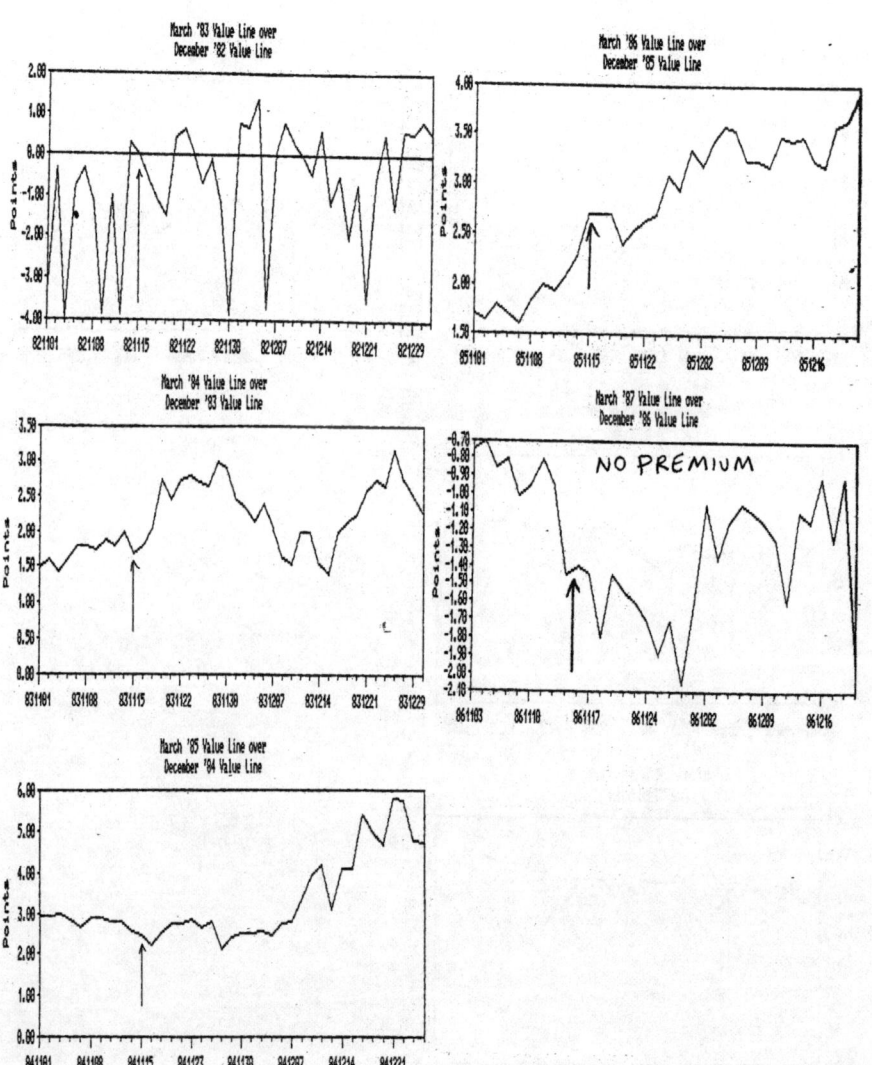

期货交易终极指南

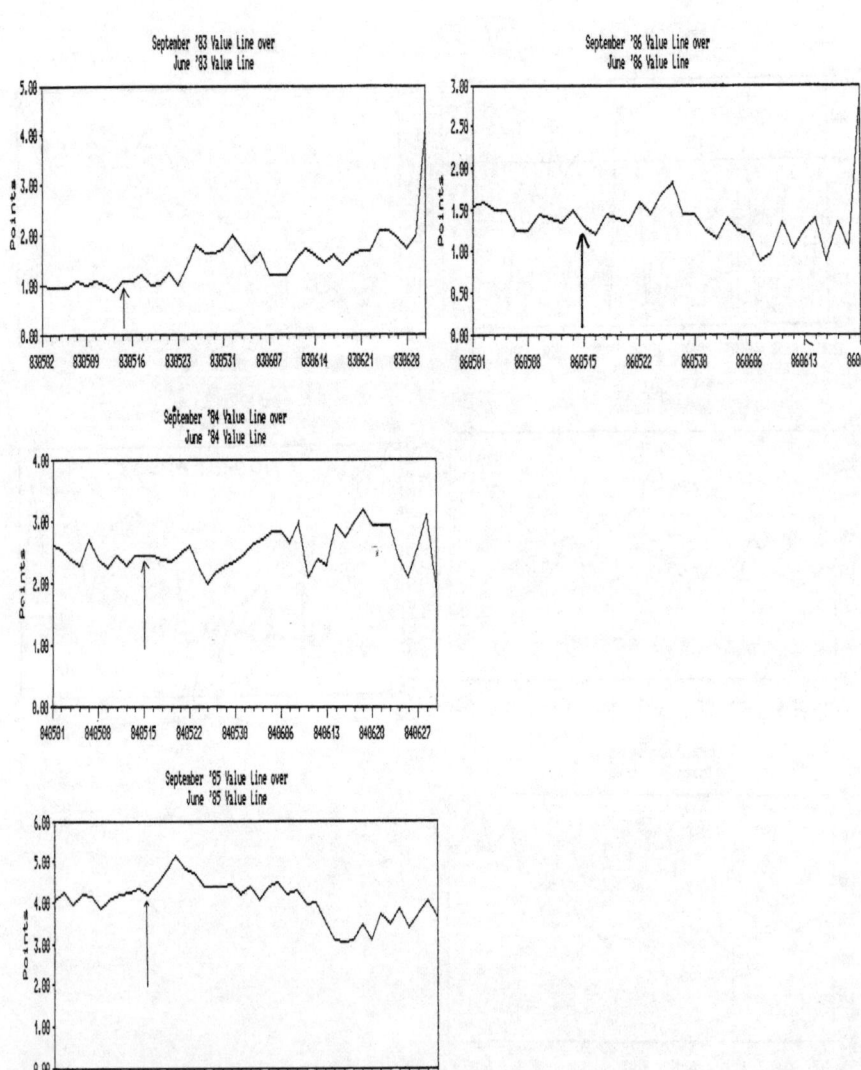

第七章 股指期货——交易者梦想成真

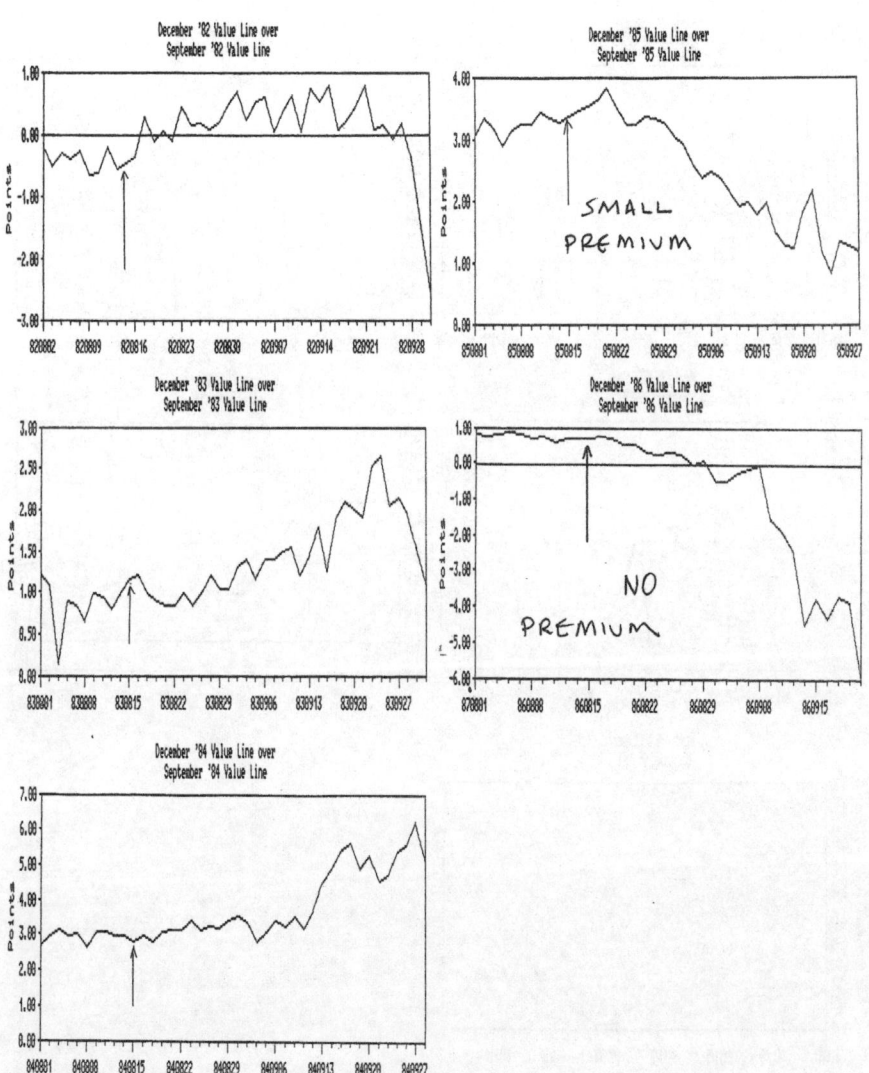

期货交易终极指南

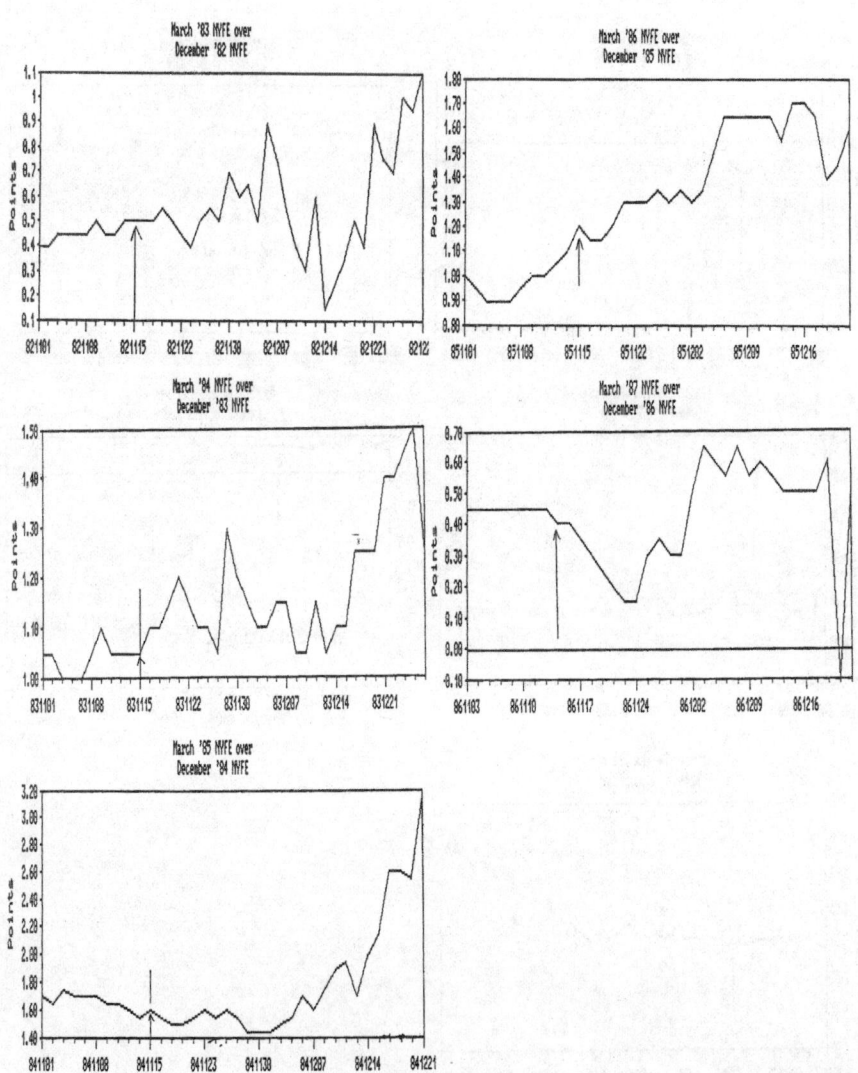

第七章 股指期货——交易者梦想成真

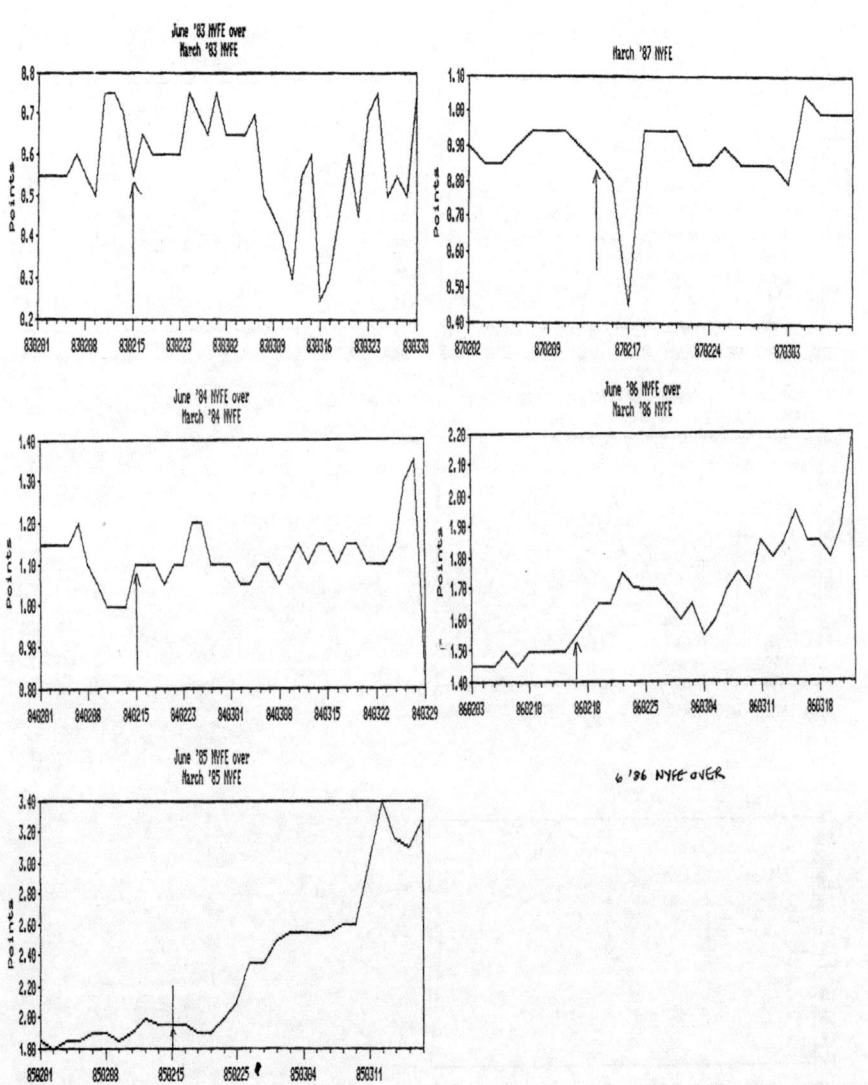

期货交易终极指南

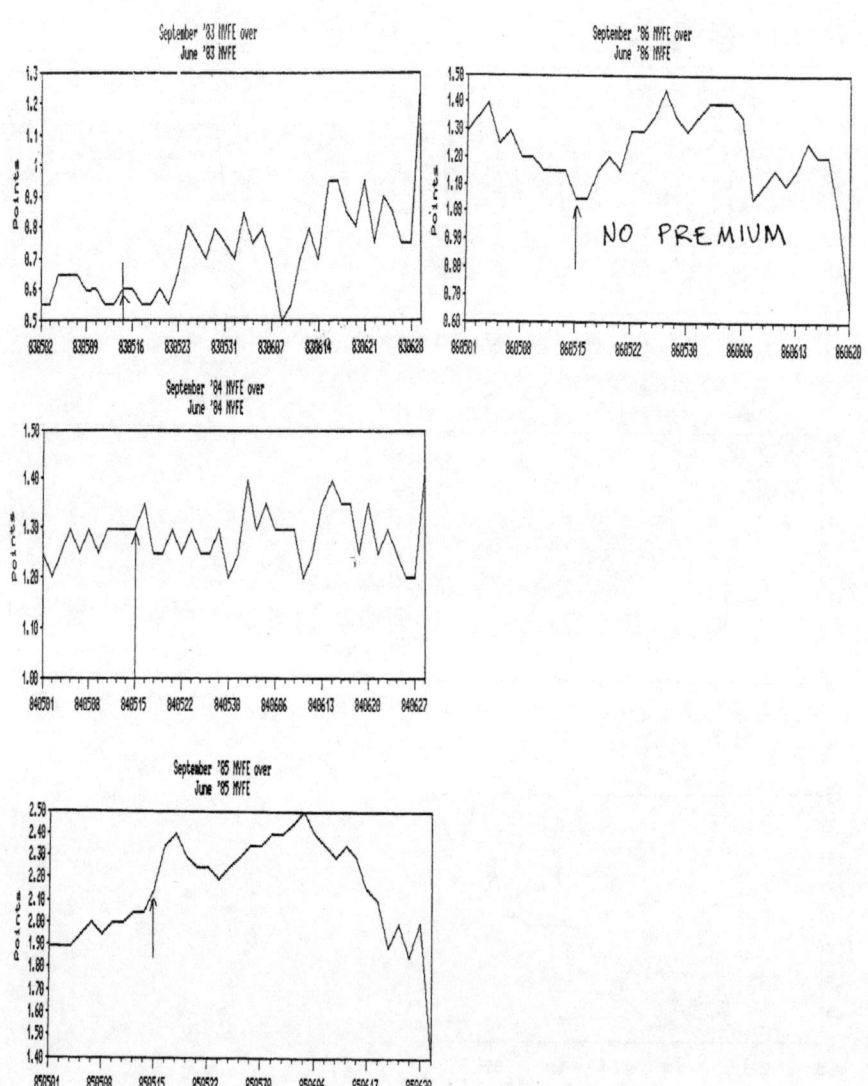

第七章 股指期货——交易者梦想成真

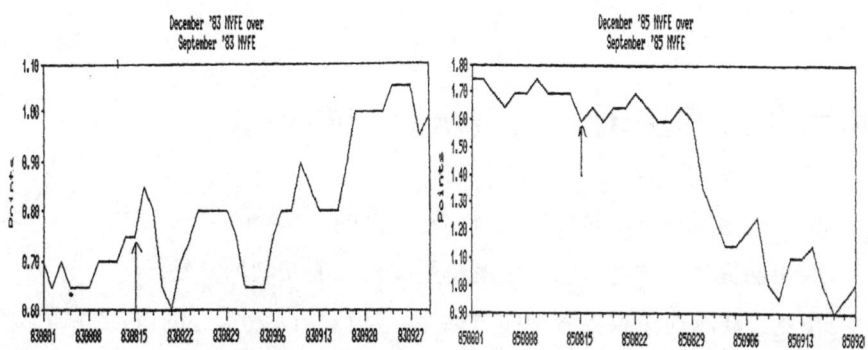

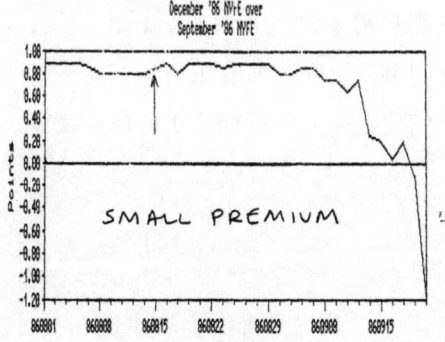

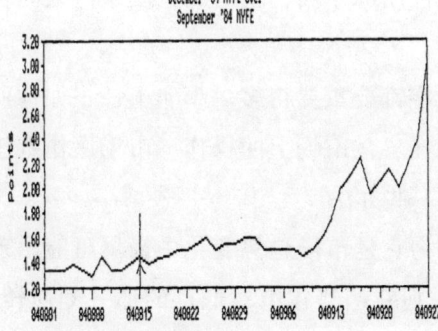

买卖股指期货的奥秘

利用在家的空闲时间娱乐获利两不误

以上标题所写并不是玩笑之言，它是真的。

股指期货是一种在自己家中既享受娱乐又能获利的交易。

毕竟，我跑遍了世界各地的电话亭，从西斯廷教堂旁的电话亭到那些人们从不瞅一眼的最佳钓鱼场所旁的电话亭。

关于股指期货，我要说的是，我们只需要每天在收盘后做出预测，然后和经纪人一起下单。仅此而已。直到第二天收盘才有事可做。

假如你忙于投机，没有什么比我们现在说的股指期货更好的买卖了。

选择股指期货的理由

在我给出具体数字之前，我们先谈论一下我所讲内容的原理。我对变动的指数、趋势、突破、楔子和类似性质的东西，就好比买卖中进入时机的波动性一样令人印象特别深刻。

在我看来，波动性比任何其他数字都要重要得多。事实上，正如你所读的这本书一样，就是今天，就是现在，在市场上的操作。市场操作基于对波动性的估计。现在，我要教给你一些办法。

我之所以认为波动性重要，是因为它是市场趋势变化中最早可能出现的迹象因素。我们用传统的办法无法判断趋势在绝对低点的那一刻逆转。然而，有了波动性，我们可以知道我们很有可能在趋势上做出改变，因为市场的波动性很大程度上得以扩张，而从所有外部迹象看，市场的趋势可能依然是下降的。

那么问题来了。我们如何测定波动率？然后又如何测定波动性扩张呢？

第七章　股指期货——交易者梦想成真

假如我们可以测出波动率，我们就可以知道什么是异常的波动率了。显然，波动上行失常将产生买入信号。相反，波动下行失常将产生卖出信号。在市场上有几种方式可以决定波动率。大多数人会选择的最简单方法是观察每天市场的波动程度。

假如一个市场极具波动性，以道琼斯工业平均指数为例，它可能有25到30个点的波动范围。

这与收盘走向无关。道琼斯指数实际上当天可能收盘走高1至2个点，但是它的浮动范围可能是30到40个点。它在早上走低却在下午走高。我们不是观察当天的净变化。净变化不是与波动范围相当的措施。当我们谈及正在使用的真正高点和低点的范围时，就如同在测定离散指标那一章里所述的。

一个市场的范围或波动率在第一天到第二天的变化可能很大。那么，只用一天的范围和波动可能不是最可靠的方式。

正是这个原因，我想用降低波动的方法来找出最近一段时间平均波动是怎么产生的。买卖股指期货的第一步是决定每天的真正范围。然后我取近5天的一个平均值来决定最后5个交易日每个波动因素将是怎样的情况。

这个操作起来十分简单。把最近5天的真正范围相加再除以5。这样，我们就可以知道在你最后5个交易时段每个波动因素的情况了。这是开始构建商品交易体系的基础。

在一个数字化并机械化的基础上，我们可以定义波动率是什么或者至少可以定义最近交易期平均波动率怎么样。那么下一个问题是，我们如何应对波动率。这里也有各种各样的解决办法。当然，我们的工作表明，解决办法要远远多于我在本书中与你分享的。但是，我所讲的可以对交易标准普尔500指数和价值线指数创造一个非常盈利的交易体系。

接下来，我们需要做的是部分抛售。对于这两个指数，我们将用波动率五天值的85%来操作。

对于标准普尔500指数，一旦我们达到波动率的85%，那么我们将把价格添加到昨天收盘时等待买入信号。

如果我们试图卖出，当然我们将减掉昨天收盘时波动率五天值的

85%。我们通知自己的经纪人在明天以同样的价格卖出。

假设交易价值线指数，我们将简单地选取波动率五天内的85%。添加直到收盘，并于明天以同样的价格买进。从收盘中减掉卖出。如果价格达到两种水平中的一个，我们将在市场上做多或做空。一旦我们进行一个基于这个公式的操作，不论多头还是空头，我们都只能并总是寻找对立信号。一旦我们在市场上做多，那么我们只需要寻找一个卖方信号，而一旦我们做空，我们将只需要寻找一个买方信号。

接下来是一个所有信号的总结。它发生在1987年末标准普尔500指数中的买卖交易体系中。

关注交易体系的结果和它自1982年到1987年11月18日的表现。

如你所见，该交易体系的市场表现十分良好，对标准普尔500指数在一个合约基础上，你的净收入将在1987年11月达到97350美元。

在一个合约基础上，该体系在一年内平均产生了15000到18000美元的利润。在价值线指数交易中，甚至能产生更多的利润。然而，这是一个波动的市场，如果进入，则需要经历重重困难。也许对于某些人来说很难接受，这就取决于你和你的性情了。

下面，我列举了如何操作该体系。它将说明每天的开盘价、最高价、最低价、收盘价、每天真正的波动范围、真正范围的五天平均值和第二天的进入信号。

下面是所有信号的一个列表。基于一次交易的标准普尔500指数合约开始生效。最后，扼要概述所有信号。你可能学习到交易模式及其优势和劣势。当然，它的劣势在于你有损失的风险。而它的优势在于它能够持续为你赚取利润，我猜它将在未来持续产生丰厚的利润。市场保持一个连续的上升阶段而没有任何波动，或者保持一个连续的下降阶段而没有任何波动。我列举了交易对交易的顺序，以便你可能决定什么类型的货币管理体系能起到最好的效果。

第七章 股指期货——交易者梦想成真

Table 1

```
LARRY WILLIAMS 5 DAYS / 85% SYSTEM
STATISTICAL SUMMARY REPORT.........................
03-09-1988      15:52:55
S&P500
PARAM1 = 5    PARAM2 = .85   PARAM3 = 0
PARAM4 = 0    PARAM5 = 0     PARAM6 = 0
START DATE: 820430     END DATE: 871201
SLIPPAGE & COMMISSIONS PER TRADE:    $0.00

TOTAL NUMBER OF CLOSED TRADES                         262
TOTAL NUMBER OF WINNING TRADES                        119
PERCENTAGE OF WINNING TRADES                       45.42%
CUMULATIVE PROFIT AND LOSS                      $97,350.00
OPEN EQUITY                                      $5,350.00
TOTAL SLIPPAGE & COMMISSIONS                         $0.00
AVERAGE TRADE                                      $371.56
MEDIAN TRADE                                      -$200.00
MAXIMUM NUMBER OF CONSECUTIVE LOSSES                    7
MAXIMUM DRAWDOWN*                              -$40,900.00
AVERAGE WINNING TRADE                            $2,437.82
AVERAGE LOSING TRADE                            -$1,347.90
RATIO OF AVERAGE WIN TO AVERAGE LOSS                 1.81
RISK / REWARD                                        1.51
BIGGEST WINNING TRADE                           $51,375.00
BIGGEST LOSING TRADE                           -$24,000.00
NUMBER OF TRADES ON LONG SIDE                         132
PERCENTAGE OF LONG TRADES PROFITABLE                 49 %
PERCENTAGE OF SHORT TRADES PROFITABLE                41 %
AVERAGE WINNING TRADE LENGTH IN MARKET DAYS          9.08
AVERAGE LOSING TRADE LENGTH IN MARKET DAYS           4.06
PERCENTAGE OF MONTHS AT NEW EQUITY HIGH*             48 %
PERCENTAGE OF TRADES AT NEW EQUITY HIGH              19 %
AVERAGE RETURN PER DAY IN THE TEST                 $68.85
AVERAGE RETURN PER MONTH IN THE TEST*            $1,410.87
SHARPE RATIO                                         0.37
PERFORMANCE RATIO                                    0.09
SKEWNESS                                             6.12
KURTOSIS                                            81.86
PESSIMISTIC RETURN RATIO                             1.26
PESSIMISTIC RETURN RATIO*                            1.29
TOTAL MARKET DAYS IN STUDY                           1414
DRAWDOWN TOOK PLACE 871021 TO 871118 COMPRISING 21 MARKET DAY(S).
```

Table 2

DECEMBER '87 STANDARD & POORS

DATE	OPEN	HIGH	LOW	CLOSE	TRUE RANGE	5 DAY AVERAGE TRUE RANGE x .85	BUY POINT	SELL POINT	ACTION
870915	324.40	324.65	319.40	319.80	.	.	.	.	
870916	318.60	322.95	316.20	316.35	6.75	.	.	.	
870917	317.80	318.90	315.15	317.75	3.75	.	.	.	
870918	319.50	319.90	316.70	318.35	3.20	.	.	.	
870921	319.25	321.15	312.35	313.25	8.80	.	.	.	
870922	312.80	324.10	311.50	324.00	12.60	5.97	.	.	
870923	323.50	325.50	322.00	324.90	3.50	5.41	330.00	318.00	
870924	323.50	325.00	321.65	322.40	3.35	5.35	330.35	319.45	
870925	322.60	324.50	320.85	324.35	3.65	5.42	327.75	317.05	
870928	325.70	329.25	324.50	326.40	4.90	4.76	329.80	318.90	
870929	326.20	328.50	322.80	324.70	5.70	3.59	331.20	321.60	
870930	324.50	326.30	322.55	325.85	3.75	3.63	328.30	321.10	
871001	326.50	331.80	326.05	331.70	5.95	4.07	329.50	322.20	Long @ 329.50
871002	331.00	333.00	330.20	331.35	2.80	3.93	335.80	327.60	
871005	331.10	331.80	328.30	330.80	3.50	3.69	335.30	327.40	
871006	329.40	329.70	319.75	319.85	11.05	4.60	334.50	327.10	Short @ 327.10
871007	319.40	322.05	317.70	320.65	4.35	4.70	324.45	315.25	
871008	320.60	321.20	313.70	315.80	7.50	4.96	325.40	315.90	
871009	315.20	317.05	311.60	312.20	5.45	5.41	320.80	310.80	
871012	310.95	313.70	308.40	311.60	5.30	5.72	317.65	306.75	
871013	314.10	317.00	312.25	315.65	5.40	4.76	317.35	305.85	
871014	312.20	313.45	304.80	305.00	10.85	5.86	320.45	310.85	
871015	303.30	307.60	297.95	298.25	9.65	6.23	310.90	299.10	
871016	300.50	301.00	277.00	282.25	24.00	9.38	304.50	292.00	
871019	264.00	269.00	198.00	201.50	84.25	22.81	291.65	272.85	

第七章 股指期货——交易者梦想成真

Table 3

```
LARRY WILLIAMS 5 DAYS / 85% SYSTEM
S&P500
PARAM1 = 5    PARAM2 = .85    PARAM3 = 0
PARAM4 = 0    PARAM5 = 0      PARAM6 = 0
START DATE: 820430    END DATE: 871201
SLIPPAGE & COMMISSIONS PER TRADE:    $0.00
----------------------------------------------
  DATE    POS   ENTRY      P&L     CUMULATIVE
 820506    L    11955       0          0
 820510    S    11970      .15        .15
 820511    L    12035     -.65        -.5
 820513    S    11910    -1.25      -1.75
 820602    L    11175     7.35        5.6
 820603    S    11005     -1.7        3.9
 820611    L    11140    -1.35       2.55
 820614    S    10965    -1.75        .8
 820621    L    10690     2.75       3.55
 820702    S    10805     1.15        4.7
 820802    L    10920    -1.15       3.55
 820803    S    10800     -1.2       2.35
 820813    L    10445     3.55        5.9
 820901    F    11700    12.55      18.45
 820901    L    11730       0       18.45
 820922    S    12410      6.8      25.25
 821001    L    12130      2.8      28.05
 821019    S    13535    14.05       42.1
 821020    L    14075     -5.4       36.7
 821025    S    13460    -6.15      30.55
 821102    L    14020     -5.6      24.95
 821110    S    14285     2.65       27.6
 821130    L    13615      6.7       34.3
 821201    F    13810     1.95      36.25
 821201    L    13890       0       36.25
 821214    S    13850      -.4      35.85
 821217    L    13875     -.25       35.6
 821228    S    14200     3.25      38.85
 830104    L    14140       .6      39.45
```

· 171 ·

Table 3 (Cont'd)

830119	S	14635	4.95	44.4
830127	L	14425	2.1	46.5
830201	S	14510	.85	47.35
830204	L	14750	-2.4	44.95
830222	S	14705	-.45	44.5
830223	L	14855	-1.5	43
830228	S	14860	.05	43.05
830301	L	15180	-3.2	39.85
830301	F	15250	.7	40.55
830301	L	15390	0	40.55
830308	S	15295	-.95	39.6
830321	L	15215	.8	40.4
830325	S	15275	.6	41
830330	L	15440	-1.65	39.35
830331	S	15275	-1.65	37.7
830411	L	15365	-.9	36.8
830419	S	15735	3.7	40.5
830420	L	15970	-2.35	38.15
830425	S	15820	-1.5	36.65
830426	L	15995	-1.75	34.9
830511	S	16535	5.4	40.3
830523	L	16380	1.55	41.85
830531	S	16360	-.2	41.65
830601	F	16295	.65	42.3
830601	S	16395	0	42.3
830613	L	16550	-1.55	40.75
830627	S	16930	3.8	44.55
830629	L	16930	0	44.55
830705	S	16775	-1.55	43
830706	L	16960	-1.85	41.15
830707	S	16790	-1.7	39.45
830720	L	16780	.1	39.55
830727	S	16930	1.5	41.05
830815	L	16515	4.15	45.2
830818	S	16420	-.95	44.25
830831	L	16495	-.75	43.5
830901	F	16475	-.2	43.3
830901	L	16600	0	43.3
830912	S	16715	1.15	44.45

第七章 股指期货——交易者梦想成真

Table 3 (Cont'd)

830916	L	16835	-1.2	43.25
830927	S	17010	1.75	45
831005	L	16950	.6	45.6
831011	S	17245	2.95	48.55
831017	L	17350	-1.05	47.5
831018	S	17080	-2.7	44.8
831102	L	16715	3.65	48.45
831103	S	16515	-2	46.45
831109	L	16500	.15	46.6
831115	S	16650	1.5	48.1
831121	L	16800	-1.5	46.6
831128	S	16700	-1	45.6
831129	L	16810	-1.1	44.5
831130	S	16735	-.75	43.75
831201	F	16745	-.1	43.65
831201	S	16960	0	43.65
831216	L	16580	3.8	47.45
840103	S	16655	.75	48.2
840104	L	16675	-.2	48
840113	S	16845	1.7	49.7
840124	L	16820	.25	49.95
840125	S	16655	-1.65	48.3
840224	L	15755	9	57.3
840228	S	15750	-.05	57.25
840301	F	15870	-1.2	56.05
840301	S	16075	0	56.05
840312	L	15895	1.8	57.85
840319	S	15960	.65	58.5
840328	L	16100	-1.4	57.1
840402	S	15975	-1.25	55.85
840412	L	15815	1.6	57.45
840504	S	16075	2.6	60.05
840530	L	15215	8.6	68.65
840601	F	15330	1.15	69.8
840601	L	15585	0	69.8
840611	S	15645	.6	70.4
840618	L	15420	2.25	72.65
840620	S	15325	-.95	71.7
840620	L	15655	-3.3	68.4

Table 3 (Cont'd)

Date	Type	Price	Change	Value
840626	S	15430	-2.25	66.15
840628	L	15555	-1.25	64.9
840706	S	15315	-2.4	62.5
840709	L	15555	-2.4	60.1
840711	S	15335	-2.2	57.9
840725	L	15035	3	60.9
840822	S	16805	17.7	78.6
840904	F	16565	2.4	81
840904	S	16850	0	81
840906	L	16920	-.7	80.3
840907	S	16835	-.85	79.45
840910	L	16880	-.45	79
840919	S	17040	1.6	80.6
841015	L	16900	1.4	82
841019	S	17035	1.35	83.35
841030	L	16905	1.3	84.65
841107	S	17105	2	86.65
841120	L	16650	4.55	91.2
841126	S	16630	-.2	91
841127	L	16840	-2.1	88.9
841128	S	16640	-2	86.9
841203	F	16415	2.25	89.15
841203	S	16655	0	89.15
841206	L	16665	-.1	89.05
841213	S	16505	-1.6	87.45
841214	L	16655	-1.5	85.95
850102	S	16915	2.6	88.55
850103	L	16955	-.4	88.15
850103	S	16725	-2.3	85.85
850107	L	16785	-.6	85.25
850211	S	18135	13.5	98.75
850213	L	18320	-1.85	96.9
850301	F	18375	.55	97.45
850301	L	18780	0	97.45
850306	S	18485	-2.95	94.5
850312	L	18525	-.4	94.1
850313	S	18310	-2.15	91.95
850319	L	18210	1	92.95
850402	S	18285	.75	93.7
850410	L	18215	.7	94.4

第七章　股指期货——交易者梦想成真

Table 3 (Cont'd)

Date	Type	Price	Change	Value
850416	S	18125	-.9	93.5
850416	L	18385	-2.6	90.9
850429	S	18160	-2.25	88.65
850507	L	18190	-.3	88.35
850528	S	18805	6.15	94.5
850531	L	18960	-1.55	92.95
850603	F	19010	.5	93.45
850603	L	19380	0	93.45
850607	S	19385	.05	93.5
850618	L	19140	2.45	95.95
850708	S	19355	2.15	98.1
850710	L	19420	-.65	97.45
850718	S	19610	1.9	99.35
850801	L	19275	3.35	102.7
850805	S	19030	-2.45	100.25
850820	L	18875	1.55	101.8
850822	S	18845	-.3	101.5
850903	F	18770	.75	102.25
850903	S	18960	0	102.25
850906	L	19065	-1.05	101.2
850910	S	18890	-1.75	99.45
850919	L	18465	4.25	103.7
850924	S	18380	-.85	102.85
851001	L	18440	-.6	102.25
851002	S	18465	.25	102.5
851009	L	18460	.05	102.55
851031	S	18875	4.15	106.7
851101	L	19055	-1.8	104.9
851129	S	20210	11.55	116.45
851202	F	20075	1.35	117.8
851202	S	20300	0	117.8
851204	L	20555	-2.55	115.25
851223	S	21140	5.85	121.1
851227	L	21190	-.5	120.6
860102	S	21065	-1.25	119.35
860103	L	21330	-2.65	116.7
860108	S	21405	.75	117.45
860124	L	20710	6.95	124.4
860204	S	21225	5.15	129.55

Table 3 (Cont'd)

860218	L	22285	-10.6	118.95
860219	S	22070	-2.15	116.8
860220	L	22370	-3	113.8
860225	S	22290	-.8	113
860227	L	22715	-4.25	108.75
860307	F	22590	-1.25	107.5
860307	L	22860	0	107.5
860321	S	23720	8.6	116.1
860326	L	24085	-3.65	112.45
860401	S	23865	-2.2	110.25
860408	L	23335	5.3	115.55
860422	S	24320	9.85	125.4
860520	L	23505	8.15	133.55
860602	S	24475	9.7	143.25
860606	F	24560	-.85	142.4
860606	S	24765	0	142.4
860613	L	24600	1.65	144.05
860617	S	24610	.1	144.15
860624	L	24840	-2.3	141.85
860703	S	25255	4.15	146
860718	L	23920	13.35	159.35
860728	S	23865	-.55	158.8
860730	L	23795	.7	159.5
860822	F	25060	12.65	172.15
860822	L	25210	0	172.15
860825	S	24980	-2.3	169.85
860826	L	25335	-3.55	166.3
860902	S	25180	-1.55	164.75
860904	L	25555	-3.75	161
860905	S	25235	-3.2	157.8
860922	L	23425	18.1	175.9
860925	S	23270	-1.55	174.35
860930	L	23340	-.7	173.65
861003	S	23085	-2.55	171.1
861015	L	23775	-6.9	164.2
861020	S	23500	-2.75	161.45
861023	L	23750	-2.5	158.95
861106	S	24500	7.5	166.45
861114	L	24395	1.05	167.5

第七章 股指期货——交易者梦想成真

Table 3 (Cont'd)

861118	S	24045	-3.5	164
861120	L	24215	-1.7	162.3
861201	S	24590	3.75	166.05
861201	F	25105	-5.15	160.9
861201	S	25160	0	160.9
861202	L	25440	-2.8	158.1
861205	S	25185	-2.55	155.55
861210	L	25375	-1.9	153.65
861211	S	24905	-4.7	148.95
870102	L	24420	4.85	153.8
870123	S	27190	27.7	181.5
870202	L	27790	-6	175.5
870210	S	27590	-2	173.5
870213	L	28015	-4.25	169.25
870223	S	28155	1.4	170.65
870225	L	28620	-4.65	166
870302	F	28360	-2.6	163.4
870302	L	28520	0	163.4
870309	S	29025	5.05	168.45
870310	L	29310	-2.85	165.6
870316	S	28815	-4.95	160.65
870317	L	29250	-4.35	156.3
870318	S	29210	-.4	155.9
870320	L	29935	-7.25	148.65
870327	S	30055	1.2	149.85
870403	L	29860	1.95	151.8
870407	S	29965	1.05	152.85
870415	L	28655	13.1	165.95
870422	S	28850	1.95	167.9
870505	L	29625	-7.75	160.15
870511	S	29065	-5.6	154.55
870526	L	28645	4.2	158.75
870601	F	29100	4.55	163.3
870601	L	29300	0	163.3
870623	S	31010	17.1	180.4
870625	L	31235	-2.25	178.15
870630	S	30715	-5.2	172.95
870702	L	30790	-.75	172.2
870713	S	30635	-1.55	170.65

Table 3 (Cont'd)

```
870714  L   31250   -6.15    164.5
870720  S   31210    -.4     164.1
870729  L   31525   -3.15    160.95
870804  S   31595     .7     161.65
870805  L   32080   -4.85    156.8
870818  S   33210   11.3     168.1
870820  L   33560   -3.5     164.6
870827  S   33245   -3.15    161.45
870831  L   33125    1.2     162.65
870901  S   32705   -4.2     158.45
870901  F   32335    3.7     162.15
870901  S   32600    0       162.15
870911  L   32525     .75    162.9
870915  S   32050   -4.75    158.15
870922  L   31800    2.5     160.65
871006  S   32710    9.1     169.75
871020  L   22435  102.75    272.5
871022  S   20200  -22.35    250.15
871112  L   25000  -48       202.15
871117  S   24255   -7.45    194.7
```

我已经在本书中列举了几种资金管理方法，你可以尝试采用其中一种或者你自己的方法，再加上这里提到的技术趋势体系。在闭市时我可以这样说，如果你喜欢交易的投机艺术，我希望你能将大部分时间和精力放在美国长期国债、标准普尔500指数或价值线指数上。

这些才是一个交易者的梦，一种对交易者祈祷的回应。当我们拥有像股指期货和债券这样的交易工具时，对于平常人来说，几乎没有什么理由再去大豆、白银或其他什么地方打发时间了。如果你认真做投机交易，想真正成为这个游戏的赢家，我建议你严肃对待并时刻关注这些市场。

如何有效使用期现升水

这里有很多种方法供你参考，可以将期现升水数据转换成你的优势。现在我来与你共同分享其中一个。

下面的电脑打印数据显示，如果当天在开盘价卖出标准普尔500指数500指数，如果当天开盘价高出200点，或者比前一天的标准普尔500指

第七章 股指期货——交易者梦想成真

数综合指数高很多，结果将会怎样。

换言之，如果开盘时近期期货合约比标准普尔 500 指数高出 200 点，你将在同一天自动平仓，并在收盘后离场。在这里，我们有一个日内交易技术，但是我提出这一方法只是为了说明价差关系是极其重要的。如果你自标准普尔 500 指数开始交易时（到 1987 年 10 月前一直是处于连续的牛市中）做完，55%的交易将会成功，并且你将获得 8675 美元的净收入！

下一组电脑打印数据显示，如果在以比标准普尔 500 指数高出 200 点收盘或者出现更多升水的任何时间售出近期期货合约，并在收盘当天抛出的话，将会出现什么情况。在这种情况下，58%的交易将会是成功的，并且能够获得净收入 12300 美元。很显然，对于这个溢价关系有些奥秘；当升水等于 200 点或更高时，你直接抛售的可能性最大。

正如我们从下一组打印数据中显示的，如果我们采用实际上在交易中使用的日内交易公式将会是什么情况一样，这个同样适用。在这里我们将这个公式认定为 RLOS。在这种情况下，当且仅当昨天晚上收盘价在标准普尔 500 指数 500 期货指数低于现货价格时，我们用电脑仅仅接受 RLOS 买入信号。换言之，如果市场上有贴水，即期货低于现货，我们将仅仅使用买入信号。

在这段时间内，这种特殊的日内交易体系的准确率约达到 55%，当我们要求市场上必须有贴水时，正如你在电脑打印数据中所显示的，其准确率将上升至 71%。更令人震惊的是，在该体系中没有此条件和有此条件的平均获利分别是 250 美元和 524 美元。14 次交易中有 10 次交易将会成功，而且不会连续出现亏损交易两次或以上。最大盈利交易额达 2155 美元，而最大亏损交易额为 800 美元。

从以上交易中应该领会的本质是，当市场出现连续升水 200 点或更多时，你最好谨慎并坚定采用卖出信号。然而，当出现贴水时，则采用买入信号。

```
SELL OPEN ONLY IF 200 OR MORE POINTS PREMIUM @ OPEN & EXIT MOC
END SUMMARY REPORT.................................
SPCONT$.PRN
PARAM1 = 1    PARAM2 = 1
FROM  850102  TO  870129
$0 SLIPPAGE AND COMMISSIONS PER TRADE

TOTAL NUMBER OF CLOSED TRADES                    134
TOTAL NUMBER OF WINNING TRADES                    74
PERCENTAGE OF WINNING TRADES                     55 %
CUMULATIVE CLOSED PROFIT AND LOSS           $8,675.00
OPEN EQUITY                                     $0.00
AVERAGE CLOSED TRADE                           $64.74
MAXIMUM NUMBER OF CONSECUTIVE LOSSES               6
MAXIMUM DRAWDOWN                           -$6,300.00
AVERAGE WINNING TRADE                         $689.53
AVERAGE LOSING TRADE                         -$705.83
RATIO OF AVERAGE WIN TO AVERAGE LOSS            0.98
RISK / REWARD                                   1.20
MONEY MANAGEMENT                              18.06 %
BIGGEST WINNING TRADE                       $4,000.00
BIGGEST LOSING TRADE                       -$2,550.00
NUMBER OF CLOSED TRADES ON LONG SIDE               0
PERCENTAGE OF SHORT TRADES PROFITABLE            55 %
AVERAGE WINNING TRADE LENGTH IN MARKET DAYS        1
AVERAGE LOSING TRADE LENGTH IN MARKET DAYS         1
TOTAL SLIPPAGE AND COMMISSIONS                  $0.00
PROM FOR CLOSED TRADES                          0.94
PROM FOR CLOSED AND OPEN TRADES                 0.94
TOTAL MARKET DAYS IN STUDY                       526
PERCENTAGE OF TIME IN THE MARKET                  0%


SELL OPEN ONLY IF 200 OR MORE POINTS PREMIUM LAST NITE & EXIT MOC
END SUMMARY REPORT.................................
SPCONT$.PRN
PARAM1 = 1    PARAM2 = 1
FROM  850102  TO  870129
$0 SLIPPAGE AND COMMISSIONS PER TRADE

TOTAL NUMBER OF CLOSED TRADES                    116
TOTAL NUMBER OF WINNING TRADES                    67
PERCENTAGE OF WINNING TRADES                     58 %
CUMULATIVE CLOSED PROFIT AND LOSS          $12,300.00
OPEN EQUITY                                     $0.00
AVERAGE CLOSED TRADE                          $106.03
MAXIMUM NUMBER OF CONSECUTIVE LOSSES               4
MAXIMUM DRAWDOWN                           -$4,875.00
AVERAGE WINNING TRADE                         $684.70
AVERAGE LOSING TRADE                         -$685.20
RATIO OF AVERAGE WIN TO AVERAGE LOSS            1.00
RISK / REWARD                                   1.37
MONEY MANAGEMENT                              26.84 %
BIGGEST WINNING TRADE                       $4,000.00
BIGGEST LOSING TRADE                       -$2,550.00
NUMBER OF CLOSED TRADES ON LONG SIDE               0
PERCENTAGE OF SHORT TRADES PROFITABLE            57 %
AVERAGE WINNING TRADE LENGTH IN MARKET DAYS        1
AVERAGE LOSING TRADE LENGTH IN MARKET DAYS         1
TOTAL SLIPPAGE AND COMMISSIONS                  $0.00
PROM FOR CLOSED TRADES                          1.05
PROM FOR CLOSED AND OPEN TRADES                 1.05
TOTAL MARKET DAYS IN STUDY                       526
PERCENTAGE OF TIME IN THE MARKET                  0%
```

第七章 股指期货——交易者梦想成真

```
RLOS - ONLY TAKE LONGS & ONLY IF LAST NITES CLOSE <= CASH
NO STOPS,              HOLD OVERNITE
END SUMMARY REPORT.................................
SPCONT$.PRN
FROM  850102  TO  870129
PARAM1 = 1    PARAM2 = .82
$0 SLIPPAGE AND COMMISSIONS PER TRADE

TOTAL NUMBER OF CLOSED TRADES                      14
TOTAL NUMBER OF WINNING TRADES                     10
PERCENTAGE OF WINNING TRADES                       71 %
CUMULATIVE CLOSED PROFIT AND LOSS          $7,345.00
OPEN EQUITY                                    $0.00
AVERAGE CLOSED TRADE                          $524.64
MAXIMUM NUMBER OF CONSECUTIVE LOSSES                1
MAXIMUM DRAWDOWN                             -$799.50
AVERAGE WINNING TRADE                         $912.70
AVERAGE LOSING TRADE                         -$447.13
RATIO OF AVERAGE WIN TO AVERAGE LOSS             2.04
RISK / REWARD                                    5.10
MONEY MANAGEMENT                               65.83 %
BIGGEST WINNING TRADE                       $2,155.50
BIGGEST LOSING TRADE                         -$800.51
NUMBER OF CLOSED TRADES ON LONG SIDE               14
PERCENTAGE OF LONG TRADES PROFITABLE             71 %
AVERAGE WINNING TRADE LENGTH IN MARKET DAYS         2
AVERAGE LOSING TRADE LENGTH IN MARKET DAYS          2
TOTAL SLIPPAGE AND COMMISSIONS                 $0.00
PROM FOR CLOSED TRADES                           2.33
PROM FOR CLOSED AND OPEN TRADES                  2.33
TOTAL MARKET DAYS IN STUDY                        526
PERCENTAGE OF TIME IN THE MARKET                   2%


RLOS - ONLY TAKE LONGS BUT DISREGARD WETHER LAST NITES CLOSE <= CASH
NO STOPS.              HOLD OVERNITE
END SUMMARY REPORT.................................
SPCONT$.PRN
FROM  850102  TO  870129
PARAM1 = 1    PARAM2 = .82
$0 SLIPPAGE AND COMMISSIONS PER TRADE

TOTAL NUMBER OF CLOSED TRADES                      89
TOTAL NUMBER OF WINNING TRADES                     53
PERCENTAGE OF WINNING TRADES                       60 %
CUMULATIVE CLOSED PROFIT AND LOSS         $23,095.00
OPEN EQUITY                                    $0.00
AVERAGE CLOSED TRADE                          $259.49
MAXIMUM NUMBER OF CONSECUTIVE LOSSES                4
MAXIMUM DRAWDOWN                           -$3,200.50
AVERAGE WINNING TRADE                         $727.27
AVERAGE LOSING TRADE                         -$429.68
RATIO OF AVERAGE WIN TO AVERAGE LOSS             1.69
RISK / REWARD                                    2.49
MONEY MANAGEMENT                               43.32 %
BIGGEST WINNING TRADE                       $2,579.01
BIGGEST LOSING TRADE                       -$1,689.00
NUMBER OF CLOSED TRADES ON LONG SIDE               89
PERCENTAGE OF LONG TRADES PROFITABLE             59 %
AVERAGE WINNING TRADE LENGTH IN MARKET DAYS         2
AVERAGE LOSING TRADE LENGTH IN MARKET DAYS          2
TOTAL SLIPPAGE AND COMMISSIONS                 $0.00
PROM FOR CLOSED TRADES                           1.84
PROM FOR CLOSED AND OPEN TRADES                  1.84
TOTAL MARKET DAYS IN STUDY                        526
PERCENTAGE OF TIME IN THE MARKET                  16%
```

第八章　盈利模式

由于几百年前股票和商品最先开始交易，交易者和投资者观察图表，以便能找出一些可以预测市场中未来价格走势的模式。

如果你足够幸运找到一些很古老的股票和商品市场类书籍，你将明白大多数早期的研究几乎都是专门属于某些特定模式的。

过去的专家一直在寻找广泛的普遍模式，比如双顶、双底、头肩顶，以及更为复杂的楔型、旗型和三角旗型。

随着电脑的出现，我们能够判定这些模式是否起作用。

在通读这一章之前，与其认识大量的市场交易专家，不如掌握价格模式的相关知识。

我之所以这么说，是因为本章里的数据是革命性的。它将打破一些传统上认为会获利的模式，同时透漏给你实际能获利的模式。

多年的市场传说已经形成了 4 到 5 个可靠性极强的交易模式。我将关注这些模式中的第一个——关键反转日，并说明像作者、咨询师和中介让你相信的那样认为一种模式的重要性。

这些价格的重要性在于，我们不用认为第二天我们将要做什么，因为其中一个模式发生了。如果本章中讨论的模式发生了，我们可以参考本章内容，得出市场波动向我们有利方向的可能性。用冰冷生硬的统计数字，我们将知道可以预料什么，正如反对拥有市场智慧的民传说会发生一样。

许多基于价格模式的交易体系已经在市场上有售，在本章中，我们将读到其中一些。同时，我们将看到这些模式大部分几乎和其出售者使你相信的那样有效。另外，如果将来你有可能购买一个体系，你将可以观察这些价格模式，进而证明该体系的创始者究竟是否帮了你大忙。

我估计，在本书所有章节中，本章对交易者将是最有用的。你能看到每天收盘结束时的位置，然后根据本章作为价格模式的参考书目，来观察明天你的期待将会是怎样的。我已经编写了最有意义的市场模式，并打破那些将在每天每个单一市场上发生的模式。不论任何市场任何时间有什么动静，你都可以求助于本章知识，并可以说，"啊，对啊，明天收盘时有走高可能性"或"明天收盘时有走低的可能性"。大多数问题的答案就在

第八章 盈利模式

本章。

首先,让我们准确讨论一下什么是价格模式。我给价格模式的定义将是具体且绝对的。过去许多人都谈论过价格模式。这个术语太普遍,以至于它们可以判断他们要找的任何行为,因为他们给出的定义太泛泛。它们适用于市场条件以支撑他们的论点。模式的定义太泛泛,以至于他们可以找到一种方法为推测不准的托词,说它没有准确地适用于所有的准则。

在此,我们的目的是,我们将观察开盘价、最高价、最低价和收盘价之间的关系和就最高价、最低价和收盘价、开盘价而言的第一天与第二天的关系。这都是由电脑的赤裸裸的现实所定义、完善和测定的。

关键反转的一个逆转

我要讲的第一个价格模式是一个简单的传奇。它包括一个价格反转日。我们将采用交易者使用了五六十年的定义。我们将反转日界定为其低点低于前一天低点而其收盘价高于前一天收盘价的任何一天。这就表明了一个逆转,因为市场下滑到当天的新低点然后回升,伴随买入压力,收盘价高于前一天。这就是一个简单的关键反转。依靠你所谈的交易对象,这从表面现象看是好的或者是令人惊奇的买点。

另外,记录也表明了这一点。

下面图表显示标准普尔500指数、堪萨斯价值线指数、白银、30年美国长期国债、猪腩、大豆和瑞士法郎的关键反转日的走势。研究涵盖了从1982年到1987年五年当中的月份。唯一例外的是股票指数和白银,股票指数于1982年开始交易,在此,我们用1981年作为白银分析的起点,因为1980年是一个极其特殊的年份。

Buying a Key Reversal bottom where the key reversal day is the lowest low of the ast 8 days.

		S&P	VAL	BNDS	SLVR	S BNS	P BEL	S FRANC
D	1	63.08	41.54	40.38	43.75	46.27	47.89	33.33
A	2	64.62	53.85	50.00	52.08	46.27	55.71	35.56
Y	3	60.00	47.69	53.85	58.33	53.73	54.29	46.67
S	4	61.54	55.38	65.38	62.50	55.22	58.57	40.00
A	5	52.31	50.77	65.38	45.83	46.27	57.14	35.56
F	6	55.38	53.85	67.31	50.00	40.30	52.86	40.00
T	7	50.77	50.77	65.38	52.08	44.78	52.86	40.00
E	8	61.54	53.85	65.38	52.08	43.28	50.00	37.78
R	9	60.00	53.85	65.38	47.92	38.81	50.00	42.22
O	10	58.46	52.31	63.46	52.08	36.36	51.43	46.67
C	11	58.46	50.77	65.38	54.17	31.82	50.72	44.44
C	12	60.00	56.25	61.54	47.92	31.82	47.83	51.11
U	13	66.15	59.38	65.38	45.83	32.31	46.38	42.22
R	14	67.69	59.38	67.31	45.83	36.92	47.83	44.44
R	15	70.77	62.50	65.38	47.92	27.69	44.93	46.67
E	16	63.08	57.81	69.23	50.00	27.69	46.38	42.22
N	17	61.54	59.38	63.46	45.83	24.62	43.48	43.18
C	18	63.08	59.38	65.38	47.92	29.23	42.03	38.64
E	19	61.54	59.38	63.46	50.00	26.15	44.12	38.64
	20	60.00	57.81	67.31	45.83	32.31	47.06	34.09
	21	63.08	57.81	63.46	43.75	33.85	50.00	34.09

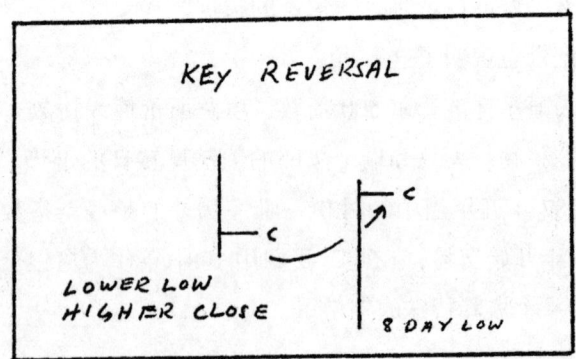

第八章 盈利模式

在你阅读此书时,你将看到价格在反转发生后高于其他日期的时间百分比。

为了确保我们没有得到任何日期的第一组数据,我们保证关键反转日的低点是最近 8 个交易日的最低点。这就告诉我们市场实际上卖空了。所以我们应该期待反弹。

数字对于标准普尔 500 指数来说极具说服力。注意在反转日发生的那一天,我们要高出第二天的 63.01%。两天后我们高出该时期的 64.62%。五天后高出该时期的 52.31%。如果我们在标准普尔 500 指数关键反转日发生后连续 15 天走高,我们在此时高出 70.70%。这样看起来我们得到了些什么。这似乎很有意思。现在让我们把注意力转向价值线指数同时观察十五天后的趋势。对了,我们再一次得到了一个好数字,十五天后我们高出了 62.50%。

这样一来,我们似乎有了一个交易策略。等待关键反转日买进,然后在十五天后卖出,因为我们知道该时期 60% 以上的价格将在十五天后走高。这表明也许将反转日作为买入信号会有一些价值。

不幸的是,这并不容易。如果你将注意力转移到白银上,那么你将看到十五天后我们仅仅高出了 47%。如果你观察一下 30 年美国长期国债,它将高出 65.1%,猪腩高出 53%,大豆高出 44%,瑞士法郎高出 46%。

我们已经清楚地阐释了使用每个市场的五年数据,这种模式似乎仅仅对标准普尔 500 指数和价值线指数有意义,这两个市场在该研究期间强劲走高。

这清楚地说明了在其他市场交易中不起作用,尤其是货币。

下次中介或是投资顾问告诉你,你必须进入市场因为有关键反转,正如我们目前定义的那样,其他剩余部分他不知道在讲什么,而你可以用这些图表证明给他看。我们做了艰苦的研究证明这种模式对未来市场是否有预测性。当然答案是否定的。注意,不仅它在十五天后无效而且甚至一天似乎都不起作用!价值线指数在该模式后的一天,仅高出 41%,白银高出 43%,国债高出 40%,猪腩高出 47%,大豆高出 48%,瑞士法郎仅高出33%。

  似乎在任何时间都有逆转，我们有走高的可能性，第二天将下降，而不是上升！请注意，我们在这里不仅用了一个简单的市场模式，而且我们也进入了确保市场卖空的泥沼之中。它连续八个交易日走低。基于此，我们有很高的概率判断市场该反弹，仅仅因为价格走低。

  我们由此得出的结论是，如果我们拥有这样的低价，一个关键反转日发生了，就像这里说明的，绝对没有任何迹象可相信，除了标准普尔500指数和价值线指数，你将看到下一个十五天后高出的价格。总之，这种基本模式对于交易者来说不具有获利的因素。

  我认为，想要说明一种模式在统计数据上有说服力，它必须像有效交易白银、大豆、黄金和鹰嘴豆一样。这种简单的反转在标准普尔500指数和价值线指数中起作用似乎被驳斥了，因为这些毕竟是最大的公共市场，同时也是股票市场的代表。有人将告诉你，它的确有一些可信度。

  然而，我倾向于认为，如果一种模式不是适用于所有的市场，那么事实是，它在某一个市场上有效只是一种随机偶然的行为。相应地，在我个人交易时，我采取行动唯一感兴趣的是那些一般在所有市场有相同预见意义的模式。然后我知道我正在做一些有价值的事情，一些关于预测问题核心的事情。

  我也向你呈现当这种模式发生在四天走低时的情况。你可以看到逆转时卖出，在收盘前用更高的高点和更低的收盘价。

  技术分析师宣称这个模式如何到达市场顶部。利用四天、八天或者十六天高开结果在此显示。这样起作用吗？不，通常不会。

第八章　盈利模式

Buying a Key Reversal bottom where the key reversal day is the lowest low of the last **4** days.

		S&P	VAL	BNDS	SLVR	S BNS	P BEL	S FRANC
T	1	58.59	45.92	43.48	43.24	43.00	50.00	37.70
D	2	58.59	51.02	50.00	48.65	41.00	57.14	37.70
A	3	55.56	48.98	52.17	50.00	48.00	51.43	47.54
Y	4	55.56	54.08	61.96	54.05	51.00	53.33	44.26
S	5	48.48	52.04	61.96	44.59	45.00	54.29	44.26
A	6	53.54	53.06	60.87	45.95	41.00	51.43	45.90
F	7	49.49	51.02	64.13	48.65	45.00	49.52	47.54
T	8	55.56	53.06	63.04	45.95	40.00	44.76	47.54
E	9	58.59	54.08	65.22	41.89	38.00	47.62	50.82
R	10	56.57	54.08	65.22	43.24	33.33	49.52	54.10
O	11	56.57	56.12	64.13	44.59	31.31	49.04	52.46
C	12	55.56	57.73	61.96	43.24	33.33	46.15	55.74
C	13	60.61	58.76	62.64	39.19	32.65	47.12	49.18
U	14	62.63	56.70	62.64	41.89	34.69	48.08	50.82
R	15	64.65	59.79	67.03	44.59	29.59	47.12	47.54
R	16	59.60	56.70	67.03	47.30	29.90	49.04	45.90
E	17	59.60	58.76	67.78	43.24	29.90	47.12	46.67
N	18	60.61	58.76	66.67	45.21	31.96	45.19	43.33
C	19	60.61	58.76	64.44	47.95	28.87	46.60	46.67
E	20	57.58	57.73	66.67	46.58	31.96	50.49	40.00
	21	61.62	57.73	62.22	45.21	32.99	53.40	36.67

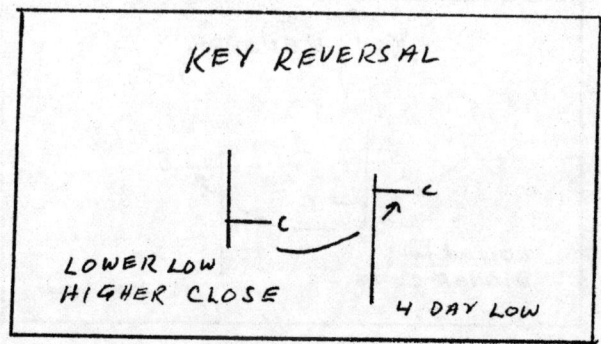

Buying a Key Reversal bottom where the key reversal day
is the lowest low of the last 16 days.

		S&P	VAL	BNDS	SLVR	S BNS	P BEL	S FRANC
D	1	62.50	39.02	36.67	35.71	45.45	51.92	30.30
A	2	64.58	46.34	43.33	50.00	45.45	60.78	33.33
Y	3	60.42	43.90	46.67	64.29	52.73	54.90	39.39
S	4	62.50	48.78	50.00	60.71	56.36	58.82	36.36
	5	52.08	43.90	53.33	46.43	45.45	56.86	27.27
A	6	54.17	51.22	63.33	42.86	41.82	58.82	36.36
F	7	50.00	41.46	63.33	46.43	47.27	54.90	36.36
T	8	60.42	48.78	63.33	46.43	43.64	49.02	33.33
E	9	60.42	51.22	63.33	42.86	41.82	49.02	39.39
R	10	58.33	48.78	56.67	50.00	38.89	54.90	42.42
O	11	56.25	43.90	56.67	50.00	37.04	54.00	42.42
C	12	60.42	48.78	53.33	42.86	38.89	52.00	45.45
C	13	66.67	51.22	60.00	39.29	35.85	50.00	30.30
U	14	70.83	53.66	60.00	39.29	41.51	48.00	33.33
R	15	75.00	53.66	60.00	39.29	30.19	44.00	36.36
R	16	70.83	53.66	66.67	42.86	30.19	48.00	33.33
E	17	64.58	56.10	60.00	42.86	30.19	44.00	33.33
N	18	68.75	56.10	63.33	42.86	35.85	42.00	33.33
C	19	66.67	56.10	60.00	50.00	32.08	44.00	30.30
E	20	64.58	53.66	66.67	46.43	35.85	46.00	27.27
	21	68.75	53.66	60.00	42.86	37.74	50.00	30.30

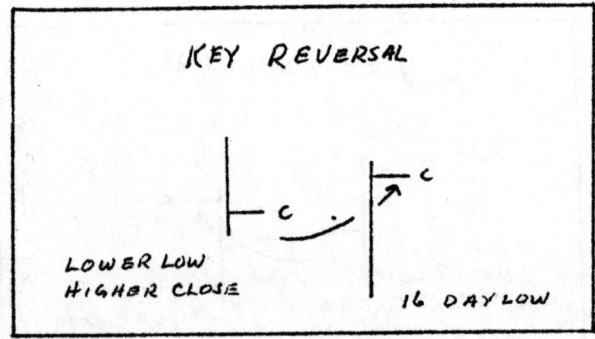

第八章 盈利模式

```
Selling a Key Reversal top where the key reversal day
is the highest high of the last 8 days.
```

		S&P	VAL	BNDS	SLVR	S BNS	P BEL	S FRANC
D	1	35.23	43.18	42.11	29.73	51.79	55.84	46.67
A	2	51.14	39.77	44.74	43.24	53.57	54.55	50.00
Y	3	44.32	36.36	47.37	54.05	55.36	55.84	50.00
S	4	42.05	36.36	48.68	54.05	58.18	58.44	46.67
A	5	42.05	37.50	47.37	54.05	56.36	63.64	50.00
F	6	44.32	44.32	44.74	56.76	54.55	58.44	53.33
T	7	37.50	42.05	46.05	51.35	54.55	51.95	56.67
E	8	37.50	39.77	43.42	51.35	50.91	51.95	53.33
R	9	34.09	37.50	43.42	48.65	56.36	57.14	46.67
	10	31.82	42.05	43.42	48.65	58.18	53.25	46.67
O	11	36.36	42.05	40.79	51.35	56.36	51.95	43.33
C	12	36.36	42.05	44.74	54.05	56.36	50.65	43.33
C	13	36.36	38.64	39.47	59.46	50.91	55.84	46.67
U	14	29.55	36.36	39.47	64.86	65.45	54.55	50.00
R	15	35.63	38.64	40.79	64.86	61.82	58.44	46.67
R	16	36.78	36.36	39.47	64.86	56.36	55.84	46.67
E	17	34.48	34.09	38.16	62.16	61.82	53.25	43.33
N	18	33.33	34.09	38.16	75.68	60.00	51.95	46.67
C	19	35.63	37.50	38.16	72.97	58.18	55.84	40.00
E	20	36.78	41.38	34.21	70.27	58.18	55.84	36.67
	21	35.63	40.23	38.16	70.27	67.27	53.25	33.33

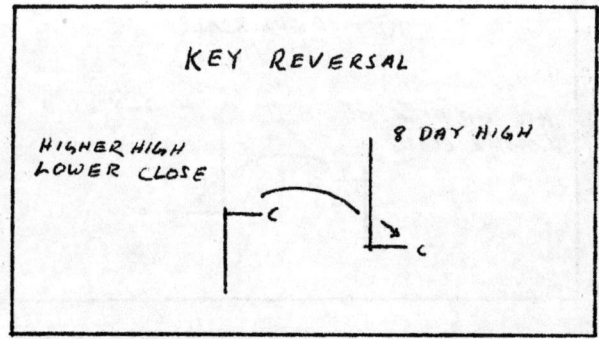

Selling a Key Reversal top where the key reversal day
is the highest high of the last 4 days.

		S&P	VAL	BNDS	SLVR	S BNS	P BEL	S FRANC
D	1	35.48	43.55	44.34	36.49	49.48	53.64	46.00
A	2	50.81	42.74	40.57	48.65	45.36	51.82	50.00
Y	3	45.16	43.55	43.40	63.51	49.48	54.55	52.00
S	4	43.55	45.16	46.23	60.81	59.38	53.64	48.00
	5	45.16	41.94	45.28	58.11	57.29	59.09	48.00
A	6	44.35	45.16	44.34	56.76	54.17	55.45	52.00
F	7	37.10	41.13	45.28	56.76	57.29	51.82	50.00
T	8	40.32	41.94	43.40	62.16	53.13	52.73	48.00
E	9	36.29	39.52	41.51	55.41	56.25	54.55	44.00
R	10	34.68	41.94	41.51	58.11	55.21	51.82	46.00
	11	39.52	41.94	39.62	52.70	57.29	50.91	46.00
O	12	36.29	41.94	42.45	52.70	56.25	50.91	44.00
C	13	35.48	39.52	39.62	56.76	52.08	53.64	48.00
C	14	32.26	39.52	42.45	60.81	60.42	52.73	48.00
U	15	37.40	39.52	43.40	59.46	57.29	56.36	46.00
R	16	38.21	37.10	41.51	62.16	56.25	53.64	48.00
R	17	35.77	35.48	38.68	59.46	60.42	52.29	48.00
E	18	34.15	33.87	40.57	67.57	58.33	50.46	52.00
N	19	34.96	38.71	39.62	63.51	58.33	53.21	48.00
C	20	37.40	40.65	37.74	62.16	60.42	53.21	42.00
E	21	35.77	39.84	38.68	60.81	63.54	50.46	40.00

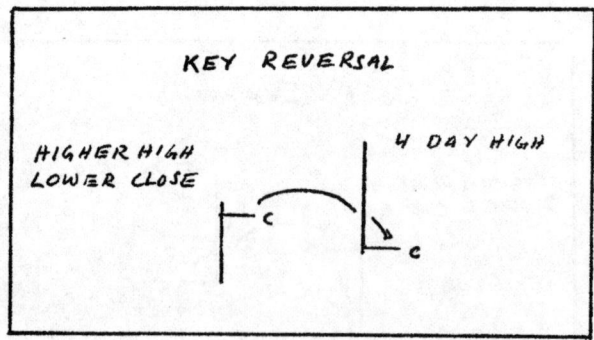

第八章 盈利模式

Selling a Key Reversal top where the key reversal day is the highest high of the last 16 days.

		S&P	VAL	BNDS	SLVR	S BNS	P BEL	S FRANC
D	1	32.81	47.06	35.19	34.62	48.72	53.06	42.86
A	2	51.56	42.65	46.30	46.15	48.72	51.02	52.38
Y	3	42.19	36.76	48.15	61.54	46.15	53.06	47.62
S	4	39.06	39.71	50.00	57.69	53.85	59.18	57.14
	5	40.63	38.24	46.30	57.69	48.72	59.18	61.90
A	6	45.31	47.06	46.30	65.38	46.15	59.18	61.90
F	7	39.06	42.65	48.15	53.85	46.15	48.98	66.67
T	8	37.50	38.24	46.30	53.85	46.15	53.06	57.14
E	9	34.38	36.76	46.30	53.85	48.72	55.10	47.62
R	10	31.25	42.65	46.30	50.00	56.41	53.06	47.62
O	11	32.81	39.71	40.74	53.85	53.85	51.02	42.86
C	12	31.25	39.71	44.44	61.54	48.72	48.98	42.86
C	13	32.81	36.76	42.59	69.23	48.72	53.06	47.62
U	14	29.69	35.29	42.59	73.08	66.67	53.06	52.38
R	15	36.51	39.71	42.59	73.08	64.10	59.18	47.62
R	16	36.51	38.24	40.74	73.08	56.41	55.10	47.62
E	17	34.92	35.29	42.59	65.38	66.67	53.06	42.86
N	18	28.57	36.76	42.59	80.77	64.10	53.06	47.62
C	19	31.75	39.71	44.44	76.92	58.97	55.10	38.10
E	20	33.33	41.79	38.89	73.08	61.54	53.06	33.33
	21	33.33	38.81	44.44	73.08	69.23	53.06	28.57

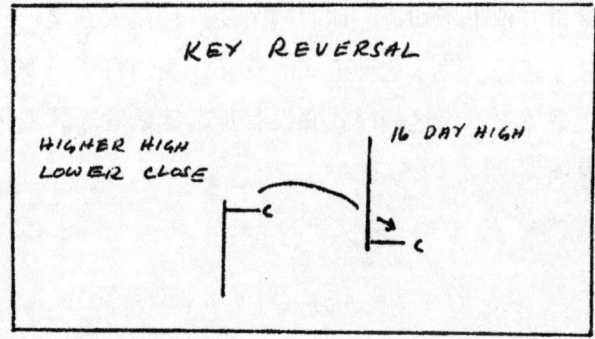

反转模式交易的第二种方法

这是我们可以用来发展一种反转模式的另一种方法。由于它是一个市场很难完成的模式，也许它在反转点的预测方面更准确。

这次，我们不仅仅需要比昨天一个更低的低点且创收盘新高，而且要市场昨天收盘在高点且今天最高点必须超过昨天最高点。这是一种极其不常见的情况。它和你所学到的典型反转模式一样常见。这种模式的意义在于，市场异常强大，以至于它不仅在探出新低时反弹，而且反弹到昨天最高点。然后我们以低于昨天更低的低点拥有一个外包日线，比昨天收高，而且最重要的是较前一天的高点收高。

我知道美国西部的一个中介宣称采用这种模式作为市场交易的灵丹妙药。他认为你所需要做的是等待这种模式的开发，然后买入再等到接下来的 20 个交易日。

他说的对吗？

坦白地讲，他也不知道。他时刻关注这种模式，但他感觉不到这种模式是否奏效。然而，关于这种模式的意义，我们将予以回答。实际上，我们的电脑上数据显示，这种模式并没有正确地或者连续地预测未来价格趋势！请看草图。

第八章　盈利模式

Buying a Key Reversal bottom where the key reversal day
is the lowest low of the last _8_ days _and_ has a higher high.

		S&P	VAL	BNDS	SLVR	S BNS	P. BEL	S FRANC
D	1	64.29	30.77	23.53	22.22	33.33	57.89	31.58
A	2	64.29	38.46	41.18	33.33	33.33	61.11	36.84
Y	3	64.29	46.15	47.06	66.67	42.86	55.56	42.11
S	4	57.14	46.15	52.94	55.56	42.86	66.67	47.37
	5	50.00	38.46	58.82	44.44	42.86	72.22	36.84
A	6	35.71	38.46	58.82	37.50	28.57	61.11	47.37
F	7	42.86	38.46	64.71	22.22	28.57	61.11	42.11
T	8	71.43	46.15	58.82	33.33	33.33	55.56	36.84
E	9	57.14	46.15	64.71	22.22	28.57	50.00	42.11
R	10	50.00	46.15	52.94	22.22	28.57	64.71	42.11
	11	57.14	46.15	52.94	33.33	28.57	55.56	47.37
O	12	61.54	53.85	52.94	33.33	33.33	52.94	42.11
C	13	69.23	53.85	58.82	11.11	42.86	50.00	26.32
C	14	84.62	53.85	58.82	11.11	50.00	55.56	36.84
U	15	76.92	46.15	52.94	11.11	42.86	52.94	36.84
R	16	76.92	46.15	58.82	22.22	42.86	50.00	36.84
R	17	69.23	53.85	52.94	22.22	28.57	50.00	36.84
E	18	84.62	53.85	64.71	22.22	38.10	44.44	31.58
N	19	84.62	61.54	64.71	44.44	40.00	41.18	31.58
C	20	69.23	46.15	64.71	44.44	42.86	38.89	31.58
E	21	69.23	46.15	64.71	37.50	38.10	50.00	31.58

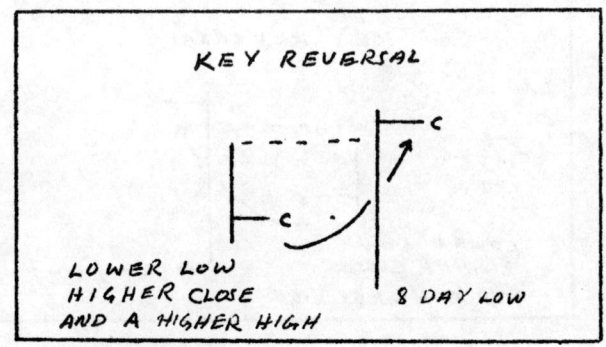

Buying a Key Reversal bottom where the key reversal day
is the lowest low of the last 4 days and has a higher high.

		S&P	VAL	BNDS	SLVR	S BNS	P BEL	S FRANC
D	1	65.38	35.71	34.48	33.33	34.62	52.78	37.50
A	2	65.38	42.86	51.72	33.33	34.62	54.29	37.50
Y	3	65.38	50.00	55.17	50.00	46.15	42.86	50.00
S	4	61.54	50.00	58.62	50.00	46.15	44.12	50.00
	5	57.69	50.00	62.07	50.00	42.31	55.88	41.67
A	6	53.85	50.00	58.62	41.18	30.77	50.00	45.83
F	7	57.69	46.43	72.41	33.33	30.77	50.00	41.67
T	8	64.00	53.57	65.52	27.78	34.62	42.86	41.67
E	9	60.00	50.00	68.97	22.22	26.92	42.86	45.83
R	10	56.00	50.00	58.62	16.67	26.92	52.94	45.83
	11	56.00	57.14	58.62	22.22	26.92	48.57	50.00
O	12	58.33	53.57	58.62	27.78	34.62	44.12	45.83
C	13	58.33	53.57	62.07	11.11	42.31	45.71	33.33
C	14	70.83	50.00	55.17	11.11	48.00	54.29	45.83
U	15	66.67	46.43	65.52	16.67	42.31	55.88	41.67
R	16	62.50	42.86	58.62	27.78	42.31	57.58	41.67
R	17	62.50	50.00	58.62	22.22	34.62	54.55	45.83
E	18	75.00	53.57	62.07	27.78	42.31	48.57	37.50
N	19	79.17	57.14	58.62	38.89	44.00	47.06	37.50
C	20	66.67	46.43	58.62	44.44	46.15	50.00	37.50
E	21	62.50	46.43	55.17	41.18	38.46	54.29	37.50

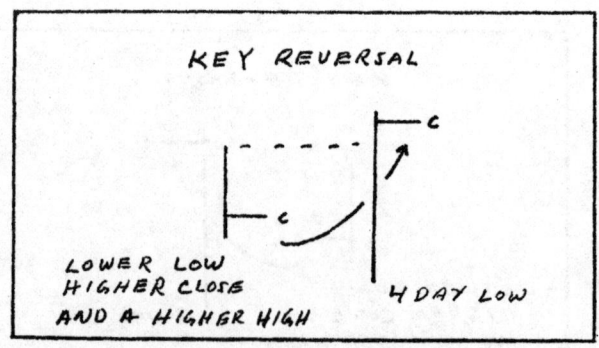

第八章　盈利模式

Buying a Key Reversal bottom where the key reversal day
is the lowest low of the last 16 days and has a higher high.

		S&P	VAL	BNDS	SLVR	S BNS	P BEL	S FRANC
D	1	66.67	22.22	18.18	20.00	35.29	64.29	21.43
A	2	66.67	22.22	36.36	40.00	35.29	61.54	35.71
Y	3	66.67	22.22	27.27	80.00	41.18	53.85	35.71
S	4	58.33	22.22	27.27	80.00	41.18	69.23	42.86
	5	50.00	22.22	36.36	40.00	41.18	76.92	21.43
A	6	41.67	22.22	45.45	50.00	29.41	61.54	42.86
F	7	50.00	22.22	54.55	20.00	29.41	61.54	35.71
T	8	75.00	33.33	45.45	40.00	29.41	46.15	28.57
E	9	66.67	33.33	54.55	20.00	35.29	46.15	42.86
R	10	58.33	33.33	36.36	20.00	35.29	58.33	42.86
	11	58.33	33.33	36.36	40.00	29.41	46.15	50.00
O	12	66.67	44.44	36.36	40.00	41.18	50.00	42.86
C	13	75.00	44.44	45.45	0.00	47.06	46.15	21.43
C	14	83.33	44.44	45.45	0.00	52.94	53.85	35.71
U	15	83.33	33.33	36.36	0.00	41.18	41.67	35.71
R	16	83.33	44.44	45.45	20.00	41.18	36.36	35.71
R	17	75.00	55.56	36.36	20.00	35.29	41.67	35.71
E	18	91.67	55.56	54.55	20.00	47.06	38.46	35.71
N	19	91.67	55.56	54.55	60.00	50.00	33.33	35.71
C	20	75.00	44.44	54.55	60.00	47.06	30.77	35.71
E	21	75.00	44.44	54.55	60.00	41.18	46.15	35.71

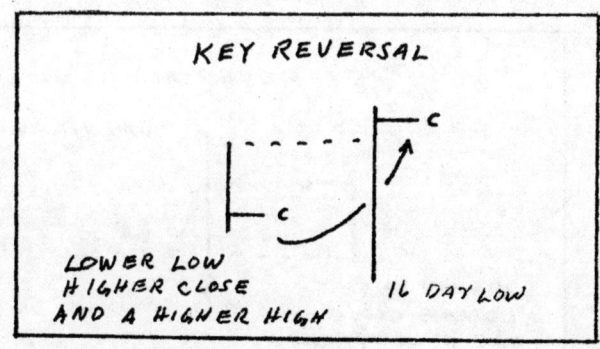

Selling a Key Reversal top where the key reversal day
is the highest high of the last 8 days and has a lower low.

		S&P	VAL	BNDS	SLVR	S BNS	P BEL	S FRANC
D	1	31.58	61.90	33.33	40.00	66.67	55.56	37.50
A	2	63.16	38.10	38.89	50.00	66.67	55.56	37.50
Y	3	57.89	38.10	55.56	50.00	50.00	50.00	50.00
S	4	57.89	33.33	61.11	70.00	50.00	65.38	62.50
	5	57.89	52.38	50.00	70.00	50.00	70.37	50.00
A	6	63.16	47.62	38.89	70.00	45.45	61.54	37.50
F	7	57.89	47.62	38.89	70.00	50.00	55.56	50.00
T	8	52.63	38.10	33.33	70.00	50.00	59.26	50.00
E	9	57.89	42.86	38.89	70.00	66.67	62.96	50.00
R	10	47.37	47.62	44.44	70.00	58.33	51.85	50.00
	11	52.63	42.86	27.78	70.00	58.33	55.56	50.00
O	12	57.89	42.86	38.89	70.00	58.33	53.85	50.00
C	13	52.63	38.10	33.33	70.00	66.67	53.85	62.50
C	14	36.84	33.33	38.89	70.00	75.00	59.26	62.50
U	15	36.84	38.10	38.89	70.00	75.00	59.26	62.50
R	16	42.11	38.10	33.33	70.00	75.00	57.69	62.50
R	17	42.11	38.10	27.78	60.00	75.00	55.56	62.50
E	18	42.11	38.10	33.33	70.00	83.33	55.56	37.50
N	19	47.37	38.10	27.78	60.00	75.00	68.00	37.50
C	20	52.63	47.62	33.33	70.00	75.00	51.85	37.50
E	21	57.89	52.38	27.78	70.00	83.33	50.00	37.50

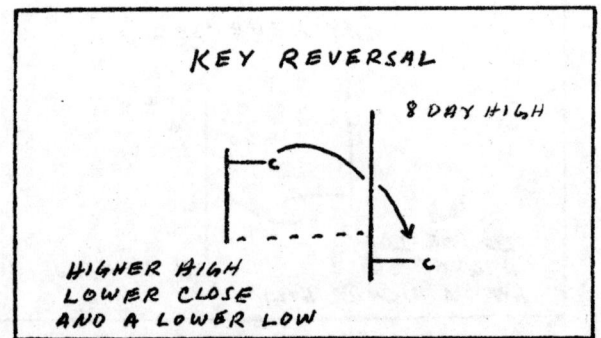

第八章 盈利模式

```
Selling a Key Reversal top where the key reversal day
is the highest high of the last 4 days and has a lower low.
```

		S&P	VAL	BNDS	SLVR	S BNS	P BEL	S FRANC
D	1	35.48	55.56	37.50	38.10	59.26	56.10	33.33
A	2	67.74	47.22	28.13	47.62	48.15	51.22	46.67
Y	3	58.06	41.67	40.63	66.67	48.15	55.00	46.67
S	4	54.84	44.44	40.63	66.67	48.15	57.50	60.00
	5	54.84	50.00	40.63	66.67	44.44	65.85	60.00
A	6	54.84	41.67	34.38	66.67	38.46	60.00	53.33
F	7	48.39	41.67	37.50	66.67	40.74	56.10	53.33
T	8	48.39	36.11	34.38	66.67	37.04	56.10	53.33
E	9	51.61	38.89	37.50	61.90	48.15	60.98	46.67
R	10	45.16	41.67	40.63	61.90	48.15	51.22	46.67
O	11	48.39	44.44	31.25	52.38	51.85	53.66	46.67
C	12	51.61	44.44	34.38	61.90	51.85	52.50	46.67
C	13	48.39	41.67	31.25	61.90	55.56	51.28	60.00
U	14	41.94	38.89	37.50	61.90	59.26	55.00	53.33
R	15	41.94	38.89	37.50	61.90	55.56	60.98	53.33
R	16	48.39	38.89	37.50	66.67	55.56	57.50	60.00
E	17	48.39	41.67	28.13	57.14	55.56	55.00	66.67
N	18	48.39	38.89	31.25	61.90	59.26	57.50	53.33
C	19	48.39	44.44	28.13	52.38	59.26	65.79	53.33
E	20	54.84	47.22	34.38	57.14	59.26	55.00	46.67
	21	51.61	50.00	28.13	57.14	62.96	53.85	46.67

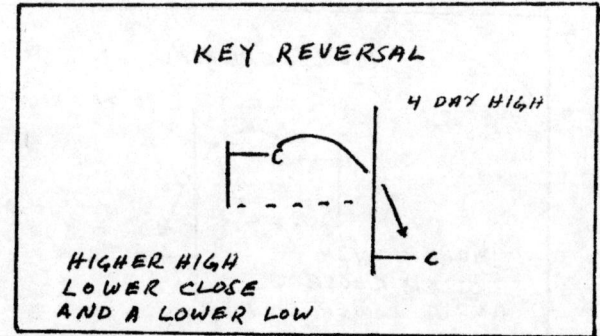

```
Selling a Key Reversal top where the key reversal day
is the highest high of the last 16 days and has a lower low.
```

		S&P	VAL	BNDS	SLVR	S BNS	P BEL	S FRANC
D	1	18.75	61.11	28.57	50.00	60.00	44.44	40.00
A	2	56.25	33.33	42.86	66.67	70.00	44.44	40.00
Y	3	50.00	33.33	57.14	66.67	40.00	33.33	40.00
S	4	50.00	27.78	64.29	83.33	40.00	58.82	80.00
	5	56.25	50.00	57.14	83.33	40.00	61.11	40.00
A	6	62.50	44.44	42.86	83.33	33.33	58.82	40.00
F	7	50.00	44.44	42.86	83.33	40.00	50.00	60.00
T	8	50.00	33.33	35.71	83.33	50.00	61.11	40.00
E	9	56.25	38.89	35.71	83.33	60.00	66.67	40.00
R	10	43.75	44.44	35.71	83.33	60.00	55.56	40.00
O	11	43.75	38.89	14.29	83.33	60.00	61.11	40.00
C	12	50.00	38.89	28.57	100.00	60.00	58.82	40.00
C	13	43.75	33.33	28.57	100.00	70.00	58.82	60.00
U	14	37.50	33.33	35.71	100.00	80.00	61.11	60.00
R	15	37.50	38.89	35.71	100.00	80.00	61.11	60.00
R	16	43.75	38.89	28.57	83.33	80.00	58.82	60.00
E	17	43.75	38.89	21.43	66.67	80.00	55.56	60.00
N	18	37.50	38.89	28.57	83.33	90.00	55.56	20.00
C	19	43.75	38.89	21.43	66.67	80.00	70.59	20.00
E	20	50.00	50.00	28.57	83.33	80.00	55.56	20.00
	21	56.25	55.56	21.43	83.33	90.00	55.56	20.00

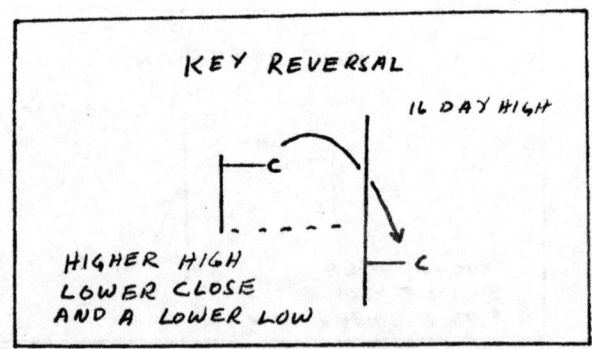

明日交易技巧

不论你是长线交易者还是短线交易者，你应该关心的不是明天要发生什么，而是关心自己当前市场的位置。

我每天都收到人们无数次的来电，他们想知道明天价格的走势。

第八章　盈利模式

　　坦白地讲，我必须承认，没有人能肯定明天将要发生什么。但是我们可以通过研究给出明天大部分时间将要发生的一种迹象。我们可以用几种方法发现明天将要发生什么。一种方法是利用市场模式给出明天应该会发生的可能性。你已经用本章中的几种可能性展示了，但是没有效果。是时候看一些能告诉我们明天将要发生什么的可能性大的东西了。我们甚至可以告诉你今天将会发生什么。这里有许多不同的方法观察今天的价格活动。

　　举例来说，是不是今天的收盘价高于昨天的收盘价，因此可能会问，"今天的收盘价比开盘价要高？是不是今天的收盘价会出现在上半部分，或是今天波动范围的75%，或是十分之九？"

　　所有这些关系都有可能预测明天将要发生的事。让我们看看确定会发生的一种明显的模式。每次你遇到一个当天收高的市场，你将会注意到它是以高于、等于或是低于开盘价收盘的。这有意义吗？

　　如果价格当天收高，高于昨天收盘价，然而在他们今天开盘时收低，这是不是让交易者能洞悉到明天将会发生什么。

　　同样地，如果价格今天收高，高于昨天的收盘价，并也高出开盘价，这有任何预测的意义吗？

　　我这里有答案！答案不可能准确地帮你发现明天将会发生什么，因为它们并没有呈现一次轻而易举的交易，但是它们确实给我们一种感觉去感知市场上应该会发生什么。

　　在1982年到1987年标准普尔500指数里，我们发现如果当天价格收高但是低于开盘价，第二天我们高出了58.3%，你可以从下面的图表中看出。至于价值线指数，我们高出54.2%，而30年美国长期国债几乎很少能让人产生印象，市场反弹第二天仅为39%。白银第二天高达47.7%，大豆高达45%，猪腩高达44.6%，瑞士法郎高达31.8%。看这里，除了标准普尔500指数的堪萨斯价值线指数，如果你确实遇上收盘走高，然而低于开盘价，第二天收盘走低的可能性多一点。观察这种关系的另一种方法在下一个图表中呈现。这里我们说的是当天收盘走高并高于开盘价的市场。

Percentage of time you close up X days after a day with
a close lower than the previous day but greater than today's open

		S&P	VAL	BNDS	SLVR	S BNS	P BEL	S FRANC
D	1	66.67	47.37	51.28	51.47	54.32	61.43	45.28
A	2	59.52	64.91	52.56	57.35	58.02	67.14	39.62
Y	3	66.67	61.40	56.41	49.26	50.62	57.14	45.71
S	4	69.05	64.91	57.69	49.26	48.15	58.57	44.76
	5	66.67	57.89	57.69	47.06	54.32	52.86	47.62
A	6	64.29	54.39	56.41	55.15	54.32	51.43	48.57
F	7	76.19	57.89	57.69	49.26	41.98	50.00	54.29
T	8	61.90	57.14	60.26	47.79	43.21	52.86	51.43
E	9	59.52	60.00	57.69	52.94	40.74	48.57	51.43
R	10	57.14	50.91	57.69	47.06	44.44	45.71	52.38
O	11	59.52	50.91	55.13	44.85	37.04	45.71	47.62
C	12	66.67	52.73	55.84	44.12	41.98	45.71	43.81
C	13	71.43	56.36	54.55	41.18	37.04	42.86	43.81
U	14	66.67	50.91	53.25	41.18	40.74	45.71	44.76
R	15	59.52	46.30	53.25	40.74	40.74	47.14	45.71
R	16	61.90	51.85	54.55	40.74	43.21	44.29	47.12
E	17	60.98	51.85	59.74	39.26	41.98	40.00	44.23
N	18	65.85	53.70	58.44	39.26	48.15	44.29	44.23
C	19	58.54	50.00	58.44	38.52	44.44	40.00	46.15
E	20	60.98	50.00	61.04	40.74	44.44	38.57	49.04
	21	58.54	48.15	58.44	43.70	45.68	45.71	49.51

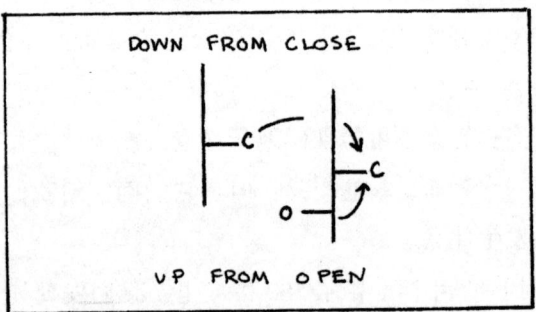

第八章 盈利模式

```
Percentage of time you close up X days after a day with
a close higher than the previous day and greater than today's open
```

	S&P	VAL	BNDS	SLVR	S BNS	P BEL	S FRANC
1	46.18	47.02	52.08	42.32	43.08	47.66	46.84
2	51.65	52.30	54.55	46.15	43.96	50.00	49.27
3	51.65	52.90	54.17	45.11	45.44	48.69	48.54
4	52.44	54.36	55.68	44.17	45.44	50.66	50.97
5	52.61	54.53	56.93	44.55	42.35	50.09	51.82
6	52.26	53.68	55.70	44.55	41.43	50.28	51.46
7	52.18	53.50	58.48	45.39	43.23	48.03	51.10
8	54.28	54.36	58.02	45.57	42.83	47.09	52.08
9	54.37	54.02	59.16	43.50	43.51	48.50	49.51
10	53.85	55.48	58.78	46.04	42.20	49.25	49.75
11	55.52	57.98	59.16	43.86	41.80	48.21	51.96
12	54.91	56.70	58.97	44.05	41.40	47.83	50.86
13	56.77	58.25	57.74	42.05	38.68	48.21	51.11
14	58.45	57.49	57.55	42.05	39.48	47.08	50.61
15	58.27	58.52	59.39	41.48	38.48	47.55	49.14
16	56.87	57.66	59.00	40.61	38.15	47.64	47.91
17	55.99	58.10	59.88	39.73	40.56	49.34	47.91
18	55.03	58.28	60.27	40.11	38.96	48.30	48.89
19	55.91	59.41	60.96	40.68	36.75	47.63	48.77
20	56.08	57.51	61.92	40.49	38.55	47.63	48.28
21	59.26	58.65	60.50	39.54	37.75	47.63	48.77

(DAYS AFTER OCCURRENCE)

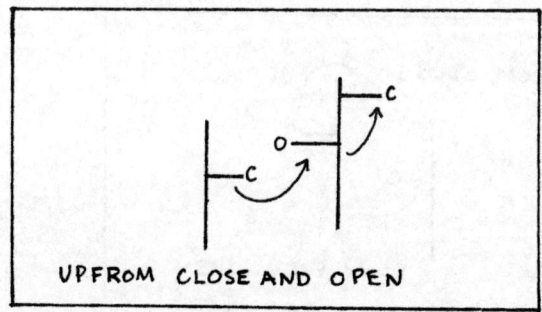

UP FROM CLOSE AND OPEN

Percentage of time you close up X days after a day with
a close higher than the previous day but less than today's open

		S&P	VAL	BNDS	SLVR	S BNS	P BEL	S FRANC
D	1	58.33	54.24	39.00	47.41	45.00	44.62	39.84
A	2	56.67	57.63	43.00	49.63	46.25	50.77	51.22
Y	3	56.67	57.63	45.00	51.85	46.25	49.23	47.15
S	4	58.33	59.32	55.00	46.67	43.75	61.54	42.62
	5	50.00	55.93	51.00	47.01	43.75	55.38	50.00
A	6	50.00	55.93	52.00	43.28	41.25	58.46	46.72
F	7	51.67	52.54	52.00	44.78	45.00	52.31	42.62
T	8	53.33	54.24	56.00	48.12	41.25	51.56	44.26
E	9	58.33	54.24	57.58	45.86	40.00	48.44	48.36
R	10	58.33	54.24	60.20	45.11	45.00	50.00	52.46
	11	55.00	50.85	59.18	43.61	45.00	50.00	49.18
O	12	53.33	50.85	57.14	42.86	41.25	46.88	52.46
C	13	65.00	50.85	60.20	41.35	40.00	51.56	52.46
C	14	60.00	54.24	59.18	40.60	40.00	53.13	50.41
U	15	66.10	57.63	59.18	38.35	38.75	57.81	52.07
R	16	62.71	54.24	56.12	37.59	38.75	50.00	53.72
R	17	57.63	54.24	61.22	38.35	42.50	48.44	52.50
E	18	62.71	54.24	60.20	39.85	41.25	46.88	47.06
N	19	64.41	55.93	62.24	40.60	37.50	48.44	51.26
C	20	66.10	59.32	67.01	40.15	34.18	51.56	49.58
E	21	71.19	59.32	69.07	40.15	33.33	50.00	50.42

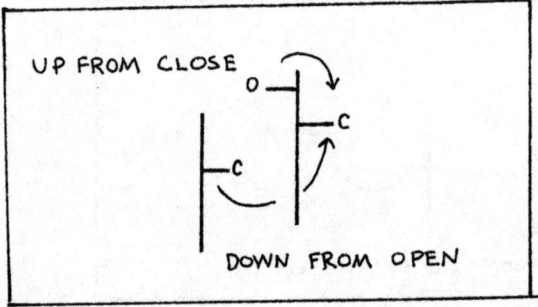

第八章 盈利模式

```
Percentage of time you close up X days after a day with
a close lower than the previous day and less than today's open
```

		S&P	VAL	BNDS	SLVR	S BNS	P BEL	S FRANC
D	1	57.09	55.12	53.07	53.56	51.93	52.66	54.88
A	2	50.85	52.52	51.79	48.93	50.28	50.00	48.84
Y	3	53.79	51.98	51.69	47.51	49.91	49.52	45.58
S	4	53.60	51.80	52.19	48.13	46.88	50.10	45.12
	5	54.27	52.43	54.58	47.24	48.90	50.00	47.21
A	6	54.75	52.89	54.38	45.81	49.45	48.57	46.98
F	7	55.32	54.79	54.58	43.49	46.41	48.08	47.91
T	8	56.57	54.61	55.38	40.64	45.39	48.08	47.32
E	9	57.71	54.79	55.38	42.32	43.17	47.70	47.32
R	10	58.59	55.52	53.98	42.32	40.96	47.02	46.50
	11	57.25	56.96	56.37	40.89	42.33	48.37	46.84
O	12	58.78	56.24	54.38	41.96	42.04	48.46	48.01
C	13	57.06	56.70	55.78	41.07	43.52	46.05	47.42
C	14	58.40	57.61	56.29	40.79	40.63	46.53	47.42
U	15	57.25	57.61	58.08	39.71	41.26	47.30	46.35
R	16	58.40	57.71	57.80	40.25	39.59	47.68	46.12
R	17	58.21	58.98	58.40	40.43	39.11	49.52	46.12
E	18	58.40	58.44	58.72	40.14	38.06	50.10	47.06
N	19	58.89	58.62	59.72	40.22	38.32	49.90	47.06
C	20	59.00	58.18	59.32	39.50	38.32	49.61	49.06
E	21	60.27	59.27	59.72	40.11	37.38	49.13	48.11

DOWN FROM CLOSE & OPEN

令人着迷的是，这不是标准普尔500指数特别看涨的，其第二天收盘仅为46.1%。价值线指数为47%，因此大部分时间，考虑到这种印象深刻的观察模式，我们实际上是收低了。

然而，当我们看其他市场时，比如30年美国长期国债，我们会发现它有一点看涨。在第一种情况下，收盘价低于开盘价，国债中高达39%。在此情况中，收盘价高于开盘价，它上升到52%。白银在第一种情况下高达47%，而在此情况中为42%。大豆是45%而现在为43%。猪腩为44%而现在为47%。瑞士法郎为39%而现在为46%。由此可以观察出收盘价高于开盘价不是一种看涨的模式。仅仅你有收盘走高这一事实,并不意味着你将在第二天收高。实际上,在大多数市场上出现的可能就是你将在第二天收低。

你可以试着观察在这种特殊模式发生后的21天发生了什么。我还不能从电脑数据中获得印象深刻的结果。我怀疑一天的价格行为对一段时间的预测具有极其重大的意义。

让我们看一下这种关系的对立面。换言之,如果一个市场收低但是高于开盘价,技术分析师通常将其看作是看涨的价格活动。

在标准普尔500指数中,第二天我们高出66%。然而在价值线指数中仅为47%,国债为51%,白银为51%,大豆为54%,猪腩有一个强劲的反弹迹象,为61%。瑞士法郎在收低但是高于开盘价时价格高出45%。

这种模式看起来相对看涨,尤其是当与我们已经研究过的其他数字比较时。这表明,当价格活动发展时,更低的收盘然而高于开盘价,我们就可以期望第二天反弹的类型。

寻找收低的另一种方法是,不仅要收低而且低于开盘价。这算是看涨的还是看跌的呢?图表分析专家将会告诉你这是看跌的。但是让我们问一下电脑吧。至于标准普尔500指数,我们实际上在第二天反弹了57%!价值线指数上升至55%。国债上升到53%,白银上升到53%,大豆上升到51%,猪腩上升至52%,瑞士法郎上升至54%。

这是好东西。这里我们可以看出一个理应看跌的模式,一种收低且低于开盘价的模式实际上是我们见过的最有可能看涨的模式(当我们看到今天收盘时涉及昨天的收盘和今天的收盘,涉及同一天的开盘价)。这表明,在所研究的这五年多时间里,当我们得知崩溃当天的类型时,我们在第二天反弹的可能性比我们收高且高于开盘价的那天的可能性要高!

希望到这个时候,你正在洞察市场结构运作的方式。那么下次你就能以一种舒服的位置感知自己,你可能想要查看开盘收盘之间的关系,再读本章内容去感知或者至少可以感知明天可能发生的事情。肯定地说,你不应该相信因为开盘收盘之间的关系而相信明天肯定会发生某种事情。数字

第八章 盈利模式

在这儿摆着。那么就去核对下图表，看看明日市场活动的可能性为多少。

记录一下跳空

在你驰骋期货市场一段时间后，你将会发现大多数商品都会在开盘的时候跳空。我将在本章中提到积累/派发，15%的期货市场活动都包含跳空。如果你不注意跳空，你将会失去大笔的期货市场交易。

似乎每天几乎大多数的商品都会跳空，也就是说今日开盘价高于昨日收盘价或者低于昨日收盘价。因此，在前一天晚上设定的价格与今日交易的价格之间存在一定的差距。

当你实际操盘的时候，你将会发现这是最令人沮丧的经历之一。你和你的经纪人或者报价器检查并注意到，价格已经跳空在你想成为买家的价格区间之上！这里现在有一个价格差，然后你就琢磨接下来会是什么情况。价格会不会降至昨日收盘价来填补价格差呢？没有人知道。现在我们知道了答案：当标准普尔500指数跳空时的78.1%，也就是今日开盘价比昨日开盘价高或者低（价格不会按昨日收盘价开盘），我们填补了与昨日收盘价之间的价格差。价值线指数同样明显升至79.9%，我们从昨日收盘价到今天早上的开盘价已经填补了价格差。国债显示的是同样的数字，从昨天收盘价到今天开盘价之间的价格差已得到填补。白银则不那么明显，始终很高，填补了价格差60.8%。大豆填补了65.9%。

在猪腩市场倾向于大的跳空时，我们发现在过去的五年里，昨天收盘价对今天开盘价的价格差填补了67.3%。而瑞士法郎可以称得上是"跳空之王"了，其从昨天收盘价到今天开盘价的价格差填补了52.1%。

所有这些底线都是在标准普尔500指数和价值线指数中对于在第二交易日任何跳空概率性高而且极高的情况。

我们不能保证跳空会得到填补，但是会有一个强烈的暗示，如果明日早上的市场跳空，股指期货价格大约70%将会下降。因此，你没必要急于在开盘出现大跳空时买进。在其他市场，它最终几乎会达到一个60%的平均值，从而跳空得到弥补。不要急于在跳空时仓促地买入。

我怀疑大多数人实际上都在早晨跳空开盘时卖出，试图将价格降到昨晚他们不会做短头仓位的收盘价。同样地，如果价格跳空降低，他们买进更低的跳空试图将价格反弹到昨晚收盘价（就是在他们清算长头仓位并进行平盘的地方）。

我们明白了如果市场在明天早上跳空，价格在当天到昨晚的收盘价将会回升的可能性非常高。

对外包日线形态的深入观察

很长一段时间，图表分析师谈论过外包日线是非常具有预测价值的。外包日线是指当天所有的交易价格都比前一日的高点更高，比前一天的低点更低，因此最糟糕的"外包"作为日交易活动是在前一天高点之上和在前一天低点之下。

这里有很多种方法来看这些不寻常的日子。

首先，我们要做的是，用收高简单地看一个外包日线，看接下来那种模式的价格走势。其次，我们用收低看是否对那种模式有任何特殊的意义。

看下面的图表，你可以看出，但是我很快就陈述一个收高的外包日线，似乎在预测价格将会走高方面有任何的可靠性，这是图表分析师最常规的预测。

昨天收盘价与今天开盘价之间的跳空缺口填补的比率

价值线指数	79.98%
标准普尔500指数	78.31%
猪腩	67.39%
大豆	65.95%
国债	61.71%
白银	60.78%
瑞士法郎	52.17%
7个品种综合	66.55%

第八章 盈利模式

Percentage of time you close up X days after an outside day where the outside day closes down.

		S&P	VAL	BNDS	SLVR	S BNS	P BEL	S FRANC
D	1	60.61	43.42	55.56	60.66	43.75	53.42	60.00
A	2	45.45	46.05	63.49	49.18	46.88	53.42	51.43
Y	3	53.03	55.26	52.38	47.54	50.00	50.00	51.43
S	4	50.00	52.63	52.38	44.26	46.88	45.83	48.57
	5	48.48	44.74	55.56	45.90	50.00	38.89	60.00
A	6	51.52	48.68	63.49	49.18	51.56	38.89	54.29
F	7	54.55	51.32	53.97	49.18	46.88	41.67	62.86
T	8	53.03	55.26	58.73	45.90	48.44	44.44	62.86
E	9	46.97	52.63	55.56	45.90	42.19	38.89	65.71
R	10	53.03	47.37	53.97	44.26	39.06	44.44	62.86
O	11	50.00	46.05	61.90	45.90	43.75	48.61	57.14
C	12	50.00	48.68	57.14	44.26	45.31	48.61	57.14
C	13	48.48	48.68	60.32	44.26	42.19	50.00	51.43
U	14	54.55	51.32	57.14	45.90	39.06	45.83	54.29
R	15	54.55	50.00	57.14	42.62	40.63	41.67	51.43
R	16	53.03	51.32	61.90	42.62	39.06	43.06	48.57
E	17	56.06	50.00	63.49	45.90	39.06	46.48	45.71
N	18	51.52	50.67	63.49	42.62	34.38	43.66	51.43
C	19	57.58	52.00	63.49	50.82	39.06	40.85	51.43
E	20	54.55	50.67	58.73	45.90	35.94	46.48	51.43
	21	57.58	48.00	63.49	45.90	39.06	47.89	54.29

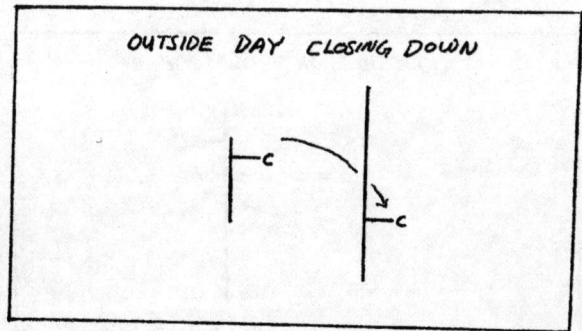

```
Percentage of time you close up X days after an outside day
where the outside day closes up.
```

		S&P	VAL	BNDS	SLVR	S BNS	P BEL	S FRANC
D	1	45.00	39.34	48.39	30.16	43.33	51.28	40.82
A	2	46.67	40.98	54.84	41.27	38.33	48.05	44.90
Y	3	50.00	50.82	53.23	36.51	46.67	44.16	46.94
S	4	50.00	50.82	61.29	44.44	45.00	46.75	55.10
	5	43.33	47.54	61.29	47.62	40.00	53.25	46.94
A	6	45.00	49.18	61.29	42.86	38.33	50.65	46.94
F	7	46.67	49.18	70.97	43.55	41.67	48.05	44.90
T	8	57.63	52.46	70.97	45.16	48.33	45.45	51.02
E	9	54.24	49.18	70.97	38.71	43.33	45.45	48.98
R	10	52.54	52.46	66.13	35.48	41.67	46.75	48.98
O	11	52.54	54.10	64.52	33.87	40.00	45.45	46.94
C	12	53.45	50.82	62.90	37.10	38.33	41.56	48.98
C	13	51.72	52.46	61.29	32.26	40.00	48.05	42.86
U	14	56.90	49.18	56.45	30.65	46.67	50.65	44.90
R	15	48.28	47.54	63.93	33.87	41.67	53.25	42.86
R	16	48.28	42.62	60.66	40.32	40.00	53.25	42.86
E	17	48.28	52.46	59.02	33.87	38.33	50.65	46.94
N	18	51.72	54.10	62.30	29.03	41.67	50.65	44.90
C	19	53.45	50.82	65.00	37.10	43.33	49.35	42.86
E	20	53.45	47.54	65.00	38.71	41.67	49.35	46.94
	21	51.72	47.54	61.67	33.87	36.67	49.35	48.98

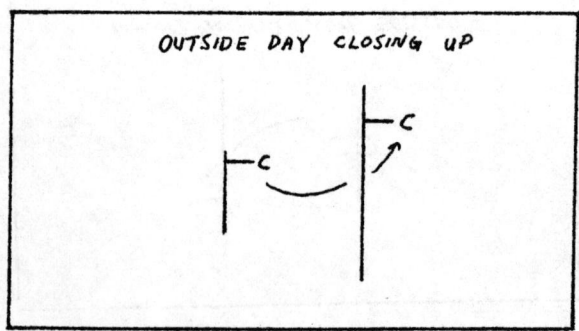

第八章 盈利模式

Percentage of time you close down X days after an outside day
where the outside day closes up.

		S&P	VAL	BNDS	SLVR	S BNS	P BEL	S FRANC
D	1	55.00	60.66	51.61	69.84	56.67	48.72	59.18
A	2	53.33	59.02	45.16	58.73	61.67	51.95	55.10
Y	3	50.00	49.18	46.77	63.49	53.33	55.84	53.06
S	4	50.00	49.18	38.71	55.56	55.00	53.25	44.90
	5	56.67	52.46	38.71	52.38	60.00	46.75	53.06
A	6	55.00	50.82	38.71	57.14	61.67	49.35	53.06
F	7	53.33	50.82	29.03	56.45	58.33	51.95	55.10
T	8	42.37	47.54	29.03	54.84	51.67	54.55	48.98
E	9	45.76	50.82	29.03	61.29	56.67	54.55	51.02
R	10	47.46	47.54	33.87	64.52	58.33	53.25	51.02
	11	47.46	45.90	35.48	66.13	60.00	54.55	53.06
O	12	46.55	49.18	37.10	62.90	61.67	58.44	51.02
C	13	48.28	47.54	38.71	67.74	60.00	51.95	57.14
C	14	43.10	50.82	43.55	69.35	53.33	49.35	55.10
U	15	51.72	52.46	36.07	66.13	58.33	46.75	57.14
R	16	51.72	57.38	39.34	59.68	60.00	46.75	57.14
R	17	51.72	47.54	40.98	66.13	61.67	49.35	53.06
E	18	48.28	45.90	37.70	70.97	58.33	49.35	55.10
N	19	46.55	49.18	35.00	62.90	56.67	50.65	57.14
C	20	46.55	52.46	35.00	61.29	58.33	50.65	53.06
E	21	48.28	52.46	38.33	66.13	63.33	50.65	51.02

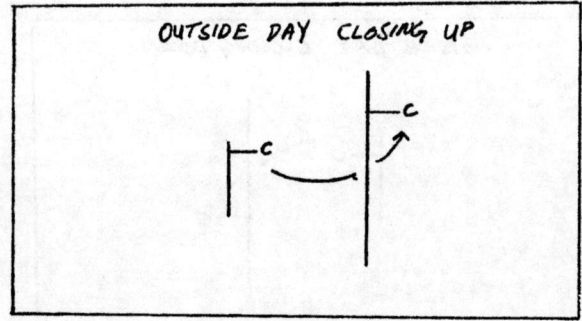

```
Percentage of time you close down X days after an outside day
where the outside day closes down.

              S&P    VAL    BNDS   SLVR   S BNS  P BEL  S FRANC
D       1    39.39  56.58  44.44  39.34  56.25  46.58  40.00
A       2    54.55  53.95  36.51  50.82  53.13  46.58  48.57
Y       3    46.97  44.74  47.62  52.46  50.00  50.00  48.57
S       4    50.00  47.37  47.62  55.74  53.13  54.17  51.43
        5    51.52  55.26  44.44  54.10  50.00  61.11  40.00
A       6    48.48  51.32  36.51  50.82  48.44  61.11  45.71
F       7    45.45  48.68  46.03  50.82  53.13  58.33  37.14
T       8    46.97  44.74  41.27  54.10  51.56  55.56  37.14
E       9    53.03  47.37  44.44  54.10  57.81  61.11  34.29
R      10    46.97  52.63  46.03  55.74  60.94  55.56  37.14
O      11    50.00  53.95  38.10  54.10  56.25  51.39  42.86
C      12    50.00  51.32  42.86  55.74  54.69  51.39  42.86
C      13    51.52  51.32  39.68  55.74  57.81  50.00  48.57
U      14    45.45  48.68  42.86  54.10  60.94  54.17  45.71
R      15    45.45  50.00  42.86  57.38  59.38  58.33  48.57
R      16    46.97  48.68  38.10  57.38  60.94  56.94  51.43
E      17    43.94  50.00  36.51  54.10  60.94  53.52  54.29
N      18    48.48  49.33  36.51  57.38  65.63  56.34  48.57
C      19    42.42  48.00  36.51  49.18  60.94  59.15  48.57
E      20    45.45  49.33  41.27  54.10  64.06  53.52  48.57
       21    42.42  52.00  36.51  54.10  60.94  52.11  45.71
```

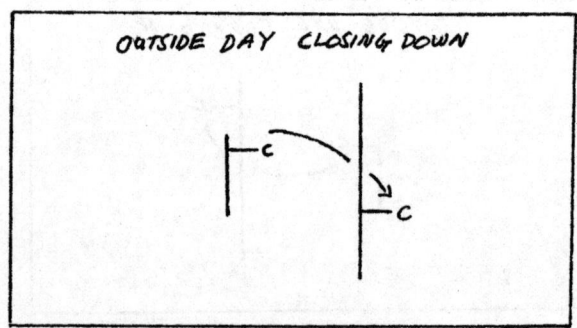

传统上讲，图表分析师们也会说收低的外包日线这种现象的反转应该能看出价格走低。在此数据更能说明这一点，但是它表明价格不会走低而是走高。

举例来说，在标准普尔500指数20天后高出54.5%。价值线指数高出50.6%，国债高出58.7%，白银高出45.9%，大豆高出39.0%，猪腩高出

第八章　盈利模式

42%，瑞士法郎高出 54.2%。

你可以自己研究数据，看看能否发现一些我没有发现的东西。收低的外包日线的发生看起来在下几个交易日的市场上有一些看涨的趋势。

我们进一步研究认为："如果价格下降，我们有一个收高的外包日线也许更有意义。"这将肯定地表明市场本身已经反转。另几组图表相应地显示，当我们有一个十天的低点时会发生什么，那也是一个外包日线的低点，并于当天收高。很抱歉让你失望了，但是如果你看看这些数字，你将明白这并不是积累资金的最势不可挡的方式。还差得远呢。这种模式在预测价格将会在接下来另一个 1 到 20 天内走高方面没有任何数据上的可靠性。

这种模式的镜像将会是一个收低的外包日线，并拥有近十天外包日线的高点成为最高的高点。你认为这将是看跌的。但并不是这样。

标准普尔 500 指数在二十天后高出 47%，价值线指数高出几乎 55%并持续成为股票指数中看涨的，但是几乎并没有像其他商品一样看涨。有趣的是，瑞士法郎跟随这种"完美的"看跌模式反弹了 71%。这就让我们感到奇怪，图表分析师究竟是在将他们的资金用于交易，还是仅仅卖掉了他们的书。

当涉及观察外包日线时，千万不要有任何疏漏。我们也决定观察一下，如果我们有一个收高的外包日线和一个最近十天外包日线最高的高点的话，将会是什么情况。那样有意义吗？再次呈现一些图表供你放松一下并提供一点启示。那么结果就是它们本身显现出来的。这对标准普尔 500 指数和价值线指数正好是一个非常看涨的模式，其价格反弹高出 62%。然而，这种情况下国债看跌，大豆不涨不跌，白银看涨，猪腩不涨不跌，瑞士法郎看涨。这种模式的反转将会在十天走低后变成一个收低的外包日线。你可以从图表中看出这看起来是非常看跌的。但是，实际并非如此！

Percentage of time you close up X days after an outside day where the outside day is a 10 day low and closes up.

		S&P	VAL	BNDS	SLVR	S BNS	P BEL	S FRANC
D	1	69.23	36.36	21.43	14.29	36.84	60.00	31.25
A	2	69.23	36.36	42.86	28.57	36.84	57.14	37.50
Y	3	69.23	36.36	42.86	71.43	42.11	53.33	43.75
S	4	57.14	36.36	42.86	57.14	42.11	66.67	50.00
A	5	50.00	27.27	50.00	28.57	42.11	73.33	31.25
F	6	35.71	27.27	57.14	28.57	26.32	60.00	43.75
T	7	42.86	27.27	64.29	14.29	26.32	60.00	37.50
E	8	71.43	36.36	57.14	28.57	26.32	46.67	31.25
R	9	57.14	36.36	64.29	14.29	31.58	40.00	43.75
O	10	50.00	36.36	50.00	14.29	31.58	53.33	43.75
C	11	57.14	36.36	50.00	28.57	26.32	46.67	50.00
C	12	61.54	45.45	50.00	28.57	36.84	46.67	43.75
U	13	69.23	45.45	57.14	0.00	42.11	46.67	25.00
R	14	84.62	45.45	57.14	0.00	47.37	53.33	37.50
R	15	76.92	36.36	50.00	0.00	36.84	40.00	37.50
E	16	76.92	45.45	57.14	14.29	36.84	40.00	37.50
N	17	69.23	54.55	50.00	14.29	31.58	46.67	37.50
C	18	84.62	54.55	64.29	14.29	42.11	40.00	37.50
E	19	84.62	54.55	64.29	42.86	42.11	33.33	37.50
	20	69.23	50.00	64.29	42.86	47.37	33.33	37.50
	21	69.23	50.00	64.29	42.86	42.11	46.67	37.50

OUTSIDE DAY CLOSING UP

10 DAY LOW

第八章 盈利模式

```
Percentage of time you close up X days after an outside day
where the outside day is a 10 day high and closes up.
```

		S&P	VAL	BNDS	SLVR	S BNS	P BEL	S FRANC
D	1	33.33	42.86	50.00	38.89	54.55	54.55	46.15
A	2	41.67	33.33	55.56	55.56	36.36	36.36	61.54
Y	3	45.83	57.14	44.44	27.78	45.45	36.36	46.15
S	4	45.83	59.09	61.11	44.44	45.45	40.91	61.54
	5	29.17	54.55	61.11	44.44	45.45	50.00	38.46
A	6	41.67	54.55	61.11	44.44	54.55	54.55	38.46
F	7	41.67	54.55	61.11	44.44	63.64	54.55	46.15
T	8	54.17	54.55	61.11	44.44	63.64	50.00	53.85
E	9	45.83	50.00	55.56	38.89	45.45	50.00	38.46
R	10	45.83	54.55	55.56	33.33	45.45	50.00	38.46
O	11	45.83	50.00	50.00	27.78	45.45	50.00	30.77
C	12	41.67	50.00	55.56	33.33	45.45	45.45	46.15
C	13	45.83	50.00	50.00	33.33	41.67	45.45	38.46
U	14	50.00	54.55	44.44	33.33	50.00	45.45	30.77
R	15	37.50	54.55	52.63	33.33	58.33	45.45	38.46
R	16	33.33	45.45	57.89	33.33	58.33	45.45	38.46
E	17	33.33	54.55	52.63	27.78	58.33	40.91	38.46
N	18	29.17	54.55	57.89	22.22	66.67	59.09	46.15
C	19	33.33	40.91	66.67	27.78	58.33	54.55	30.77
E	20	37.50	45.45	66.67	27.78	58.33	54.55	30.77
	21	33.33	45.45	66.67	22.22	50.00	45.45	38.46

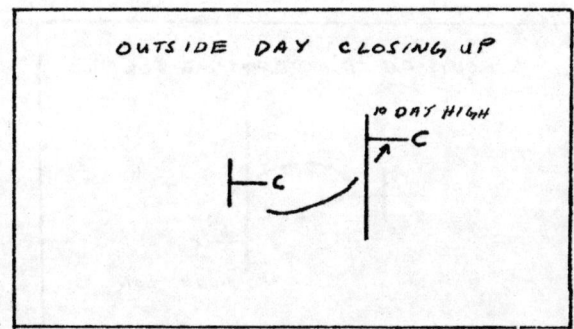

Percentage of time you close up X days after an outside day where the outside day is a 10 day low and closes down.

		S&P	VAL	BNDS	SLVR	S BNS	P BEL	S FRANC
D	1	53.85	30.00	46.15	71.43	55.56	56.00	50.00
A	2	38.46	35.00	61.54	35.71	50.00	60.00	50.00
Y	3	64.29	55.00	53.85	42.86	55.56	41.67	50.00
S	4	50.00	40.00	53.85	42.86	50.00	41.67	50.00
	5	57.14	50.00	46.15	35.71	52.63	33.33	62.50
A	6	53.33	55.00	61.54	42.86	42.11	25.00	50.00
F	7	46.67	55.00	53.85	35.71	42.11	29.17	75.00
T	8	53.33	55.00	53.85	42.86	31.58	41.67	50.00
E	9	37.50	60.00	53.85	50.00	36.84	33.33	50.00
R	10	43.75	50.00	53.85	28.57	26.32	33.33	50.00
O	11	43.75	50.00	61.54	28.57	36.84	50.00	50.00
C	12	50.00	55.00	53.85	28.57	42.11	50.00	50.00
C	13	43.75	55.00	61.54	21.43	31.58	50.00	50.00
U	14	56.25	55.00	61.54	21.43	36.84	45.83	50.00
R	15	50.00	55.00	61.54	21.43	42.11	33.33	50.00
R	16	50.00	55.00	61.54	21.43	42.11	37.50	50.00
E	17	62.50	55.00	61.54	35.71	42.11	41.67	50.00
N	18	56.25	55.00	61.54	28.57	36.84	33.33	50.00
C	19	62.50	55.00	61.54	28.57	57.89	37.50	50.00
E	20	62.50	60.00	61.54	28.57	47.37	37.50	37.50
	21	62.50	60.00	61.54	28.57	52.63	37.50	37.50

OUTSIDE DAY CLOSING DOWN

10 DAY LOW

第八章 盈利模式

Percentage of time you close up X days after an outside day where the outside day is a 10 day high and closes down.

		S&P	VAL	BNDS	SLVR	S BNS	P BEL	S FRANC
D	1	63.16	35.00	66.67	60.00	36.36	45.83	57.14
A	2	36.84	65.00	55.56	50.00	27.27	45.83	57.14
Y	3	42.11	65.00	38.89	50.00	54.55	54.17	42.86
S	4	42.11	70.00	38.89	30.00	45.45	33.33	28.57
	5	36.84	50.00	50.00	30.00	54.55	29.17	42.86
A	6	36.84	55.00	61.11	30.00	63.64	33.33	42.86
F	7	42.11	55.00	61.11	30.00	54.55	41.67	42.86
T	8	47.37	65.00	66.67	30.00	45.45	41.67	57.14
E	9	42.11	60.00	61.11	30.00	36.36	37.50	57.14
R	10	52.63	55.00	55.56	30.00	36.36	45.83	57.14
	11	47.37	60.00	72.22	30.00	36.36	45.83	57.14
O	12	42.11	60.00	61.11	30.00	36.36	41.67	57.14
C	13	47.37	65.00	66.67	30.00	27.27	44.00	42.86
C	14	63.16	70.00	61.11	30.00	18.18	40.00	42.86
U	15	63.16	65.00	61.11	30.00	18.18	40.00	42.86
R	16	57.89	65.00	66.67	30.00	18.18	40.00	42.86
R	17	57.89	65.00	72.22	40.00	18.18	44.00	42.86
E	18	57.89	65.00	66.67	30.00	9.09	48.00	71.43
N	19	52.63	65.00	72.22	40.00	18.18	40.00	71.43
C	20	47.37	55.00	66.67	30.00	18.18	48.00	71.43
E	21	42.11	50.00	72.22	30.00	9.09	52.00	71.43

OUTSIDE DAY CLOSING DOWN

10 DAY HIGH

Percentage of time you close down X days after an outside day where the outside day is a 10 day low and closes up.

		S&P	VAL	BNDS	SLVR	S BNS	P BEL	S FRANC
D	1	30.77	63.64	78.57	85.71	63.16	40.00	68.75
A	2	30.77	63.64	57.14	71.43	63.16	42.86	62.50
Y	3	30.77	63.64	57.14	28.57	57.89	46.67	56.25
S	4	42.86	63.64	57.14	42.86	57.89	33.33	50.00
A	5	50.00	72.73	50.00	71.43	57.89	26.67	68.75
F	6	64.29	72.73	42.86	71.43	73.68	40.00	56.25
T	7	57.14	72.73	35.71	85.71	73.68	40.00	62.50
E	8	28.57	63.64	42.86	71.43	73.68	53.33	68.75
R	9	42.86	63.64	35.71	85.71	68.42	60.00	56.25
	10	50.00	63.64	50.00	85.71	68.42	46.67	56.25
O	11	42.86	63.64	50.00	71.43	73.68	53.33	50.00
C	12	38.46	54.55	50.00	71.43	63.16	53.33	56.25
C	13	30.77	54.55	42.86	100.00	57.89	53.33	75.00
U	14	15.38	54.55	42.86	100.00	52.63	46.67	62.50
R	15	23.08	63.64	50.00	100.00	63.16	60.00	62.50
R	16	23.08	54.55	42.86	85.71	63.16	60.00	62.50
E	17	30.77	45.45	50.00	85.71	68.42	53.33	62.50
N	18	15.38	45.45	35.71	85.71	57.89	60.00	62.50
C	19	15.38	45.45	35.71	57.14	57.89	66.67	62.50
E	20	30.77	50.00	35.71	57.14	52.63	66.67	62.50
	21	30.77	50.00	35.71	57.14	57.89	53.33	62.50

OUTSIDE DAY CLOSING UP

10 DAY LOW

第八章 盈利模式

Percentage of time you close down X days after an outside day where the outside day is a 10 day high and closes up.

		S&P	VAL	BNDS	SLVR	S BNS	P BEL	S FRANC
D	1	66.67	57.14	50.00	61.11	45.45	45.45	53.85
A	2	58.33	66.67	44.44	44.44	63.64	63.64	38.46
Y	3	54.17	42.86	55.56	72.22	54.55	63.64	53.85
S	4	54.17	40.91	38.89	55.56	54.55	59.09	38.46
	5	70.83	45.45	38.89	55.56	54.55	50.00	61.54
A	6	58.33	45.45	38.89	55.56	45.45	45.45	61.54
F	7	58.33	45.45	38.89	55.56	36.36	45.45	53.85
T	8	45.83	45.45	38.89	55.56	36.36	50.00	46.15
E	9	54.17	50.00	44.44	61.11	54.55	50.00	61.54
R	10	54.17	45.45	44.44	66.67	54.55	50.00	61.54
	11	54.17	50.00	50.00	72.22	54.55	50.00	69.23
O	12	58.33	50.00	44.44	66.67	54.55	54.55	53.85
C	13	54.17	50.00	50.00	66.67	58.33	54.55	61.54
C	14	50.00	45.45	55.56	66.67	50.00	54.55	69.23
U	15	62.50	45.45	47.37	66.67	41.67	54.55	61.54
R	16	66.67	54.55	42.11	66.67	41.67	54.55	61.54
R	17	66.67	45.45	47.37	72.22	41.67	59.09	61.54
E	18	70.83	45.45	42.11	77.78	33.33	40.91	53.85
N	19	66.67	59.09	33.33	72.22	41.67	45.45	69.23
C	20	62.50	54.55	33.33	72.22	41.67	45.45	69.23
E	21	66.67	54.55	33.33	77.78	50.00	54.55	61.54

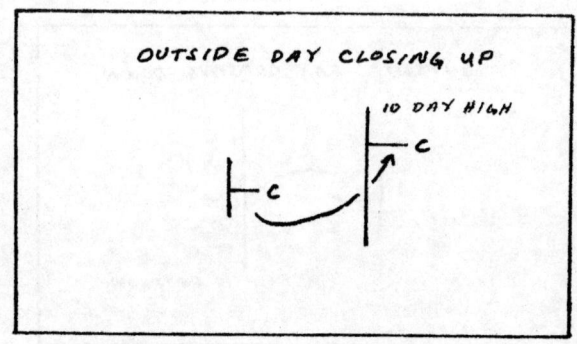

Percentage of time you close down X days after an outside day
where the outside day is a 10 day low and closes down.

```
                S&P     VAL    BNDS    SLVR    S BNS   P BEL   S FRANC
D          1   46.15   70.00   53.85   28.57   44.44   44.00   50.00
A          2   61.54   65.00   38.46   64.29   50.00   40.00   50.00
Y          3   35.71   45.00   46.15   57.14   44.44   58.33   50.00
S          4   50.00   60.00   46.15   57.14   50.00   58.33   50.00
           5   42.86   50.00   53.85   64.29   47.37   66.67   37.50
A          6   46.67   45.00   38.46   57.14   57.89   75.00   25.00
F          7   53.33   45.00   46.15   64.29   57.89   70.83   25.00
T          8   46.67   45.00   46.15   57.14   68.42   58.33   50.00
E          9   62.50   40.00   46.15   50.00   63.16   66.67   50.00
R         10   56.25   50.00   46.15   71.43   73.68   66.67   50.00
          11   56.25   50.00   38.46   71.43   63.16   50.00   50.00
O         12   50.00   45.00   46.15   71.43   57.89   50.00   50.00
C         13   56.25   45.00   38.46   78.57   68.42   50.00   50.00
C         14   43.75   45.00   38.46   78.57   63.16   54.17   50.00
U         15   50.00   45.00   38.46   78.57   57.89   66.67   50.00
R         16   50.00   45.00   38.46   78.57   57.89   62.50   50.00
R         17   37.50   45.00   38.46   64.29   57.89   58.33   50.00
E         18   43.75   45.00   38.46   71.43   63.16   66.67   50.00
N         19   37.50   45.00   38.46   71.43   42.11   62.50   50.00
C         20   37.50   40.00   38.46   71.43   52.63   62.50   62.50
E         21   37.50   40.00   38.46   71.43   47.37   62.50   62.50
```

OUTSIDE DAY CLOSING DOWN

10 DAY LOW

第八章 盈利模式

```
Percentage of time you close down X days after an outside day
where the outside day is a 10 day high and closes down.
```

		S&P	VAL	BNDS	SLVR	S BNS	P BEL	S FRANC
D	1	36.84	65.00	33.33	40.00	63.64	54.17	42.86
A	2	63.16	35.00	44.44	50.00	72.73	54.17	42.86
Y	3	57.89	35.00	61.11	50.00	45.45	45.83	57.14
S	4	57.89	30.00	61.11	70.00	54.55	66.67	71.43
A	5	63.16	50.00	50.00	70.00	45.45	70.83	57.14
F	6	63.16	45.00	38.89	70.00	36.36	66.67	57.14
T	7	57.89	45.00	38.89	70.00	45.45	58.33	57.14
E	8	52.63	35.00	33.33	70.00	54.55	58.33	42.86
R	9	57.89	40.00	38.89	70.00	63.64	62.50	42.86
	10	47.37	45.00	44.44	70.00	63.64	54.17	42.86
O	11	52.63	40.00	27.78	70.00	63.64	54.17	42.86
C	12	57.89	40.00	38.89	70.00	63.64	58.33	42.86
C	13	52.63	35.00	33.33	70.00	72.73	56.00	57.14
U	14	36.84	30.00	38.89	70.00	81.82	60.00	57.14
R	15	36.84	35.00	38.89	70.00	81.82	60.00	57.14
R	16	42.11	35.00	33.33	70.00	81.82	60.00	57.14
E	17	42.11	35.00	27.78	60.00	81.82	56.00	57.14
N	18	42.11	35.00	33.33	70.00	90.91	52.00	28.57
C	19	47.37	35.00	27.78	60.00	81.82	60.00	28.57
E	20	52.63	45.00	33.33	70.00	81.82	52.00	28.57
	21	57.89	50.00	27.78	70.00	90.91	48.00	28.57

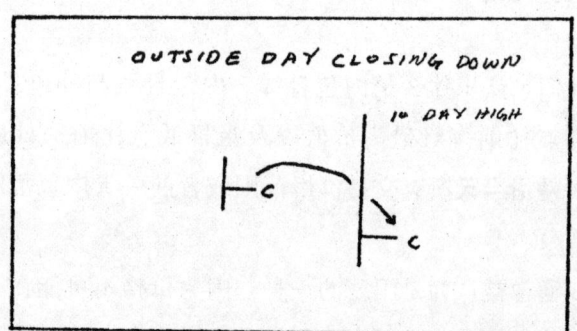

你猜结果如何，我们有另外一个惊喜。图表分析师阐释的是看跌的，但其实并不是。直至现在，这还不是值得惊喜的。

根据这种模式，标准普尔 500 指数高出 63%，价值线指数也是一样。你可以从其他市场中看出，它不是一个很明显深刻的模式。

这些模式的意义在于，它们是无意义的。也许一种模式作用于价值线指数，而另一种模式作用于标准普尔 500 指数，但事实是，这些拥有百年以上历史的模式似乎没有那么准确。因此，用之要谨慎。

本章中，你将了解到有意义的模式。目前我们看到的，比较大的一些模式，像临界价格反转（CPR）、关键反转和外包日线反转，无论如何，所有模式似乎都没有数据支持上的优势。

在交易时，你不要完全依赖这些模式，有些模式可能是有用处的。也许在我们的研究中，就市场上发生作用的地方而言，我们并没有正确地运用它们。①

那可能是真的，但是我们的研究面似乎很广，当这些模式起作用或不起作用时，我们本应该有能力抽身。

我们通过观察一种典型的技术手段来运用这些模式，但是如果你确实听到了这些反转模式有多好或者外包日线模式有多厉害的话，你可能想要检查一下，确定利用该模式的内容与我们这里所呈现的是迥异的。否则不要运用这些模式。

外看内包日线

首先，我们来认识什么是内包日线。内包日线与外包日线正好相反。它是指当日高点比前一日最高价低以及当日低点比前一日最低价高。因此，内包日线是指当天所有交易价格范围或者前一天内包范围发生的交易活动。

内包日线通常被认为是阻塞的一种，因为价格不可能在上升时期超过前一天的最高价，而且它也不会在下降时期打破前一天的最低价。

图表分析师和作者很久没有把注意力放在内包日线上了。他们注意过内包日线，但是据我所知，仔细研究内包日线的影响，这还是第一次。

而且，你将不会仅仅知道这件事——内包日线是预测市场上发生模式

---

① 一个明显的例外就是 Jim Kneafsey 的剑桥陷阱，一个关键反转日以集中因素鉴定或者从其他反转日中分离出来。

第八章 盈利模式

最可靠的方式之一！

在市场交易所有的技巧中，我提到的唯一一个内包日线技巧是，有人建议如果价格下降，也就是说当日价格比最近几个交易日更低，你可以有一个收低的内包日线，迎来反弹的可能性就大。

这似乎有效。接下来的图表显示，当价格比十天前的更低时，我们有一个收低的内包日线。

在标准普尔500指数中，高出第二天的71%。这可不像在这发生之后的二十天时高出的71%一样有意义。价值线指数价格高出发生后的50%，国债高出75%。

白银的模式几乎不是看涨的，这令我很吃惊，因为我曾经成功地利用过这个交易技巧。下面我来解释一下！

在这种模式下，二十天内白银仅仅高出36%，大豆高出57%，猪腩高出50%，而到目前为止，我们还没有找到一个促使瑞士法郎价格上升的模式，二十天内瑞士法郎仅仅高出22%。

不过我们看一下内包日线的情况。当我们仅仅有收低的一个内包日线，将会出现什么情况？在其价值方面能预测任何有意义的市场活动吗？在接下来你会发现什么？

凡事都有两面性。如果我们有一个收高的内包日线，会是什么情况呢？这将会预测积极的行为吗？从某种程度上说，似乎是可以的。自己研究一下图表。我用电脑给出几乎所有内包日线的结构。然而，坦白地讲，大多数数据揭示的是一些任意行为，其余的则是你可以找到并成功交易的关系。

你要关注的不是该模式总能为你效力，而是像方法、系统和工具那样，能够给你提供引导你成功投机的技巧。

我没有找出收低的内包日线所有可能的方法，但是我看过可以研究的大多数关系。还有其他的。例如，如果在五天后的内包日线价格上升或下降会是什么情况？那是不是意味着持续下降？我们也可以问在一个内包日线后的外包日线问题。这明显是一个特殊的看涨模式吗？（答案是肯定的）如你所见，你研究的机会是无限的。如果你有一台电脑、一些数据，并一

期货交易终极指南

心想研究市场,这里将是你伟大思想诞生的沃土。

```
Percentage of time you close down X days after an inside day
where the inside day closes down and the day prior to the
inside day is a 10 day high.
```

		S&P	VAL	BNDS	SLVR	S BNS	P BEL	S FRANC
D	1	47.37	50.00	37.50	55.00	75.00	50.00	56.52
A	2	52.63	28.57	43.75	70.00	41.67	45.45	52.17
Y	3	63.16	35.71	31.25	55.00	41.67	40.91	47.83
S	4	52.63	50.00	43.75	55.00	58.33	40.91	52.17
	5	57.89	50.00	37.50	55.00	41.67	54.55	47.83
A	6	63.16	50.00	37.50	55.00	25.00	50.00	60.87
F	7	68.42	50.00	43.75	55.00	25.00	59.09	47.83
T	8	57.14	57.14	43.75	60.00	25.00	63.64	52.17
E	9	57.89	57.14	43.75	55.00	25.00	59.09	52.17
R	10	57.89	50.00	43.75	60.00	41.67	68.18	60.87
	11	52.63	42.86	50.00	70.00	33.33	68.18	60.87
O	12	63.16	50.00	50.00	70.00	33.33	68.18	56.52
C	13	57.89	50.00	37.50	75.00	30.77	59.09	52.17
C	14	63.16	50.00	37.50	75.00	38.46	59.09	52.17
U	15	63.16	57.14	37.50	75.00	38.46	63.64	52.17
R	16	63.16	50.00	37.50	75.00	38.46	59.09	56.52
R	17	63.16	57.14	37.50	70.00	53.85	59.09	47.83
E	18	63.16	57.14	31.25	65.00	61.54	54.55	47.83
N	19	68.42	57.14	23.53	75.00	69.23	59.09	43.48
C	20	73.68	57.14	29.41	70.00	69.23	50.00	47.83
E	21	73.68	71.43	23.53	60.00	69.23	45.45	43.48

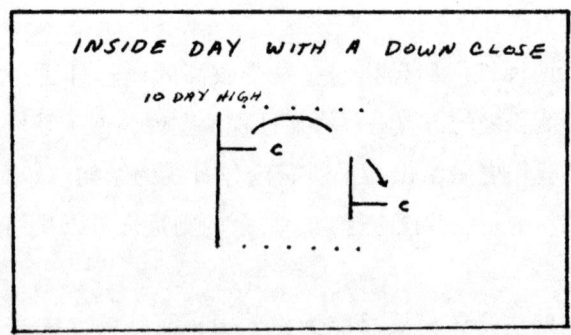

第八章 盈利模式

Percentage of time you close down X days after an inside day
where the inside day closes down and the day prior to the
inside day is a 10 day low.

		S&P	VAL	BNDS	SLVR	S BNS	P BEL	S FRANC
D	1	28.57	50.00	25.00	36.84	42.86	100.00	44.44
A	2	28.57	66.67	37.50	42.11	28.57	83.33	55.56
Y	3	42.86	75.00	12.50	47.37	42.86	50.00	44.44
S	4	42.86	58.33	25.00	36.84	57.14	66.67	44.44
A	5	42.86	66.67	25.00	47.37	71.43	66.67	55.56
F	6	57.14	58.33	37.50	36.84	71.43	50.00	44.44
T	7	42.86	66.67	37.50	47.37	71.43	50.00	55.56
E	8	57.14	58.33	62.50	42.11	42.86	50.00	55.56
R	9	42.86	50.00	62.50	47.37	57.14	50.00	55.56
O	10	28.57	50.00	62.50	47.37	42.86	66.67	55.56
C	11	28.57	58.33	62.50	52.63	42.86	66.67	55.56
C	12	28.57	50.00	62.50	57.89	62.50	66.67	55.56
U	13	28.57	41.67	50.00	47.37	42.86	66.67	55.56
R	14	28.57	41.67	50.00	42.11	42.86	66.67	66.67
R	15	28.57	41.67	50.00	47.37	57.14	66.67	66.67
E	16	28.57	41.67	37.50	57.89	42.86	66.67	77.78
N	17	28.57	41.67	37.50	57.89	42.86	66.67	77.78
C	18	28.57	41.67	37.50	57.89	42.86	83.33	77.78
E	19	28.57	41.67	37.50	57.89	42.86	66.67	77.78
	20	28.57	41.67	25.00	63.16	42.86	50.00	77.78
	21	28.57	41.67	12.50	63.16	71.43	50.00	77.78

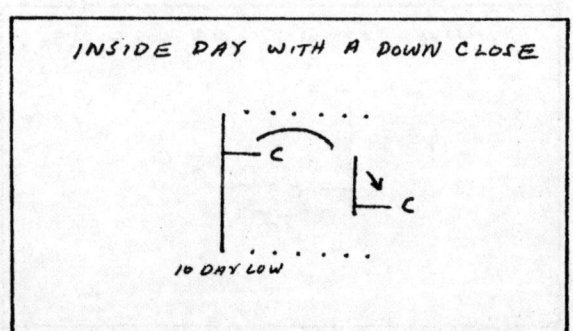

Percentage of time you close down X days after an inside day
where the inside day closes up and the day prior to the
inside day is a 10 day high.

		S&P	VAL	BNDS	SLVR	S BNS	P BEL	S FRANC
D	1	50.00	41.67	28.57	61.11	55.56	54.55	66.67
A	2	16.67	33.33	42.86	66.67	55.56	54.55	44.44
Y	3	16.67	25.00	57.14	61.11	88.89	45.45	55.56
S	4	25.00	16.67	64.29	61.11	77.78	36.36	44.44
	5	25.00	25.00	61.54	61.11	77.78	27.27	33.33
A	6	33.33	25.00	46.15	50.00	55.56	45.45	33.33
F	7	33.33	16.67	38.46	55.56	55.56	45.45	33.33
T	8	58.33	25.00	23.08	38.89	55.56	45.45	44.44
E	9	50.00	25.00	23.08	50.00	44.44	54.55	55.56
R	10	41.67	25.00	15.38	50.00	44.44	54.55	44.44
	11	50.00	25.00	15.38	38.89	44.44	54.55	33.33
O	12	50.00	25.00	23.08	38.89	55.56	63.64	44.44
C	13	33.33	25.00	23.08	55.56	66.67	58.33	55.56
C	14	33.33	33.33	23.08	61.11	66.67	50.00	44.44
U	15	25.00	25.00	30.77	66.67	44.44	50.00	44.44
R	16	25.00	8.33	23.08	72.22	66.67	58.33	33.33
R	17	41.67	33.33	30.77	66.67	66.67	66.67	33.33
E	18	41.67	33.33	38.46	55.56	55.56	66.67	33.33
N	19	50.00	50.00	38.46	50.00	66.67	58.33	33.33
C	20	50.00	33.33	30.77	55.56	77.78	58.33	33.33
E	21	50.00	41.67	23.08	38.89	66.67	66.67	33.33

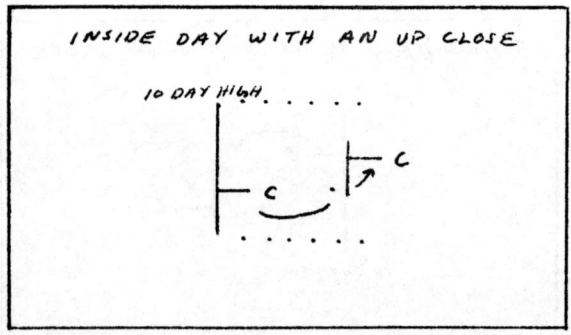

第八章 盈利模式

Percentage of time you close down X days after an inside day
where the inside day closes up and the day prior to the
inside day is a 10 day low.

		S&P	VAL	BNDS	SLVR	S BNS	P BEL	S FRANC
D	1	41.18	55.56	61.54	64.52	45.45	65.22	57.14
A	2	47.06	44.44	69.23	58.06	63.64	39.13	52.38
Y	3	47.06	44.44	76.92	61.29	54.55	56.52	57.14
S	4	41.18	44.44	69.23	70.00	54.55	54.55	61.90
	5	17.65	33.33	61.54	63.33	54.55	63.64	57.14
A	6	23.53	38.89	76.92	66.67	54.55	54.55	66.67
F	7	23.53	33.33	69.23	53.33	36.36	54.55	71.43
T	8	29.41	38.89	76.92	58.62	63.64	54.55	71.43
E	9	29.41	44.44	69.23	58.62	50.00	54.55	70.00
R	10	35.29	33.33	64.29	58.62	50.00	54.55	60.00
	11	29.41	38.89	64.29	58.62	50.00	68.18	65.00
O	12	35.29	33.33	42.86	65.52	50.00	73.91	65.00
C	13	29.41	38.89	50.00	65.52	50.00	59.09	60.00
C	14	29.41	44.44	57.14	62.07	50.00	59.09	65.00
U	15	29.41	44.44	57.14	62.07	40.00	68.18	65.00
R	16	35.29	50.00	50.00	62.07	30.00	68.18	65.00
R	17	35.29	38.89	50.00	58.62	30.00	59.09	65.00
E	18	29.41	38.89	42.86	62.07	20.00	54.55	70.00
N	19	23.53	33.33	42.86	58.62	10.00	54.55	70.00
C	20	23.53	27.78	35.71	58.62	20.00	54.55	75.00
E	21	23.53	27.78	42.86	55.17	30.00	50.00	75.00

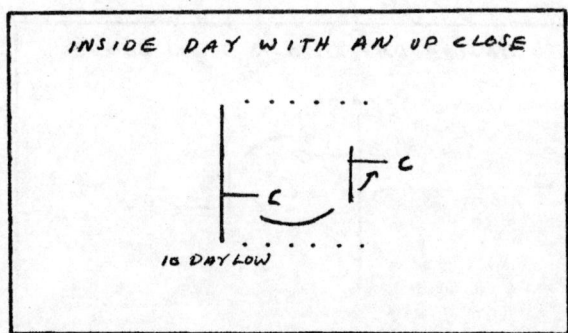

INSIDE DAY WITH AN UP CLOSE

10 DAY LOW

Percentage of time you close up X days after an inside day where the inside day closes down, and the day prior to the inside day is a 10 day high.

		S&P	VAL	BNDS	SLVR	S BNS	P BEL	S FRANC
D	1	52.63	50.00	62.50	45.00	25.00	50.00	43.48
A	2	47.37	71.43	56.25	30.00	58.33	54.55	47.83
Y	3	36.84	64.29	68.75	45.00	58.33	59.09	52.17
S	4	47.37	50.00	56.25	45.00	41.67	59.09	47.83
	5	42.11	50.00	62.50	45.00	58.33	45.45	52.17
A	6	36.84	50.00	62.50	45.00	75.00	50.00	39.13
F	7	31.58	50.00	56.25	45.00	75.00	40.91	52.17
T	8	42.11	42.86	56.25	40.00	75.00	36.36	47.83
E	9	42.11	42.86	56.25	45.00	75.00	40.91	47.83
R	10	42.11	50.00	56.25	40.00	58.33	31.82	39.13
O	11	47.37	57.14	50.00	30.00	66.67	31.82	39.13
C	12	36.84	50.00	50.00	30.00	66.67	31.82	43.48
C	13	42.11	50.00	62.50	25.00	69.23	40.91	47.83
U	14	36.84	50.00	62.50	25.00	61.54	40.91	47.83
R	15	36.84	42.86	62.50	25.00	61.54	36.36	47.83
R	16	36.84	50.00	62.50	25.00	61.54	40.91	43.48
E	17	36.84	42.86	62.50	30.00	46.15	40.91	52.17
N	18	36.84	42.86	68.75	35.00	38.46	45.45	52.17
C	19	31.58	42.86	76.47	25.00	30.77	40.91	56.52
E	20	26.32	42.86	70.59	30.00	30.77	50.00	52.17
	21	26.32	28.57	76.47	40.00	30.77	54.55	56.52

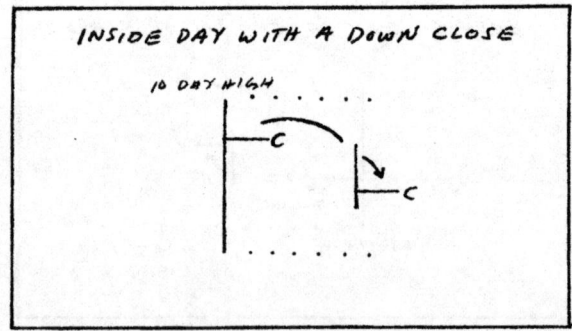

第八章 盈利模式

```
Percentage of time you close up X days after an inside day
where the inside day closes down and the day prior to the
inside day is a 10 day low.
```

		S&P	VAL	BNDS	SLVR	S BNS	P BEL	S FRANC
D	1	71.43	50.00	75.00	63.16	57.14	0.00	55.56
A	2	71.43	33.33	62.50	57.89	71.43	16.67	44.44
Y	3	57.14	25.00	87.50	52.63	57.14	50.00	55.56
S	4	57.14	41.67	75.00	63.16	42.86	33.33	55.56
	5	57.14	33.33	75.00	52.63	28.57	33.33	44.44
A	6	42.86	41.67	62.50	63.16	28.57	50.00	55.56
F	7	57.14	33.33	62.50	52.63	28.57	50.00	44.44
T	8	42.86	41.67	37.50	57.89	57.14	50.00	44.44
E	9	57.14	50.00	37.50	52.63	42.86	50.00	44.44
R	10	71.43	50.00	37.50	52.63	57.14	33.33	44.44
	11	71.43	41.67	37.50	47.37	57.14	33.33	44.44
O	12	71.43	50.00	37.50	42.11	37.50	33.33	44.44
C	13	71.43	58.33	50.00	52.63	57.14	33.33	44.44
C	14	71.43	58.33	50.00	57.89	57.14	33.33	33.33
U	15	71.43	58.33	50.00	52.63	42.86	33.33	33.33
R	16	71.43	58.33	62.50	42.11	57.14	33.33	22.22
R	17	71.43	58.33	62.50	42.11	57.14	33.33	22.22
E	18	71.43	58.33	62.50	42.11	57.14	16.67	22.22
N	19	71.43	58.33	62.50	42.11	57.14	33.33	22.22
C	20	71.43	58.33	75.00	36.84	57.14	50.00	22.22
E	21	71.43	58.33	87.50	36.84	28.57	50.00	22.22

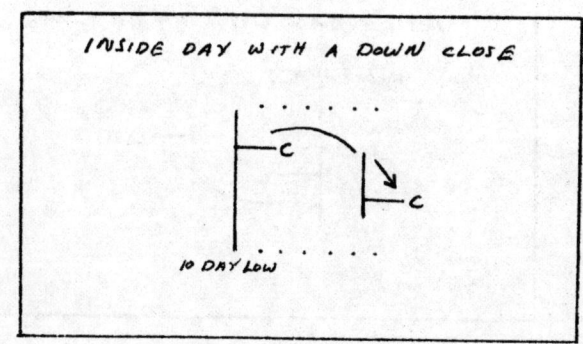

Percentage of time you close up X days after an inside day where the inside day closes up and the day prior to the inside day is a 10 day high.

		S&P	VAL	BNDS	SLVR	S BNS	P BEL	S FRANC
D	1	50.00	58.33	71.43	38.89	44.44	45.45	33.33
A	2	83.33	66.67	57.14	33.33	44.44	45.45	55.56
Y	3	83.33	75.00	42.86	38.89	11.11	54.55	44.44
S	4	75.00	83.33	35.71	38.89	22.22	63.64	55.56
A	5	75.00	75.00	38.46	38.89	22.22	72.73	66.67
F	6	66.67	75.00	53.85	50.00	44.44	54.55	66.67
T	7	66.67	83.33	61.54	44.44	44.44	54.55	66.67
E	8	41.67	75.00	76.92	61.11	44.44	54.55	55.56
R	9	50.00	75.00	76.92	50.00	55.56	45.45	44.44
O	10	58.33	75.00	84.62	50.00	55.56	45.45	55.56
C	11	50.00	75.00	84.62	61.11	55.56	45.45	66.67
C	12	50.00	75.00	76.92	61.11	44.44	36.36	55.56
U	13	66.67	75.00	76.92	44.44	33.33	41.67	44.44
R	14	66.67	66.67	76.92	38.89	33.33	50.00	55.56
R	15	75.00	75.00	69.23	33.33	55.56	50.00	55.56
E	16	75.00	91.67	76.92	27.78	33.33	41.67	66.67
N	17	58.33	66.67	69.23	33.33	33.33	33.33	66.67
C	18	58.33	66.67	61.54	44.44	44.44	33.33	66.67
E	19	50.00	50.00	61.54	50.00	33.33	41.67	66.67
	20	50.00	66.67	69.23	44.44	22.22	41.67	66.67
	21	50.00	58.33	76.92	61.11	33.33	33.33	66.67

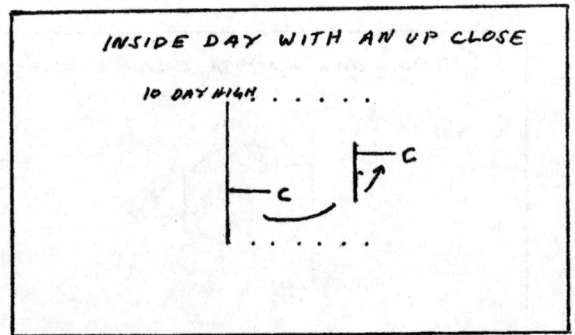

第八章 盈利模式

Percentage of time you close up X days after an inside day where the inside day closes up and the day prior to the inside day is a 10 day low.

		S&P	VAL	BNDS	SLVR	S BNS	P BEL	S FRANC
DAYS AFTER OCCURRENCE	1	58.82	44.44	38.46	35.48	54.55	34.78	42.86
	2	52.94	55.56	30.77	41.94	36.36	60.87	47.62
	3	52.94	55.56	23.08	38.71	45.45	43.48	42.86
	4	58.82	55.56	30.77	30.00	45.45	45.45	38.10
	5	82.35	66.67	38.46	36.67	45.45	36.36	42.86
	6	76.47	61.11	23.08	33.33	45.45	45.45	33.33
	7	76.47	66.67	30.77	46.67	63.64	45.45	28.57
	8	70.59	61.11	23.08	41.38	36.36	45.45	28.57
	9	70.59	55.56	30.77	41.38	50.00	45.45	30.00
	10	64.71	66.67	35.71	41.38	50.00	45.45	40.00
	11	70.59	61.11	35.71	41.38	50.00	31.82	35.00
	12	64.71	66.67	57.14	34.48	50.00	26.09	35.00
	13	70.59	61.11	50.00	34.48	50.00	40.91	40.00
	14	70.59	55.56	42.86	37.93	50.00	40.91	35.00
	15	70.59	55.56	42.86	37.93	60.00	31.82	35.00
	16	64.71	50.00	50.00	37.93	70.00	31.82	35.00
	17	64.71	61.11	50.00	41.38	70.00	40.91	35.00
	18	70.59	61.11	57.14	37.93	80.00	45.45	30.00
	19	76.47	66.67	57.14	41.38	90.00	45.45	30.00
	20	76.47	72.22	64.29	41.38	80.00	45.45	25.00
	21	76.47	72.22	57.14	44.83	70.00	50.00	25.00

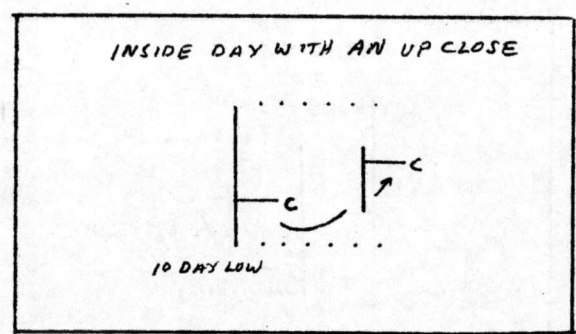

Percentage of time you close down X days after an inside day where the inside day closes up.

		S&P	VAL	BNDS	SLVR	S BNS	P BEL	S FRANC
D	1	46.43	52.46	46.30	62.11	55.32	56.45	56.45
A	2	41.07	34.43	53.70	53.68	57.45	48.39	46.77
Y	3	42.86	44.26	61.11	52.63	70.21	54.84	51.61
S	4	41.07	39.34	59.26	59.57	61.70	54.10	51.61
	5	30.36	32.79	56.60	52.13	63.83	57.38	43.55
A	6	32.14	37.70	52.83	54.26	68.09	63.93	50.00
F	7	33.93	36.07	50.94	51.06	59.57	65.57	53.23
T	8	42.86	37.70	49.06	51.61	70.21	65.57	56.45
E	9	35.71	39.34	49.06	56.99	63.04	63.93	57.38
R	10	37.50	37.70	46.15	58.06	63.04	63.93	54.10
	11	41.07	39.34	44.23	59.14	58.70	68.85	50.82
O	12	46.43	37.70	38.46	58.06	56.52	68.85	54.10
C	13	39.29	37.70	40.38	63.44	63.04	60.66	54.10
C	14	41.07	42.62	40.38	61.29	60.87	52.46	55.00
U	15	37.50	37.70	42.31	61.29	58.70	59.02	55.00
R	16	39.29	40.98	38.46	61.29	56.52	62.30	53.33
R	17	42.86	40.98	42.31	58.06	54.35	60.66	53.33
E	18	39.29	42.62	42.31	54.84	52.17	59.02	55.00
N	19	39.29	44.26	40.38	52.69	56.52	57.38	55.00
C	20	37.50	37.70	38.46	53.76	60.87	57.38	61.67
E	21	39.29	39.34	36.54	47.31	60.87	55.74	60.00

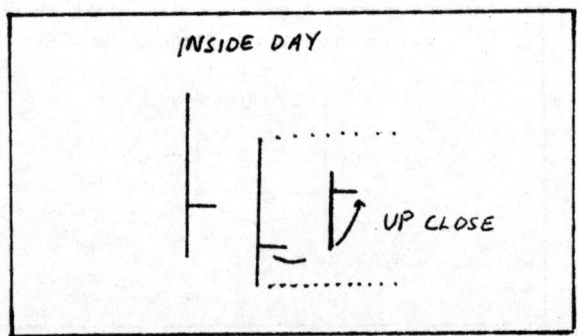

第八章 盈利模式

```
Percentage of time you close up X days after an inside day
where the inside day closes down.
```

		S&P	VAL	BNDS	SLVR	S BNS	P BEL	S FRANC
D	1	54.00	51.79	69.05	51.90	42.31	50.00	49.15
A	2	48.00	50.00	57.14	50.63	48.08	50.00	50.85
Y	3	42.00	42.86	66.67	50.63	44.23	55.36	55.93
S	4	48.00	48.21	59.52	48.10	42.31	50.00	52.54
A	5	46.00	48.21	66.67	49.37	50.00	46.43	55.93
F	6	38.00	55.36	59.52	49.37	48.08	51.79	52.54
T	7	36.00	51.79	64.29	48.10	46.15	46.43	57.63
E	8	44.00	58.93	57.14	45.57	46.15	48.21	54.24
R	9	44.00	57.14	52.38	45.57	46.15	44.64	54.24
O	10	44.00	58.93	54.76	44.30	42.31	37.50	52.54
C	11	48.00	57.14	50.00	36.71	46.15	37.50	50.85
C	12	46.00	55.36	52.38	39.24	42.31	39.29	52.54
U	13	48.00	56.36	59.52	37.97	44.23	44.64	50.85
R	14	46.00	54.55	59.52	39.24	44.23	42.86	50.85
R	15	46.00	52.73	57.14	34.18	42.31	42.86	50.85
E	16	46.94	54.55	66.67	32.91	48.08	44.64	49.15
N	17	48.98	54.55	64.29	32.05	44.23	46.43	52.54
C	18	51.02	56.36	61.90	34.62	40.38	48.21	52.54
E	19	46.94	58.18	69.05	32.05	38.46	44.64	54.24
	20	46.94	60.00	69.05	33.33	34.62	48.21	52.54
	21	46.94	56.36	71.43	41.03	30.77	50.00	55.93

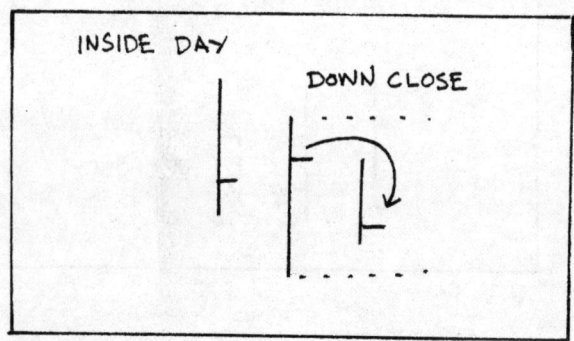

Percentage of time you close up X days after an inside day
where the inside day closes up.

		S&P	VAL	SLVR	BNDS	S BNS	P BEL	S FRANC
D	1	53.57	47.54	37.89	53.70	44.68	43.55	43.55
A	2	58.93	65.57	46.32	46.30	42.55	51.61	53.23
Y	3	57.14	55.74	47.37	38.89	29.79	45.16	48.39
S	4	58.93	60.66	40.43	40.74	38.30	45.90	48.39
A	5	69.64	67.21	47.87	43.40	36.17	42.62	56.45
F	6	67.86	62.30	45.74	47.17	31.91	36.07	50.00
T	7	66.07	63.93	48.94	49.06	40.43	34.43	46.77
E	8	57.14	62.30	48.39	50.94	29.79	34.43	43.55
R	9	64.29	60.66	43.01	50.94	36.96	36.07	42.62
	10	62.50	62.30	41.94	53.85	36.96	36.07	45.90
O	11	58.93	60.66	40.86	55.77	41.30	31.15	49.18
C	12	53.57	62.30	41.94	61.54	43.48	31.15	45.90
C	13	60.71	62.30	36.56	59.62	36.96	39.34	45.90
U	14	58.93	57.38	38.71	59.62	39.13	47.54	45.00
R	15	62.50	62.30	38.71	57.69	41.30	40.98	45.00
R	16	60.71	59.02	38.71	61.54	43.48	37.70	46.67
E	17	57.14	59.02	41.94	57.69	45.65	39.34	46.67
N	18	60.71	57.38	45.16	57.69	47.83	40.98	45.00
C	19	60.71	55.74	47.31	59.62	43.48	42.62	45.00
E	20	62.50	62.30	46.24	61.54	39.13	42.62	38.33
	21	60.71	60.66	52.69	63.46	39.13	44.26	40.00

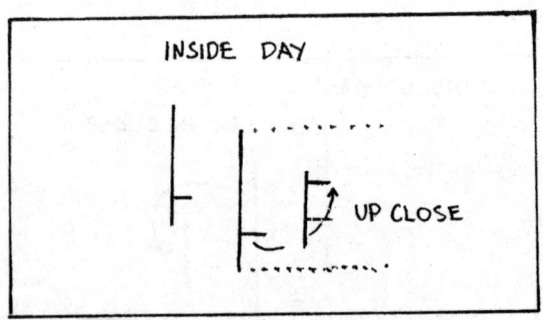

第八章 盈利模式

Percentage of time you close down X days after an inside day where the inside day closes down.

DAYS AFTER OCCURRENCE

	S&P	VAL	BNDS	SLVR	S BNS	P BEL	S FRANC
1	46.00	48.21	30.95	48.10	57.69	50.00	50.85
2	52.00	50.00	42.86	49.37	51.92	50.00	49.15
3	58.00	57.14	33.33	49.37	55.77	44.64	44.07
4	52.00	51.79	40.48	51.90	57.69	50.00	47.46
5	54.00	51.79	33.33	50.63	50.00	53.57	44.07
6	62.00	44.64	40.48	50.63	51.92	48.21	47.46
7	64.00	48.21	35.71	51.90	53.85	53.57	42.37
8	56.00	41.07	42.86	54.43	53.85	51.79	45.76
9	56.00	42.86	47.62	54.43	53.85	55.36	45.76
10	56.00	41.07	45.24	55.70	57.69	62.50	47.46
11	52.00	42.86	50.00	63.29	53.85	62.50	49.15
12	54.00	44.64	47.62	60.76	57.69	60.71	47.46
13	52.00	43.64	40.48	62.03	55.77	55.36	49.15
14	54.00	45.45	40.48	60.76	55.77	57.14	49.15
15	54.00	47.27	42.86	65.82	57.69	57.14	49.15
16	53.06	45.45	33.33	67.09	51.92	55.36	50.85
17	51.02	45.45	35.71	67.95	55.77	53.57	47.46
18	48.98	43.64	38.10	65.38	59.62	51.79	47.46
19	53.06	41.82	30.95	67.95	61.54	55.36	45.76
20	53.06	40.00	30.95	66.67	65.38	51.79	47.46
21	53.06	43.64	28.57	58.97	69.23	50.00	44.07

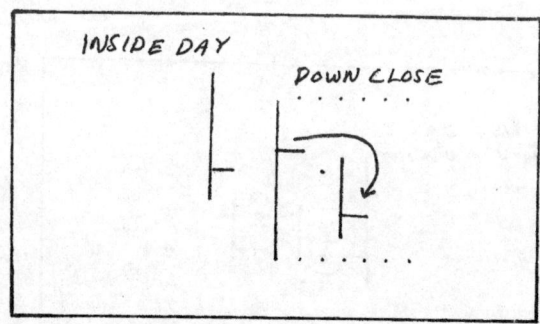

Percentage of time you close up X days after an inside day
where the inside day closes up and the next day has a lower open.

		S&P	VAL	BNDS	SLVR	S BNS	P BEL	S FRANC
D	1	46.34	41.46	44.74	38.03	51.72	47.66	52.38
A	2	51.22	65.85	42.11	43.66	44.83	50.00	57.14
Y	3	48.78	51.22	34.21	42.25	34.48	48.69	45.24
S	4	48.78	53.66	36.84	34.29	41.38	50.66	47.62
	5	70.00	60.98	42.11	42.86	37.93	50.09	50.00
A	6	65.00	58.54	42.11	42.86	37.93	50.28	47.62
F	7	67.50	60.98	47.37	48.57	44.83	48.03	45.24
T	8	60.00	63.41	44.74	46.38	34.48	47.09	42.86
E	9	62.50	53.66	47.37	43.48	41.38	48.50	42.86
R	10	60.00	58.54	52.63	40.58	41.38	49.25	47.62
	11	60.00	53.66	55.26	40.58	51.72	48.21	50.00
O	12	55.00	53.66	65.79	42.03	51.72	47.83	47.62
C	13	57.50	53.66	63.16	36.23	44.83	48.21	50.00
C	14	55.00	48.78	60.53	40.58	48.28	47.08	47.62
U	15	57.50	51.22	57.89	40.58	48.28	47.55	47.62
R	16	57.50	51.22	63.16	42.03	48.28	47.64	47.62
R	17	60.00	51.22	57.89	44.93	51.72	49.34	47.62
E	18	62.50	48.78	60.53	47.83	58.62	48.30	45.24
N	19	65.00	51.22	63.16	49.28	51.72	47.63	47.62
C	20	67.50	56.10	65.79	47.83	48.28	47.63	40.48
E	21	62.50	56.10	63.16	52.17	48.28	47.63	40.48

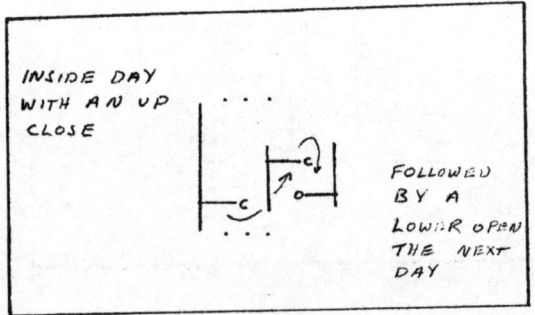

INSIDE DAY WITH AN UP CLOSE FOLLOWED BY A LOWER OPEN THE NEXT DAY

第八章 盈利模式

Percentage of time you close up X days after an inside day where the inside day closes down and the next day has a higher open.

DAYS AFTER OCCURRENCE	S&P	VAL	BNDS	SLVR	S BNS	P BEL	S FRANC
1	50.00	52.50	68.97	53.85	44.74	52.66	45.00
2	44.74	52.50	55.17	51.92	55.26	50.00	37.50
3	44.74	52.50	58.62	48.08	44.74	49.52	50.00
4	50.00	45.00	55.17	51.92	44.74	50.10	47.50
5	50.00	52.50	65.52	51.92	47.37	50.00	50.00
6	42.11	55.00	58.62	51.92	47.37	48.57	42.50
7	36.84	52.50	62.07	46.15	50.00	48.08	45.00
8	44.74	57.50	58.62	38.46	47.37	48.08	42.50
9	42.11	55.00	51.72	38.46	52.63	47.70	42.50
10	47.37	60.00	48.28	40.38	47.37	47.02	40.00
11	47.37	62.50	44.83	32.69	50.00	48.37	45.00
12	47.37	60.00	44.83	36.54	47.37	48.46	43.59
13	47.37	57.50	51.72	32.69	44.74	46.05	43.59
14	47.37	57.50	51.72	32.69	42.11	46.53	46.15
15	44.74	55.00	51.72	25.00	39.47	47.30	46.15
16	44.74	57.50	58.62	26.92	44.74	47.68	43.59
17	47.37	57.50	58.62	25.49	39.47	49.52	46.15
18	50.00	57.50	55.17	33.33	42.11	50.10	46.15
19	47.37	57.50	68.97	33.33	39.47	49.90	48.72
20	44.74	60.00	65.52	35.29	36.84	49.61	48.72
21	44.74	55.00	68.97	43.14	34.21	49.13	48.72

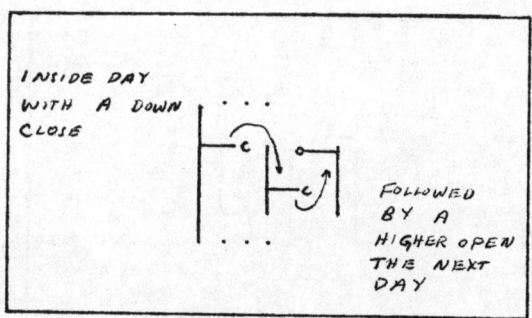

Percentage of time you close up X days after an inside day
where the inside day closes down and the next day has a lower open.

		S&P	VAL	BNDS	SLVR	S BNS	S FRANC	P BEL
D	1	69.23	50.00	63.64	48.00	41.67	53.33	44.62
A	2	61.54	43.75	63.64	48.00	41.67	80.00	50.77
Y	3	38.46	18.75	81.82	52.00	33.33	73.33	49.23
S	4	46.15	56.25	72.73	40.00	41.67	73.33	61.54
	5	38.46	37.50	72.73	44.00	41.67	71.43	55.38
A	6	30.77	56.25	63.64	44.00	66.67	71.43	58.46
F	7	30.77	50.00	72.73	48.00	50.00	85.71	52.31
T	8	46.15	62.50	54.55	56.00	41.67	85.71	51.56
E	9	46.15	62.50	54.55	56.00	50.00	85.71	48.44
R	10	30.77	56.25	72.73	48.00	33.33	78.57	50.00
	11	46.15	43.75	63.64	44.00	33.33	71.43	50.00
O	12	38.46	43.75	72.73	44.00	41.67	71.43	46.88
C	13	50.00	53.33	81.82	48.00	33.33	64.29	51.56
C	14	41.67	46.67	81.82	48.00	50.00	64.29	53.13
U	15	50.00	46.67	72.73	52.00	58.33	71.43	57.81
R	16	54.55	46.67	90.91	44.00	58.33	71.43	50.00
R	17	54.55	46.67	81.82	44.00	66.67	71.43	48.44
E	18	54.55	53.33	81.82	36.00	66.67	71.43	46.88
N	19	45.45	60.00	72.73	28.00	41.67	71.43	48.44
C	20	54.55	60.00	81.82	28.00	41.67	71.43	51.56
E	21	54.55	60.00	72.73	32.00	33.33	78.57	50.00

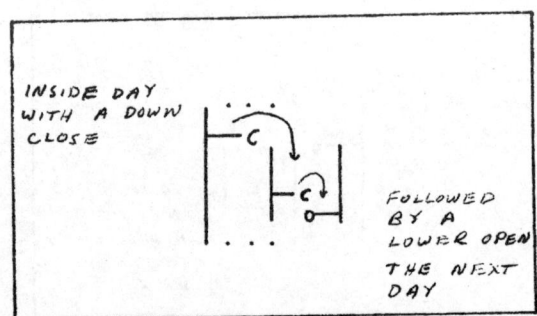

第八章 盈利模式

Percentage of time you close up X days after an inside day where the inside day closes up and the next day has a higher open.

		S&P	VAL	BNDS	SLVR	S BNS	P BEL	S FRANC
D	1	66.67	60.00	73.33	38.10	33.33	61.43	18.75
A	2	80.00	65.00	60.00	52.38	38.89	67.14	43.75
Y	3	80.00	65.00	53.33	61.90	22.22	57.14	56.25
S	4	86.67	75.00	46.67	57.14	33.33	58.57	50.00
A	5	73.33	80.00	50.00	61.90	33.33	52.86	75.00
F	6	73.33	70.00	57.14	57.14	22.22	51.43	56.25
T	7	60.00	70.00	50.00	47.62	33.33	50.00	50.00
E	8	46.67	60.00	64.29	52.38	22.22	52.86	43.75
R	9	66.67	75.00	57.14	38.10	29.41	48.57	37.50
O	10	66.67	70.00	53.85	42.86	29.41	45.71	37.50
C	11	53.33	75.00	53.85	42.86	23.53	45.71	43.75
C	12	46.67	80.00	46.15	42.86	29.41	45.71	37.50
U	13	66.67	80.00	46.15	38.10	23.53	42.86	31.25
R	14	66.67	75.00	53.85	38.10	23.53	45.71	37.50
R	15	73.33	85.00	53.85	38.10	29.41	47.14	37.50
E	16	66.67	75.00	53.85	33.33	35.29	44.29	43.75
N	17	46.67	75.00	53.85	38.10	35.29	40.00	43.75
C	18	53.33	75.00	46.15	42.86	29.41	44.29	43.75
E	19	46.67	65.00	46.15	47.62	29.41	40.00	37.50
	20	46.67	75.00	46.15	47.62	23.53	38.57	31.25
	21	53.33	70.00	61.54	61.90	23.53	45.71	37.50

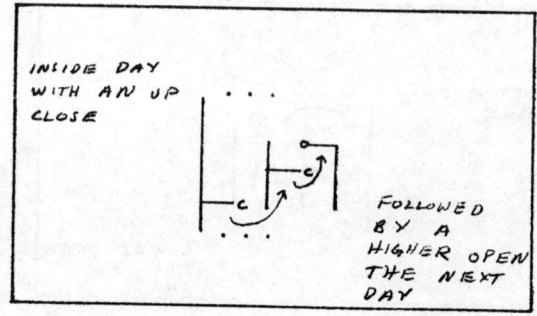

INSIDE DAY WITH AN UP CLOSE

FOLLOWED BY A HIGHER OPEN THE NEXT DAY

Percentage of time you close down X days after an inside day where the inside day closes down and the next day has a lower open.

		S&P	VAL	BNDS	SLVR	S BNS	P BELS	FRANC
D	1	30.77	50.00	36.36	52.00	58.33	55.38	46.67
A	2	38.46	56.25	36.36	52.00	58.33	49.23	20.00
Y	3	61.54	81.25	18.18	48.00	66.67	50.77	26.67
S	4	53.85	43.75	27.27	60.00	58.33	38.46	26.67
A	5	61.54	62.50	27.27	56.00	58.33	44.62	28.57
F	6	69.23	43.75	36.36	56.00	33.33	41.54	28.57
T	7	69.23	50.00	27.27	52.00	50.00	47.69	14.29
E	8	53.85	37.50	45.45	44.00	58.33	48.44	14.29
R	9	53.85	37.50	45.45	44.00	50.00	51.56	14.29
O	10	69.23	43.75	27.27	52.00	66.67	50.00	21.43
C	11	53.85	56.25	36.36	56.00	66.67	50.00	28.57
C	12	61.54	56.25	27.27	56.00	58.33	53.13	28.57
U	13	50.00	46.67	18.18	52.00	66.67	48.44	35.71
R	14	58.33	53.33	18.18	52.00	50.00	46.88	35.71
R	15	50.00	53.33	27.27	48.00	41.67	42.19	28.57
E	16	45.45	53.33	9.09	56.00	41.67	50.00	28.57
N	17	45.45	53.33	18.18	56.00	33.33	51.56	28.57
C	18	45.45	46.67	18.18	64.00	33.33	53.13	28.57
E	19	54.55	40.00	27.27	72.00	58.33	51.56	28.57
	20	45.45	40.00	18.18	72.00	58.33	48.44	28.57
	21	45.45	40.00	27.27	68.00	66.67	50.00	21.43

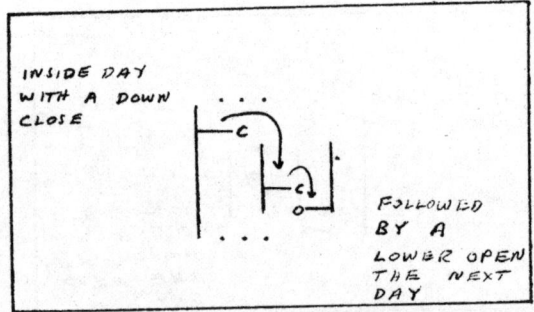

第八章 盈利模式

Percentage of time you close down X days after an inside day where the inside day closes up and the next day has a lower open.

DAYS AFTER OCCURRENCE	S&P	VAL	BNDS	SLVR	S BNS	P BEL	S FRANC
1	53.66	58.54	55.26	61.97	48.28	52.34	47.62
2	48.78	34.15	57.89	56.34	55.17	50.00	42.86
3	51.22	48.78	65.79	57.75	65.52	51.31	54.76
4	51.22	46.34	63.16	65.71	58.62	49.34	52.38
5	30.00	39.02	57.89	57.14	62.07	49.91	50.00
6	35.00	41.46	57.89	57.14	62.07	49.72	52.38
7	32.50	39.02	52.63	51.43	55.17	51.97	54.76
8	40.00	36.59	55.26	53.62	65.52	52.91	57.14
9	37.50	46.34	52.63	56.52	58.62	51.50	57.14
10	40.00	41.46	47.37	59.42	58.62	50.75	52.38
11	40.00	46.34	44.74	59.42	48.28	51.79	50.00
12	45.00	46.34	34.21	57.97	48.28	52.17	52.38
13	42.50	46.34	36.84	63.77	55.17	51.79	50.00
14	45.00	51.22	39.47	59.42	51.72	52.92	52.38
15	42.50	48.78	42.11	59.42	51.72	52.45	52.38
16	42.50	48.78	36.84	57.97	51.72	52.36	52.38
17	40.00	48.78	42.11	55.07	48.28	50.66	52.38
18	37.50	51.22	39.47	52.17	41.38	51.70	54.76
19	35.00	48.78	36.84	50.72	48.28	52.37	52.38
20	32.50	43.90	34.21	52.17	51.72	52.37	59.52
21	37.50	43.90	36.84	47.83	51.72	52.37	59.52

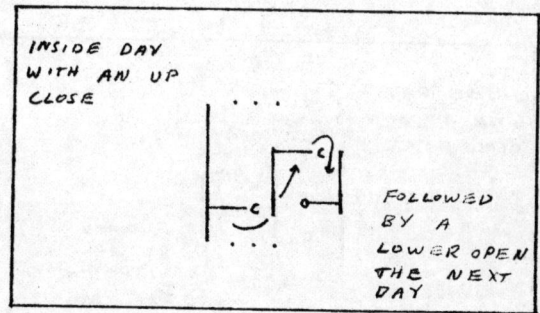

INSIDE DAY WITH AN UP CLOSE FOLLOWED BY A LOWER OPEN THE NEXT DAY

Percentage of time you close down X days after an inside day where the inside day closes down and the next day has a higher open.

		S&P	VAL	BNDS	SLVR	S BNS	P BEL	S FRANC
D	1	50.00	47.50	31.03	46.15	55.26	47.34	55.00
A	2	55.26	47.50	44.83	48.08	44.74	50.00	62.50
Y	3	55.26	47.50	41.38	51.92	55.26	50.48	50.00
S	4	50.00	55.00	44.83	48.08	55.26	49.90	52.50
	5	50.00	47.50	34.48	48.08	52.63	50.00	50.00
A	6	57.89	45.00	41.38	48.08	52.63	51.43	57.50
F	7	63.16	47.50	37.93	53.85	50.00	51.92	55.00
T	8	55.26	42.50	41.38	61.54	52.63	51.92	57.50
E	9	57.89	45.00	48.28	61.54	47.37	52.30	57.50
R	10	52.63	40.00	51.72	59.62	52.63	52.98	60.00
	11	52.63	37.50	55.17	67.31	50.00	51.63	55.00
O	12	52.63	40.00	55.17	63.46	52.63	51.54	56.41
C	13	52.63	42.50	48.28	67.31	55.26	53.95	56.41
C	14	52.63	42.50	48.28	67.31	57.89	53.47	53.85
U	15	55.26	45.00	48.28	75.00	60.53	52.70	53.85
R	16	55.26	42.50	41.38	73.08	55.26	52.32	56.41
R	17	52.63	42.50	41.38	74.51	60.53	50.48	53.85
E	18	50.00	42.50	44.83	66.67	57.89	49.90	53.85
N	19	52.63	42.50	31.03	66.67	60.53	50.10	51.28
C	20	55.26	40.00	34.48	64.71	63.16	50.39	51.28
E	21	55.26	45.00	31.03	56.86	65.79	50.87	51.28

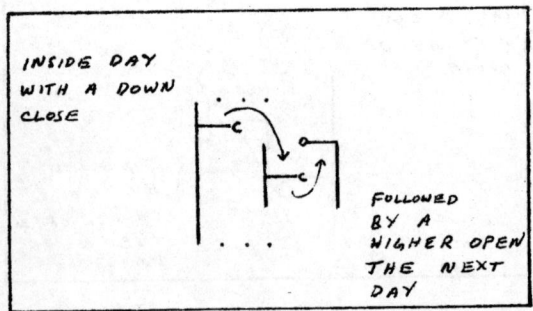

第八章　盈利模式

Percentage of time you close down X days after an inside day where the inside day closes up and the next day has a higher open.

		S&P	VAL	BNDS	SLVR	S BNS	P BEL	S FRANC
D	1	33.33	40.00	26.67	61.90	66.67	38.57	81.25
A	2	20.00	35.00	40.00	47.62	61.11	32.86	56.25
Y	3	20.00	35.00	46.67	38.10	77.78	42.86	43.75
S	4	13.33	25.00	53.33	42.86	66.67	41.43	50.00
	5	26.67	20.00	50.00	38.10	66.67	47.14	25.00
A	6	26.67	30.00	42.86	42.86	77.78	48.57	43.75
F	7	40.00	30.00	50.00	52.38	66.67	50.00	50.00
T	8	53.33	40.00	35.71	47.62	77.78	47.14	56.25
E	9	33.33	25.00	42.86	61.90	70.59	51.43	62.50
R	10	33.33	30.00	46.15	57.14	70.59	54.29	62.50
	11	46.67	25.00	46.15	57.14	76.47	54.29	56.25
O	12	53.33	20.00	53.85	57.14	70.59	54.29	62.50
C	13	33.33	20.00	53.85	61.90	76.47	57.14	68.75
C	14	33.33	25.00	46.15	61.90	76.47	54.29	62.50
U	15	26.67	15.00	46.15	61.90	70.59	52.86	62.50
R	16	33.33	25.00	46.15	66.67	64.71	55.71	56.25
R	17	53.33	25.00	46.15	61.90	64.71	60.00	56.25
E	18	46.67	25.00	53.85	57.14	70.59	55.71	56.25
N	19	53.33	35.00	53.85	52.38	70.59	60.00	62.50
C	20	53.33	25.00	53.85	52.38	76.47	61.43	68.75
E	21	46.67	30.00	38.46	38.10	76.47	54.29	62.50

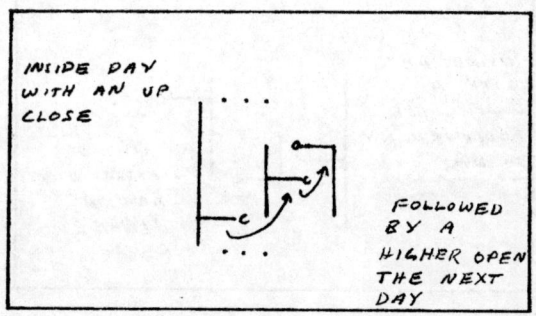

INSIDE DAY WITH AN UP CLOSE

FOLLOWED BY A HIGHER OPEN THE NEXT DAY

```
Percentage of time you close up X days after a day following
an inside day where the inside day closes down and the next day
closes up and where the high also exceeds the inside day's high.
```

		S&P	VAL	BNDS	SLVR	S BNS	P BEL	S FRANC
D	1	45.83%	46.43%	48.39%	44.68%	32.00%	50.00%	57.14%
A	2	33.33%	46.43%	54.84%	40.43%	44.00%	54.05%	60.00%
Y	3	37.50%	42.86%	51.61%	51.06%	40.00%	51.35%	45.71%
S	4	41.67%	39.29%	51.61%	48.94%	56.00%	54.05%	48.57%
	5	33.33%	57.14%	48.39%	50.00%	52.00%	55.26%	48.57%
A	6	37.50%	53.57%	58.06%	55.32%	56.00%	47.37%	54.29%
F	7	41.67%	62.07%	50.00%	42.55%	60.00%	44.74%	48.57%
T	8	41.67%	62.07%	46.88%	55.32%	64.00%	43.24%	51.43%
E	9	41.67%	65.52%	46.88%	46.81%	60.00%	43.24%	51.43%
R	10	41.67%	58.62%	50.00%	42.55%	56.00%	44.74%	48.57%
	11	37.50%	65.52%	37.50%	42.55%	52.00%	45.95%	45.71%
O	12	41.67%	58.62%	50.00%	42.55%	52.00%	47.37%	51.43%
C	13	50.00%	51.72%	46.88%	44.68%	56.00%	56.76%	51.43%
C	14	58.33%	55.17%	50.00%	38.30%	56.00%	55.26%	48.57%
U	15	62.50%	62.07%	46.88%	38.30%	58.33%	62.16%	42.86%
R	16	58.33%	65.52%	50.00%	34.04%	60.00%	59.46%	42.86%
R	17	62.50%	65.52%	53.13%	34.04%	60.00%	55.56%	45.71%
E	18	66.67%	68.97%	46.88%	34.04%	52.00%	45.95%	51.43%
N	19	62.50%	72.41%	50.00%	38.30%	52.00%	47.37%	48.57%
C	20	62.50%	65.52%	56.25%	40.43%	53.85%	50.00%	54.29%
E	21	66.67%	65.52%	53.13%	34.04%	57.69%	50.00%	57.14%

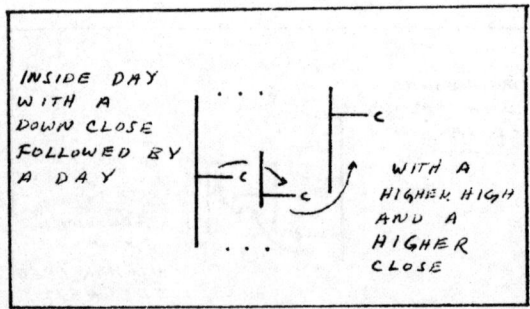

INSIDE DAY WITH A DOWN CLOSE FOLLOWED BY A DAY WITH A HIGHER HIGH AND A HIGHER CLOSE

第八章 盈利模式

Percentage of time you close up X days after a day following an inside day where the inside day closes up and the next day closes down and where the low also exceeds the inside day's low.

		S&P	VAL	BNDS	SLVR	S BNS	P BEL	S FRANC
D	1	65.52%	58.06%	28.57%	51.02%	50.00%	61.54%	52.38%
A	2	72.41%	58.06%	35.71%	48.98%	55.56%	66.67%	47.62%
Y	3	60.71%	70.97%	46.43%	46.94%	50.00%	53.85%	40.48%
S	4	71.43%	64.52%	46.43%	55.10%	50.00%	55.26%	50.00%
	5	67.86%	51.61%	39.29%	53.06%	44.44%	48.72%	45.24%
A	6	60.71%	51.61%	42.86%	57.14%	61.11%	55.26%	47.62%
F	7	67.86%	58.06%	35.71%	53.06%	38.89%	55.26%	42.86%
T	8	67.86%	61.29%	35.71%	48.98%	38.89%	51.35%	41.86%
E	9	59.26%	58.06%	46.43%	51.02%	33.33%	48.72%	46.51%
R	10	59.26%	51.61%	46.43%	44.90%	44.44%	48.72%	46.51%
	11	55.56%	51.61%	50.00%	46.94%	44.44%	51.28%	39.53%
O	12	59.26%	48.39%	42.86%	46.94%	38.89%	51.28%	39.53%
C	13	55.56%	48.39%	46.43%	40.82%	38.89%	48.72%	41.86%
C	14	62.96%	51.61%	50.00%	42.86%	33.33%	57.89%	41.86%
U	15	66.67%	54.84%	46.43%	42.86%	33.33%	55.26%	39.53%
R	16	62.96%	54.84%	42.86%	46.94%	44.44%	51.28%	39.53%
R	17	66.67%	54.84%	46.43%	45.83%	38.89%	53.85%	39.53%
E	18	59.26%	48.39%	53.57%	48.00%	42.11%	56.41%	39.53%
N	19	62.96%	58.06%	50.00%	52.00%	47.37%	61.54%	42.86%
C	20	66.67%	54.84%	46.43%	50.00%	55.56%	60.53%	40.48%
E	21	77.78%	54.84%	50.00%	44.00%	42.11%	65.79%	38.10%

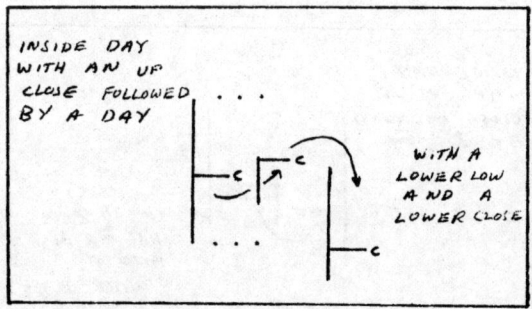

```
Percentage of time you close up X days after a day following
an inside day where the inside day closed up and the next day
closes up and where the high also exceeds the inside day's high.
```

		S&P	VAL	BNDS	SLVR	S BNS	P BEL	S FRANC
D	1	53.06%	56.00%	36.96%	46.94%	35.48%	39.13%	42.50%
A	2	57.14%	56.00%	45.65%	48.98%	38.71%	39.13%	52.50%
Y	3	55.10%	58.00%	47.83%	44.90%	41.94%	54.17%	55.00%
S	4	55.10%	56.00%	52.17%	44.90%	41.94%	45.83%	55.00%
	5	59.18%	58.00%	48.89%	48.98%	35.48%	42.55%	47.50%
A	6	55.10%	52.00%	44.44%	48.00%	32.26%	48.94%	50.00%
F	7	51.02%	46.00%	48.89%	48.98%	31.25%	45.83%	42.50%
T	8	48.98%	46.00%	44.44%	54.00%	32.26%	43.75%	42.50%
E	9	51.02%	50.98%	48.89%	50.00%	37.50%	37.50%	37.50%
R	10	51.02%	50.98%	51.11%	42.00%	45.16%	43.75%	42.50%
	11	48.98%	56.86%	57.78%	46.00%	50.00%	53.19%	37.50%
O	12	51.02%	54.90%	57.78%	46.00%	45.16%	46.81%	32.50%
C	13	53.06%	52.94%	53.33%	34.00%	38.71%	50.00%	42.50%
C	14	55.10%	50.98%	53.33%	34.00%	41.94%	47.92%	42.50%
U	15	57.14%	52.94%	60.00%	34.69%	45.16%	45.83%	40.00%
R	16	53.06%	54.90%	55.56%	40.00%	45.16%	39.13%	42.50%
R	17	59.18%	56.86%	57.78%	30.00%	43.33%	40.00%	37.50%
E	18	48.98%	60.78%	55.56%	32.00%	45.16%	42.55%	32.50%
N	19	52.08%	60.78%	57.78%	32.00%	48.39%	42.22%	32.50%
C	20	45.83%	58.82%	57.78%	32.00%	45.16%	48.94%	37.50%
E	21	56.25%	60.78%	62.22%	34.00%	51.61%	46.81%	40.00%

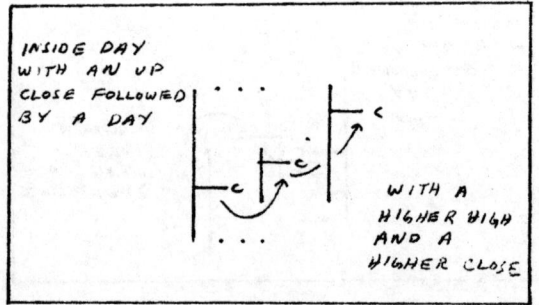

第八章 盈利模式

Percentage of time you close up X days after a day following
an inside day where the inside day closes down and the next day
closes down and where the low also exceeds the inside day's low.

		S&P	VAL	BNDS	SLVR	S BNS	P BEL	S FRANC
D	1	53.57%	48.39%	63.33%	60.00%	69.23%	58.82%	52.17%
A	2	46.43%	54.84%	56.67%	53.33%	60.00%	55.88%	56.52%
Y	3	57.14%	54.84%	60.00%	57.78%	65.38%	48.48%	52.17%
S	4	53.57%	61.29%	63.33%	51.11%	65.38%	42.42%	50.00%
	5	60.71%	58.06%	56.67%	57.78%	57.69%	50.00%	58.70%
A	6	64.29%	54.84%	56.67%	51.11%	69.23%	47.06%	54.35%
F	7	60.71%	58.06%	56.67%	42.22%	65.38%	50.00%	54.35%
T	8	57.14%	58.06%	50.00%	40.00%	61.54%	54.29%	54.35%
E	9	67.86%	64.52%	50.00%	37.78%	46.15%	45.71%	52.17%
R	10	60.71%	54.84%	50.00%	40.00%	57.69%	40.00%	47.83%
	11	57.14%	58.06%	56.67%	44.44%	52.00%	38.89%	39.13%
O	12	60.71%	54.84%	53.33%	46.67%	50.00%	41.67%	41.30%
C	13	42.86%	51.61%	56.67%	42.22%	50.00%	30.56%	39.13%
C	14	46.43%	53.13%	56.67%	46.67%	53.85%	33.33%	34.78%
U	15	53.57%	56.25%	63.33%	44.44%	48.00%	33.33%	39.13%
R	16	50.00%	56.25%	60.00%	40.00%	46.15%	40.00%	36.96%
R	17	50.00%	56.25%	63.33%	40.00%	50.00%	38.89%	39.13%
E	18	50.00%	56.25%	53.33%	42.22%	46.15%	37.14%	41.30%
N	19	46.43%	56.25%	56.67%	51.11%	46.15%	35.29%	41.30%
C	20	46.43%	59.38%	50.00%	44.44%	42.31%	40.00%	34.78%
E	21	42.86%	65.63%	56.67%	51.11%	42.31%	45.71%	43.48%

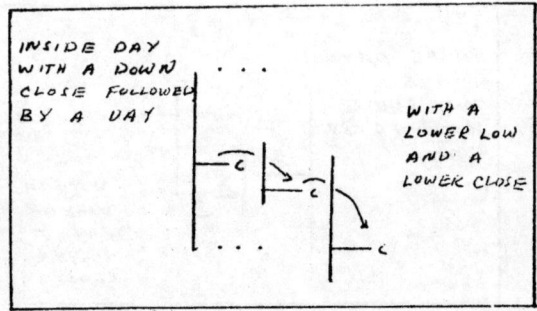

Percentage of time you close down X days after a day following an inside day where the inside day closed down and the next day closes up and where the high also exceeds the inside day's high.

		S&P	VAL	BNDS	SLVR	S BNS	P BEL	S FRANC
D	1	54.17%	53.57%	51.61%	55.32%	68.00%	50.00%	42.86%
A	2	66.67%	53.57%	45.16%	59.57%	56.00%	45.95%	40.00%
Y	3	62.50%	57.14%	48.39%	48.94%	60.00%	48.65%	54.29%
S	4	58.33%	60.71%	48.39%	51.06%	44.00%	45.95%	51.43%
	5	66.67%	42.86%	51.61%	50.00%	48.00%	44.74%	51.43%
A	6	62.50%	46.43%	41.94%	44.68%	44.00%	52.63%	45.71%
F	7	58.33%	37.93%	50.00%	57.45%	40.00%	55.26%	51.43%
T	8	58.33%	37.93%	53.13%	44.68%	36.00%	56.76%	48.57%
E	9	58.33%	34.48%	53.13%	53.19%	40.00%	56.76%	48.57%
R	10	58.33%	41.38%	50.00%	57.45%	44.00%	55.26%	51.43%
	11	62.50%	34.48%	62.50%	57.45%	48.00%	54.05%	54.29%
O	12	58.33%	41.38%	50.00%	57.45%	48.00%	52.63%	48.57%
C	13	50.00%	48.28%	53.13%	55.32%	44.00%	43.24%	48.57%
C	14	41.67%	44.83%	50.00%	61.70%	44.00%	44.74%	51.43%
U	15	37.50%	37.93%	53.13%	61.70%	41.67%	37.84%	57.14%
R	16	41.67%	34.48%	50.00%	65.96%	40.00%	40.54%	57.14%
R	17	37.50%	34.48%	46.88%	65.96%	40.00%	44.44%	54.29%
E	18	33.33%	31.03%	53.13%	65.96%	48.00%	54.05%	48.57%
N	19	37.50%	27.59%	50.00%	61.70%	48.00%	52.63%	51.43%
C	20	37.50%	34.48%	43.75%	59.57%	46.15%	50.00%	45.71%
E	21	33.33%	34.48%	46.88%	65.96%	42.31%	50.00%	42.86%

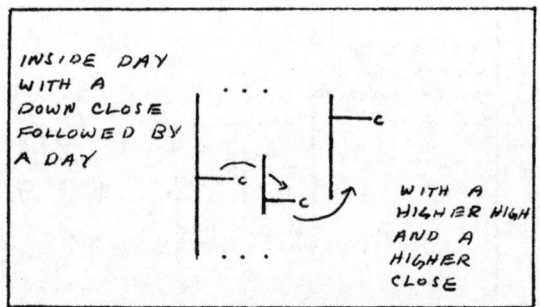

INSIDE DAY WITH A DOWN CLOSE FOLLOWED BY A DAY WITH A HIGHER HIGH AND A HIGHER CLOSE

第八章　盈利模式

Percentage of time you close down X days after a day following
an inside day where the inside day closes up and the next day
closes down and where the low also exceeds the inside day's low.

		S&P	VAL	BNDS	SLVR	S BNS	P BEL	S FRANC
D	1	34.48%	41.94%	71.43%	48.98%	50.00%	38.46%	47.62%
A	2	27.59%	41.94%	64.29%	51.02%	44.44%	33.33%	52.38%
Y	3	39.29%	29.03%	53.57%	53.06%	50.00%	46.15%	59.52%
S	4	28.57%	35.48%	53.57%	44.90%	50.00%	44.74%	50.00%
	5	32.14%	48.39%	60.71%	46.94%	55.56%	51.28%	54.76%
A	6	39.29%	48.39%	57.14%	42.86%	38.89%	44.74%	52.38%
F	7	32.14%	41.94%	64.29%	46.94%	61.11%	44.74%	57.14%
T	8	32.14%	38.71%	64.29%	51.02%	61.11%	48.65%	58.14%
E	9	40.74%	41.94%	53.57%	48.98%	66.67%	51.28%	53.49%
R	10	40.74%	48.39%	53.57%	55.10%	55.56%	51.28%	53.49%
	11	44.44%	48.39%	50.00%	53.06%	55.56%	48.72%	60.47%
O	12	40.74%	51.61%	57.14%	53.06%	61.11%	48.72%	60.47%
C	13	44.44%	51.61%	53.57%	59.18%	61.11%	51.28%	58.14%
C	14	37.04%	48.39%	50.00%	57.14%	66.67%	42.11%	58.14%
U	15	33.33%	45.16%	53.57%	57.14%	66.67%	44.74%	60.47%
R	16	37.04%	45.16%	57.14%	53.06%	55.56%	48.72%	60.47%
R	17	33.33%	45.16%	53.57%	54.17%	61.11%	46.15%	60.47%
E	18	40.74%	51.61%	46.43%	52.00%	57.89%	43.59%	60.47%
N	19	37.04%	41.94%	50.00%	48.00%	52.63%	38.46%	57.14%
C	20	33.33%	45.16%	53.57%	50.00%	44.44%	39.47%	59.52%
E	21	22.22%	45.16%	50.00%	56.00%	57.89%	34.21%	61.90%

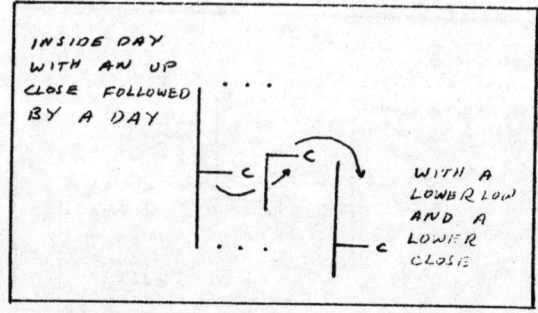

Percentage of time you close down X days after a day following an inside day where the inside day closes up and the next day closes up and where the high also exceeds the inside day's high.

		S&P	VAL	BNDS	SLVR	S BNS	P BEL	S FRANC
D	1	46.94%	44.00%	63.04%	53.06%	64.52%	60.87%	57.50%
A	2	42.86%	44.00%	54.35%	51.02%	61.29%	60.87%	47.50%
Y	3	44.90%	42.00%	52.17%	55.10%	58.06%	45.83%	45.00%
S	4	44.90%	44.00%	47.83%	55.10%	58.06%	54.17%	45.00%
	5	40.82%	42.00%	51.11%	51.02%	64.52%	57.45%	52.50%
A	6	44.90%	48.00%	55.56%	52.00%	67.74%	51.06%	50.00%
F	7	48.98%	54.00%	51.11%	51.02%	68.75%	54.17%	57.50%
T	8	51.02%	54.00%	55.56%	46.00%	62.50%	62.50%	62.50%
E	9	48.98%	49.02%	51.11%	50.00%	62.50%	62.50%	62.50%
R	10	48.98%	49.02%	48.89%	58.00%	54.84%	56.25%	57.50%
	11	51.02%	43.14%	42.22%	54.00%	50.00%	46.81%	62.50%
O	12	48.98%	45.10%	42.22%	54.00%	54.84%	53.19%	67.50%
C	13	46.94%	47.06%	46.67%	66.00%	61.29%	50.00%	57.50%
C	14	44.90%	49.02%	46.67%	66.00%	58.06%	52.08%	57.50%
U	15	42.86%	47.06%	40.00%	65.31%	54.84%	54.17%	60.00%
R	16	46.94%	45.10%	44.44%	60.00%	54.84%	60.87%	57.50%
R	17	40.82%	43.14%	42.22%	70.00%	56.67%	60.00%	62.50%
E	18	51.02%	39.22%	44.44%	68.00%	54.84%	57.45%	67.50%
N	19	47.92%	39.22%	42.22%	68.00%	51.61%	57.78%	67.50%
C	20	54.17%	41.18%	42.22%	68.00%	54.84%	51.06%	62.50%
E	21	43.75%	39.22%	37.78%	66.00%	48.39%	53.19%	60.00%

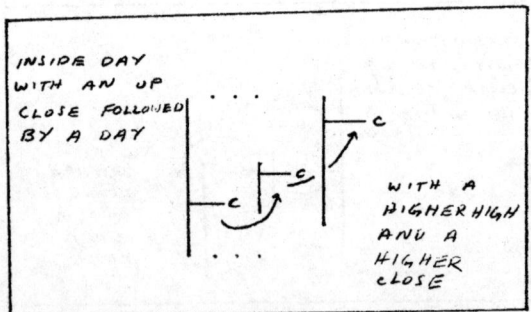

第八章 盈利模式

Percentage of time you close down X days after a day following an inside day where the inside day closed down and the next day closes down and where the low also exceeds the inside day's low.

		S&P	VAL	BNDS	SLVR	S BNS	P BEL	S FRANC
D	1	46.43%	51.61%	36.67%	40.00%	30.77%	41.18%	47.83%
A	2	53.57%	45.16%	43.33%	46.67%	40.00%	44.12%	43.48%
Y	3	42.86%	45.16%	40.00%	42.22%	34.62%	51.52%	47.83%
S	4	46.43%	38.71%	36.67%	48.89%	34.62%	57.58%	50.00%
	5	39.29%	41.94%	43.33%	42.22%	42.31%	50.00%	41.30%
A	6	35.71%	45.16%	43.33%	48.89%	30.77%	52.94%	45.65%
F	7	39.29%	41.94%	43.33%	57.78%	34.62%	50.00%	45.65%
T	8	42.86%	41.94%	50.00%	60.00%	38.46%	45.71%	45.65%
E	9	32.14%	35.48%	50.00%	62.22%	53.85%	54.29%	47.83%
R	10	39.29%	45.16%	50.00%	60.00%	42.31%	60.00%	52.17%
	11	42.86%	41.94%	43.33%	55.56%	48.00%	61.11%	60.87%
O	12	39.29%	45.16%	46.67%	53.33%	50.00%	58.33%	58.70%
C	13	57.14%	48.39%	43.33%	57.78%	50.00%	69.44%	60.87%
C	14	53.57%	46.88%	43.33%	53.33%	46.15%	66.67%	65.22%
U	15	46.43%	43.75%	36.67%	55.56%	52.00%	66.67%	60.87%
R	16	50.00%	43.75%	40.00%	60.00%	53.85%	60.00%	63.04%
R	17	50.00%	43.75%	36.67%	60.00%	50.00%	61.11%	60.87%
E	18	50.00%	43.75%	46.67%	57.78%	53.85%	62.86%	58.70%
N	19	53.57%	43.75%	43.33%	48.89%	53.85%	64.71%	58.70%
C	20	53.57%	40.63%	50.00%	55.56%	57.69%	60.00%	65.22%
E	21	57.14%	34.38%	43.33%	48.89%	57.69%	54.29%	56.52%

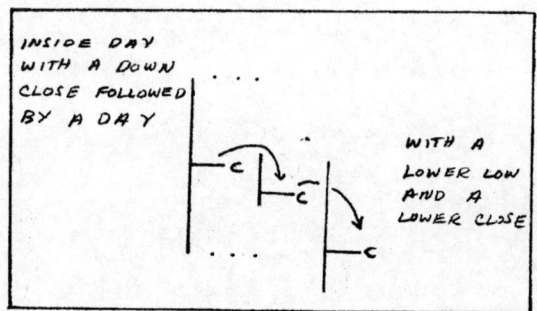

INSIDE DAY WITH A DOWN CLOSE FOLLOWED BY A DAY WITH A LOWER LOW AND A LOWER CLOSE

Percentage of time the close is above the open following an inside day where the inside day closes down and the next day opens down.

S&P	VAL	BNDS	SLVR	S BNS	P BEL	S FRANC
69.50%	52.50%	65.00%	70.21%	54.55%	63.16%	55.74%

Percentage of time the close is above the open following an inside day where the inside day closes up and the next day opens down.

S&P	VAL	BNDS	SLVR	S BNS	P BEL	S FRANC
52.17%	45.83%	45.00%	50.00%	52.82%	51.18%	46.59%

Percentage of time the close is above the open following an inside day where the inside day closes down and the next day opens up.

S&P	VAL	BNDS	SLVR	S BNS	P BEL	S FRANC
49.85%	50.00%	65.00%	45.00%	42.42%	48.39%	45.00%

Percentage of time the close is above the open following an inside day where the inside day closes up and the next day opens up.

S&P	VAL	BNDS	SLVR	S BNS	P BEL	S FRANC
63.64%	53.85%	51.16%	37.13%	33.33%	53.49%	18.75%

第八章 盈利模式

Percentage of time the close is above the prior close following an
inside day where the inside day closes down and the next day opens down.

S&P	VAL	BNDS	SLVR	S BNS	P BEL	S FRANC
69.23%	50.00%	63.64%	48.00%	41.67%	53.33%	44.62%

Percentage of time the close is above the prior close following an
inside day where the inside day closes up and the next day opens down.

S&P	VAL	BNDS	SLVR	S BNS	P BEL	S FRANC
46.34%	41.46%	44.74%	38.03%	51.72%	47.66%	52.38%

Percentage of time the close is above the prior close following an
inside day where the inside day closes down and the next day opens up.

S&P	VAL	BNDS	SLVR	S BNS	P BEL	S FRANC
50.00%	52.50%	68.97%	53.85%	44.74%	52.66%	45.00%

Percentage of time the close is above the prior close following an
inside day where the inside day closes up and the next day opens up.

S&P	VAL	BNDS	SLVR	S BNS	P BEL	S FRANC
66.67%	60.00%	73.33%	38.10%	33.33%	61.43%	18.75%

第九章 预测的艺术

关于时间

我马上向你介绍，怎样成功地预测你最喜欢的商品、股票或股票指数反转的大致时间。

我向你介绍的一种方法，就是已有多年历史的"1.618 技术"。它在 20 世纪 50 年代由英国伦敦的一群人首次普及。他们宣称自己为投资教育家。这种技术基于斐波那契增长模式关系，在这种模式中，包括商品价格在内的大多数事情以 1.618 倍波动的比率增长或扩张。

另一种方法是我研究过的一个完全原始的技术。以前没有人呈现过。它是基于周期之间的一个关系。两个顶端之间的时间段——如果乘以 1.28 并在两个顶端之间的低点开始扩张——将大致告诉你一个市场反转在什么地方出现。

我不确定为什么 1.28 这个数字可以起作用，但是这就恰巧是 1.618 的平方根。

我们不要有了这个神奇的数字就得意忘形。你可以使几乎任何东西适用于任何一组数据；一些人实际上用这些数字来"证明"金字塔是外星人建造的。一些人肯定用这些数学公式，你可以通过将一个人名的拼写转换成数字而预测他的命运，或者通过电话号码或街道地址号码预测一笔生意的成败。坦白地讲，关于这个，我不了解。这对我来说太神秘了。它是一门有趣的学问，但是我还不能找出它有任何的价值。

然而我发现在重要的高点和低点中存在特定关系，这些关系在预测下一个市场转折点出现的低点方面很有价值。

相应地，在本书中我向你介绍 1.618 和 1.28 技术，以此来判定反转进入市场的时间。

斐波那契预测

如果你是市场新手，过不了多久你就会听到一个姓斐波那契的意大利

第九章 预测的艺术

数学家。(大家似乎忘了他叫什么了)。斐波那契发现的是一个增长模式。在这种模式中,大多数事物,不论是树上树叶所在的位置还是鹦鹉壳循环增长的地方,都正好以近似于1.618的比率发生。然而在他那个时代是不被承认的,作为圣徒,他受市场交易者复活和举荐。如你所见,我可不是开玩笑说的。

斐波那契比率数字以其出色的表现告诉我们,市场应该在何时采取行动。对于那些认为我们正在施展魔法使用一些神秘力量的人们,我向你们保证我们并没有魔力。我们想要研究的是,在商品市场中由价格表现的行为是如何加倍或者增长的。再者,你可以发现贯穿本质的同样的增长关系,不管是一朵花的花瓣如何绽放,还是一棵松树的枝权如何伸展。斐波那契比率自成立以来已有近1680年的历史了。它真实地存在着。令某些人新奇鲜活的是它同样存在于商品市场中。

斐波那契公式

我想与你分享的预测市场的公式是这样的。很简单,你拿出由交易日数量表示的两个市场最高点之间的时间段,然后乘以1.618,将时间段延伸至最后一天或者倒数第二天。那么你在市场上将有一个大概的转折点。这样一来你就明白了,我们可以说你在任一市场都有一个最高点而且十天以后你有另一个最高点。然后你把天数10乘以1.618得出16.1天,它在一个市场反转点发生的第二天的最高点之后。使大多数人感到困惑不解的是,当他们开始使用斐波那契公式时,他们认为,因为他们正在延长从一个最高点进入时间的时间段,这就需要另一个最高点。这并不一定是这样的。它需要的是市场上的一个反转点。

请注意,在给你解释这个公式时,我谨慎地说过斐波那契公式预测市场反转,但是我没有说它能预测反转会上升还是下降。我不能告诉你,而我能告诉你的是市场行为。如果市场价格下跌,当价格达到预测的1.618时,找出反弹。同样地,如果价格反弹,当价格达到预测的1.618时,你将得到的是下跌的价格。

下面图表显示的是上述操作的一个范例。注意此公式的运用与两个市场低点是完全一样的。你从一个低点到另一个低点选取交易日天数，然后用这个数乘以 1.618，并在第二个低点那一天开始计算。例如，如果你用两个市场低点之间的天数 21 乘以 1.618，得到的是 35.5 天。这表明市场反转应该在第二个市场低点后的 35 天半后发生。

预测未来的斐波那契课

我希望在本章中所讲的预测技巧是有保证的，但是我不能。据我所知，预测技巧是由英国一家叫投资教育家的公司在 20 世纪 50 年代首次提到的。

这个技巧十分简单：选择两个最高点之间的天数，然后用它乘以 1.618 这个著名的斐波那契比率，然后延长从第二天最高点天数的计数。计数的结果"应该"是突出了市场的转折点。

请注意，我把"应该"两个字加了双引号，是因为市场上什么情况都不是总会发生的，预测技巧不能说明市场将会走高还是走低，它能告诉你的是，在某一点上价格走势将遇新情况。通常，如果市场上涨，转折点将会出现一个下降的趋势，反过来如果市场下跌，则会有一个反弹的趋势。

在下图中 A 点处，我标记了一个时间段，它从高点到高点持续十七个市场交易日。当我们用 17 乘以 1.618 得到 27.5 天。所以我们将 27.5 记入期货中，利用 17 天中的最后一天作为我们在 27 天的第一天。

27 天后价格反弹，因此我们将期待价格下跌。在这种情况下，会发生什么。我用 1.618 标记了其他点，因此你可以看出预测技巧的可靠性和不可靠性。虽然这不是一个体系，但是我已经受益多年。

当前我们正在寻找一个"转折"点能在 2 月 6 日有效，如 B 处表明的。如果我们处于上涨状态时，可以产生下跌的情况，而如果下跌时，则出现上扬的情况。

第九章 预测的艺术

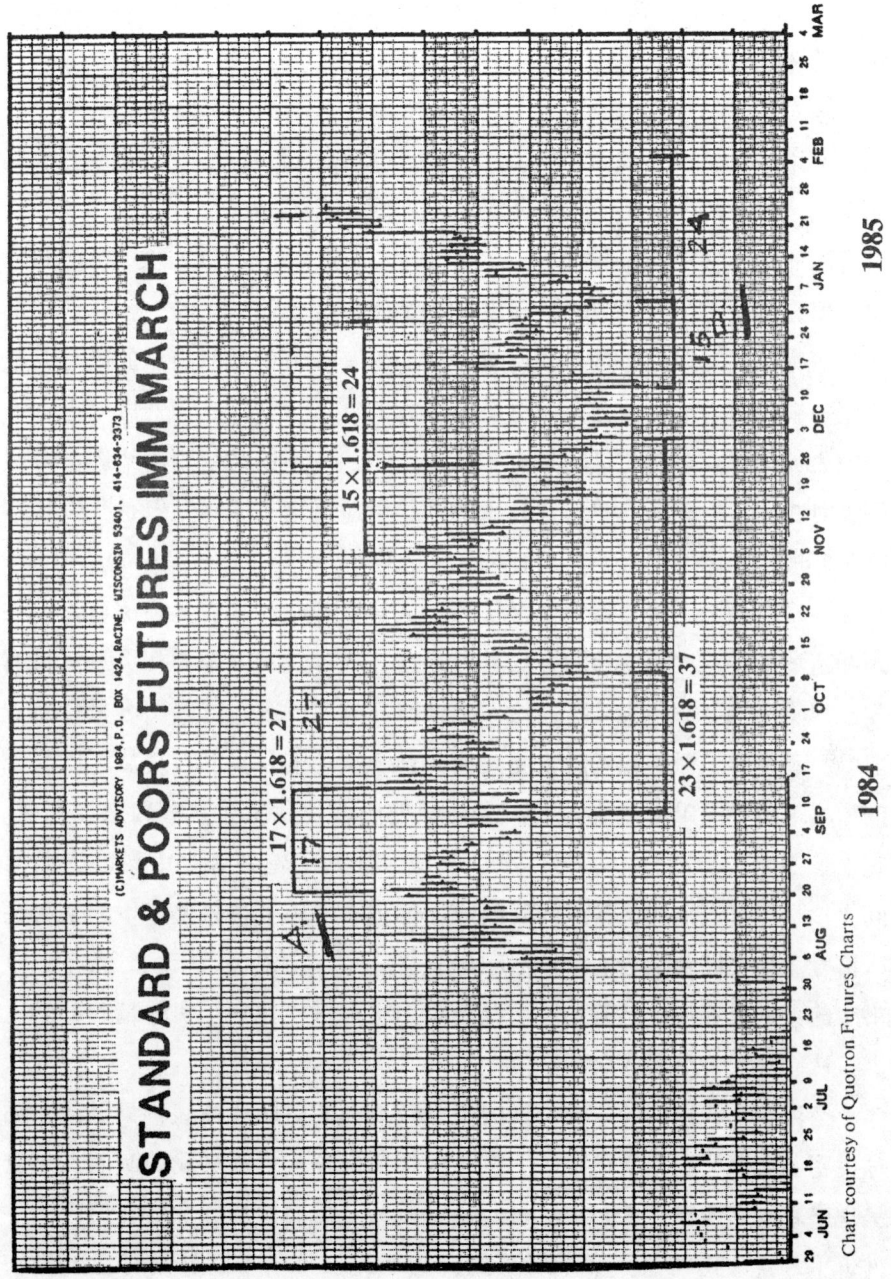

Chart courtesy of Quotron Futures Charts

最大的问题

　　使用该技巧有个最大的问题。请注意本章的题目是"预测的艺术",而不是"预测的学问",它能决定使用哪种市场最高点。关于这个技巧,有意思的是,它在五分钟条形图、日线图、周线图或月线图上同样起作用。但是,这个艺术是按时间顺序来决定使用哪个最高点的。就我使用的经验而言,我发现最好是一个在两边都至少有 6 个更低的高点的高点,或者是一个在两边都至少有 6 个更高的低点的低点。这样,你就可以把你的注意力放在更有意义的市场高点和低点上了——不论是使用周线图、月线图、时线图还是五分钟图。有时我的确稍稍违反这一原则,但是我发现它能很好地帮助你识别市场上最有决定性的点。

　　你现在学习了斐波那契预测技巧。从这里开始,你需要确信这是一种预测市场反转点比较成功的方法。为了这一目标,接下来的几页只有带有斐波那契反转点的图表。我建议你仔细研究这些图表。这些图表是任意选取的,不是为了证明或者反驳斐波那契预测技巧的。我们只是从不同时期的图表书籍中简单抽取出一些,来说明使用该技巧怎样有效和怎样无效。它不是要你去看每个市场转折点,而是帮你判定轮到哪个市场的大致时间。一旦你进入需要反转点的时间段,你仍不得不等待将要产生的某种买入信号。你仍需要从当前市场活动中获得一个卖出或买入指示。希望这本书中的数据或者你自己的一些系统的知识将提供给你一个实际精确的转入点,从而进入一个新的市场定位。

　　请注意,我说明的从五分钟图表到年线图的时间段图表,只是为了向你说明斐波那契比率的重要性。没有什么比做预测后观察我们利用的工具呈现出来的东西更令人兴奋了。这是最刺激、最具挑战性和最有回报的一件事了。就像我在这一章里所写的,我在芝加哥一个商品研讨会上做演讲,告诉他们市场将下跌到下周一或周二(也就是 1985 年 3 月 19 日或是 20 日)。生活中很少有比观察市场跟随预测走这件事更令人高兴的,我这是给脑残的人说的。其中一些人认为,由于预测正确,说我在瞎猫碰死耗

第九章 预测的艺术

子走运,而其他一些人则认为我是在恐惧中卑躬屈膝。而这都不对。我所做的是将斐波那契比率运用到预测中,正如在斐波那契这部分的最后那个图表,非常清楚明了。

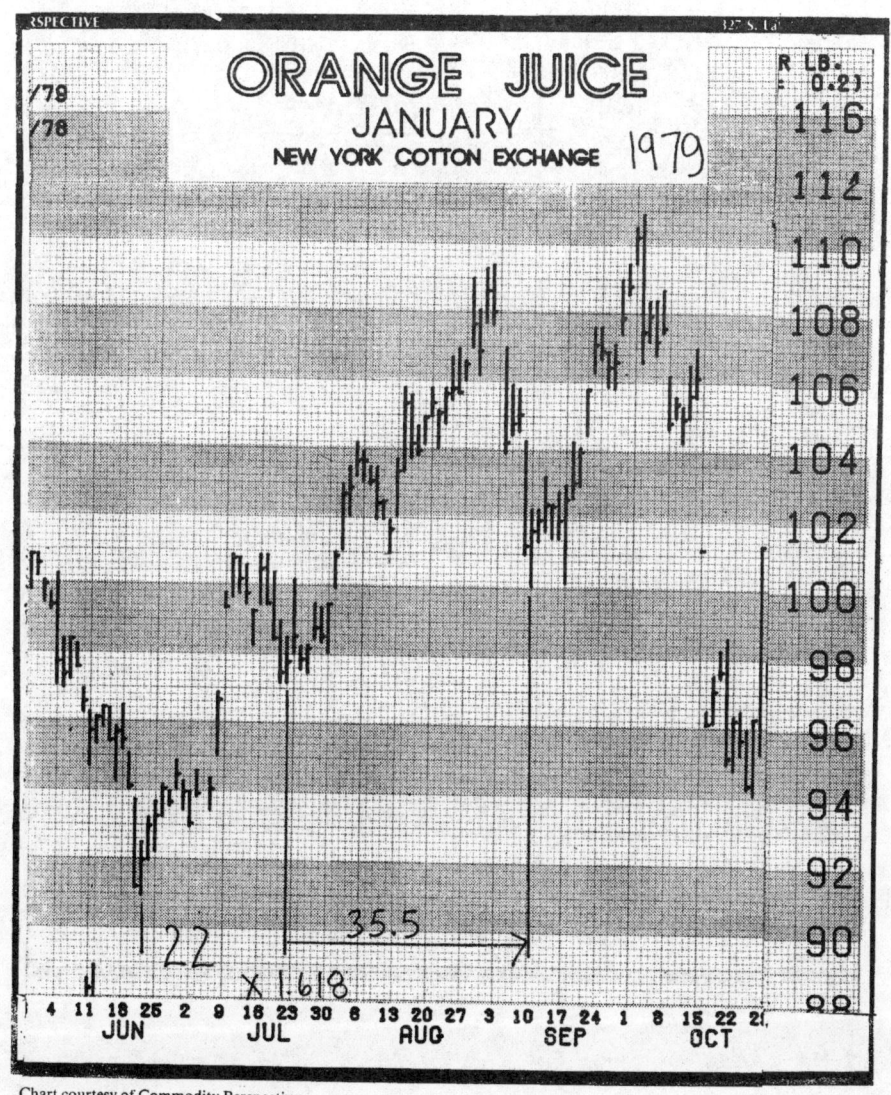

Chart courtesy of Commodity Perspective

期货交易终极指南

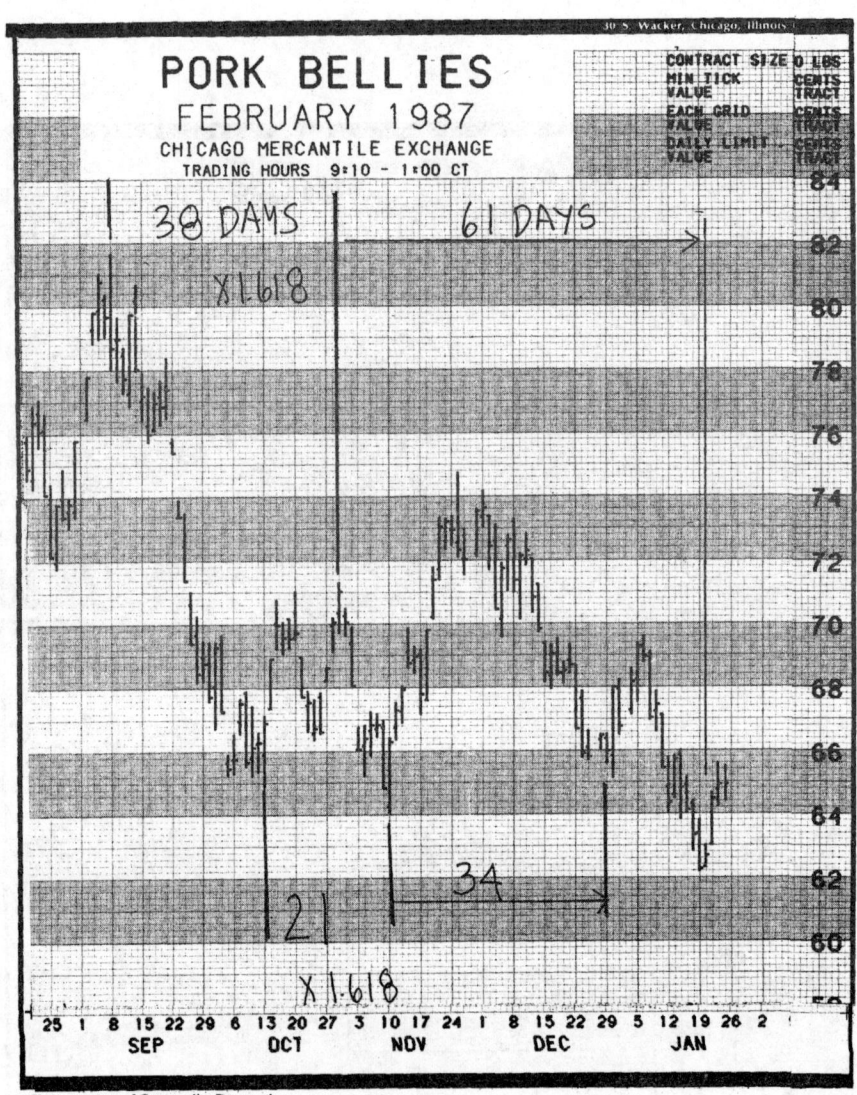

第九章 预测的艺术

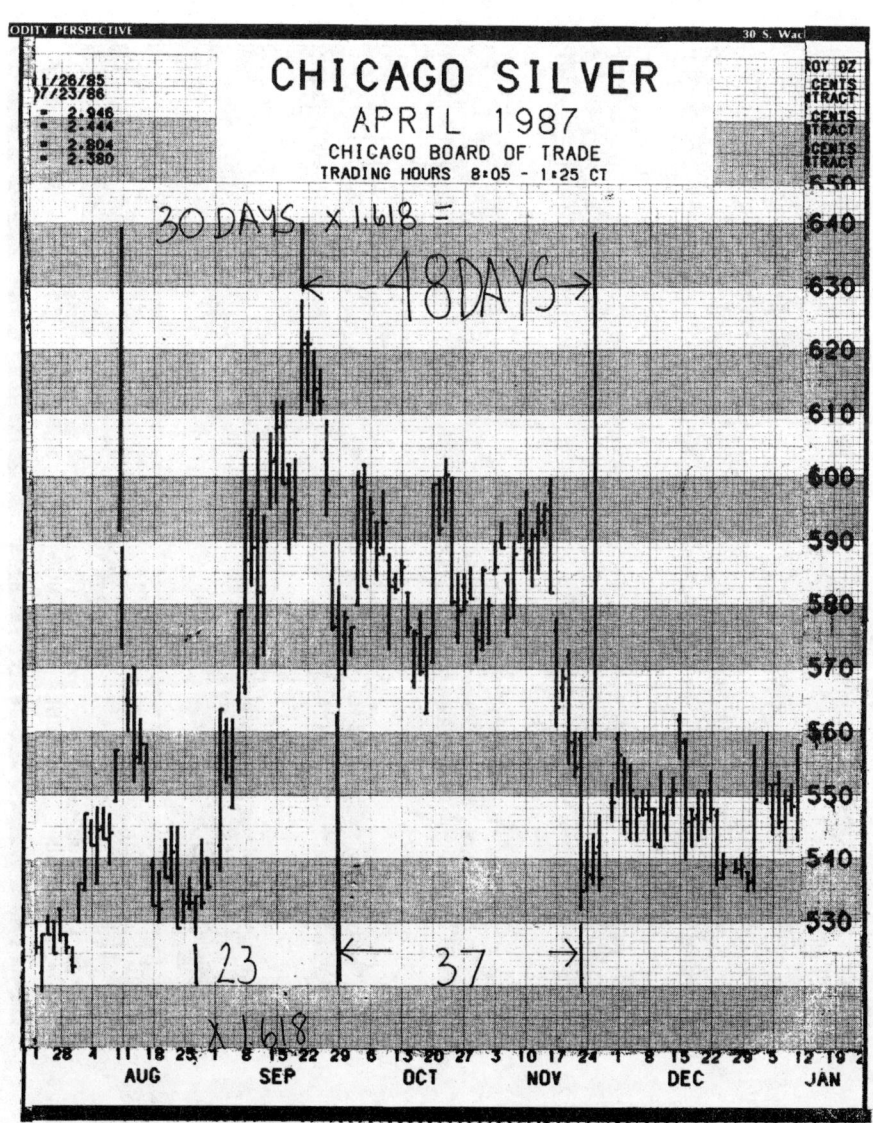

Chart courtesy of Commodity Perspective

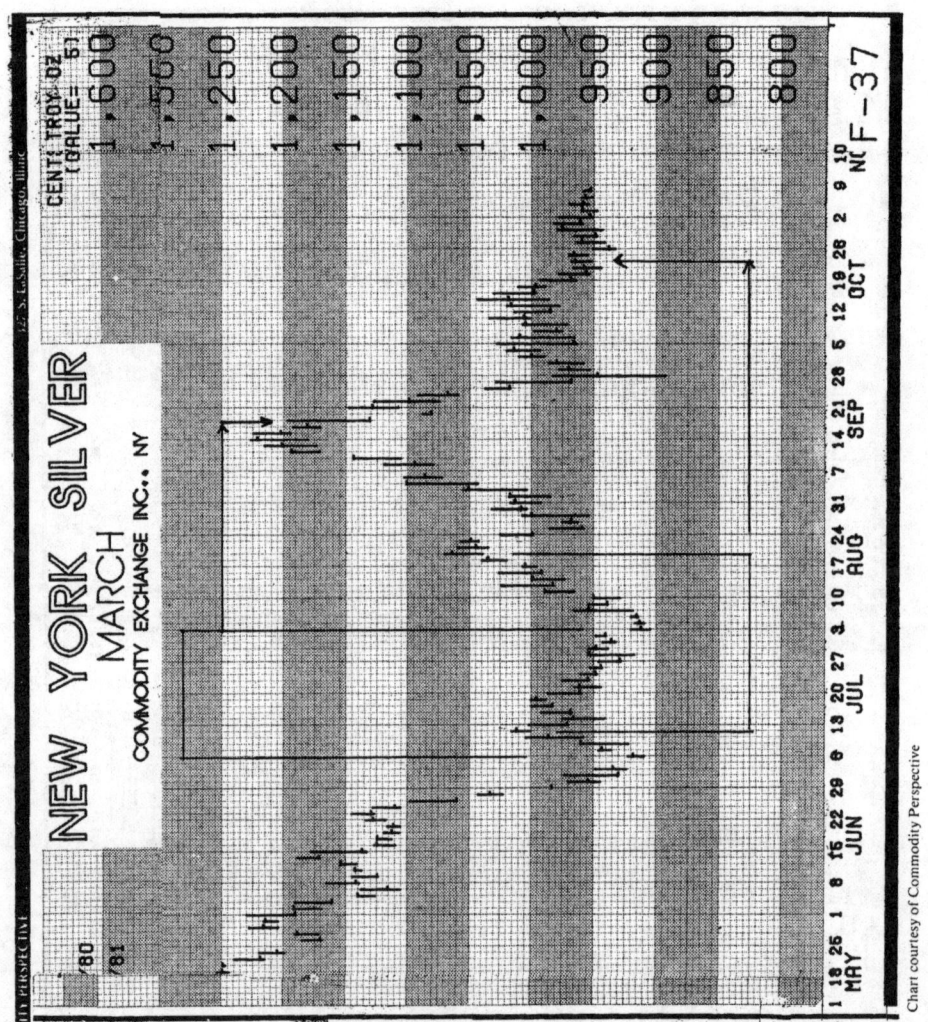

第九章 预测的艺术

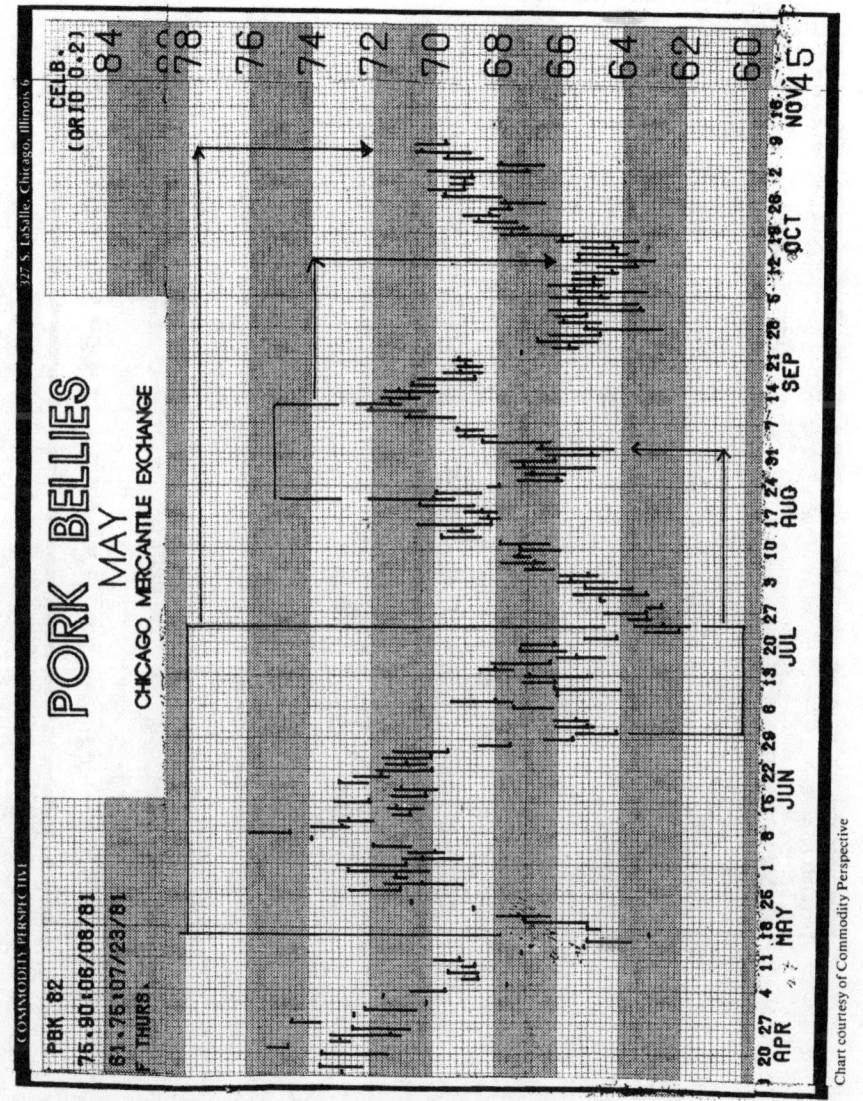

Chart courtesy of Commodity Perspective

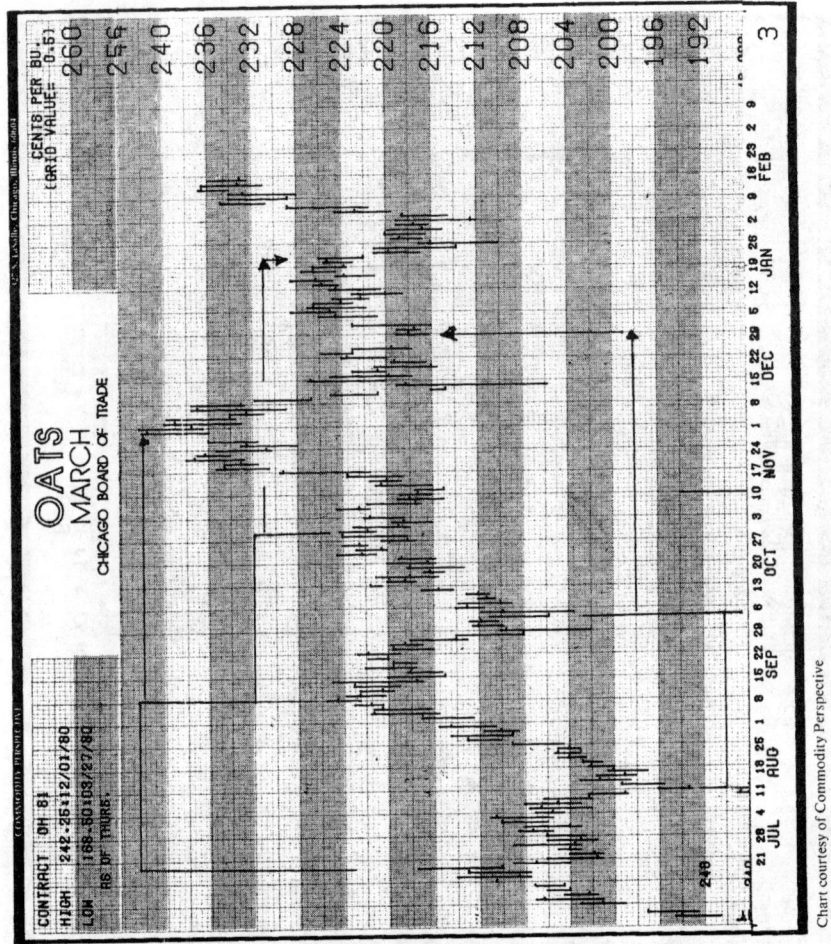

第九章 预测的艺术

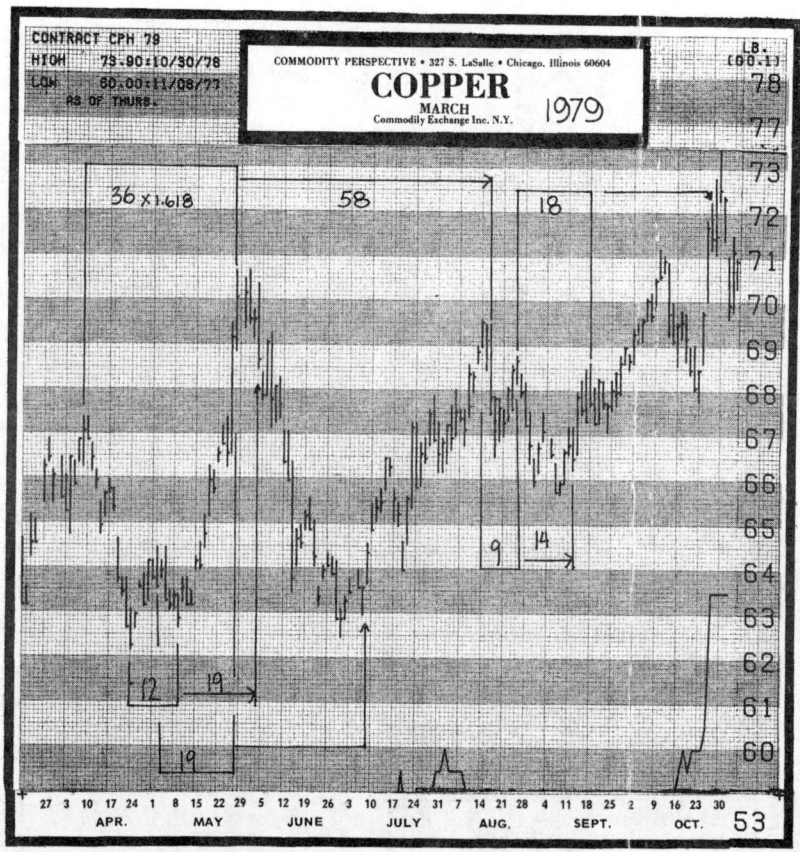

Chart courtesy of Commodity Perspective

期货交易终极指南

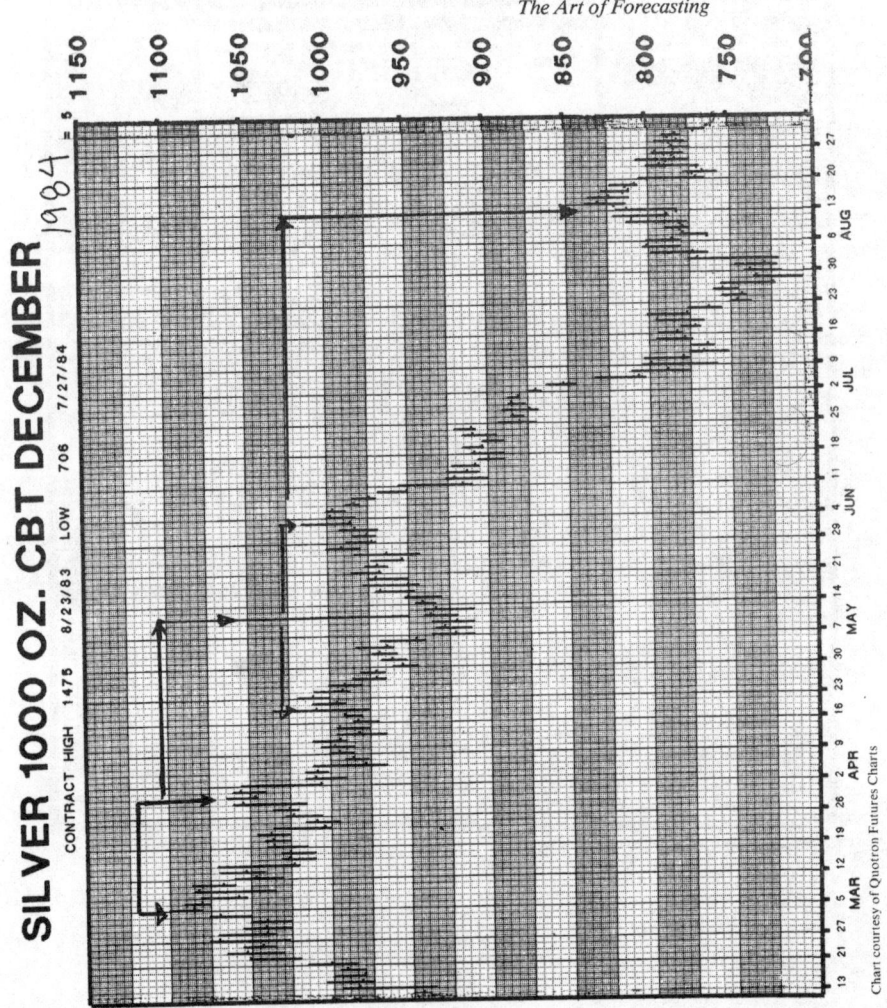

第九章 预测的艺术

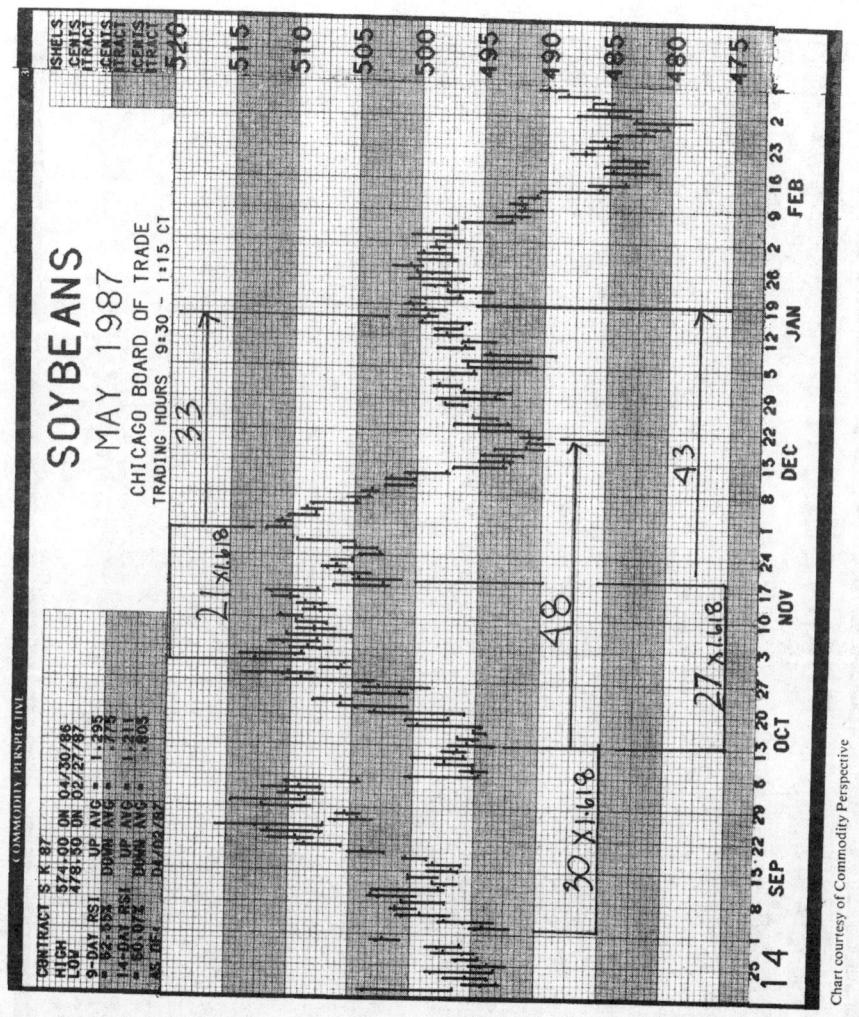

期货交易终极指南

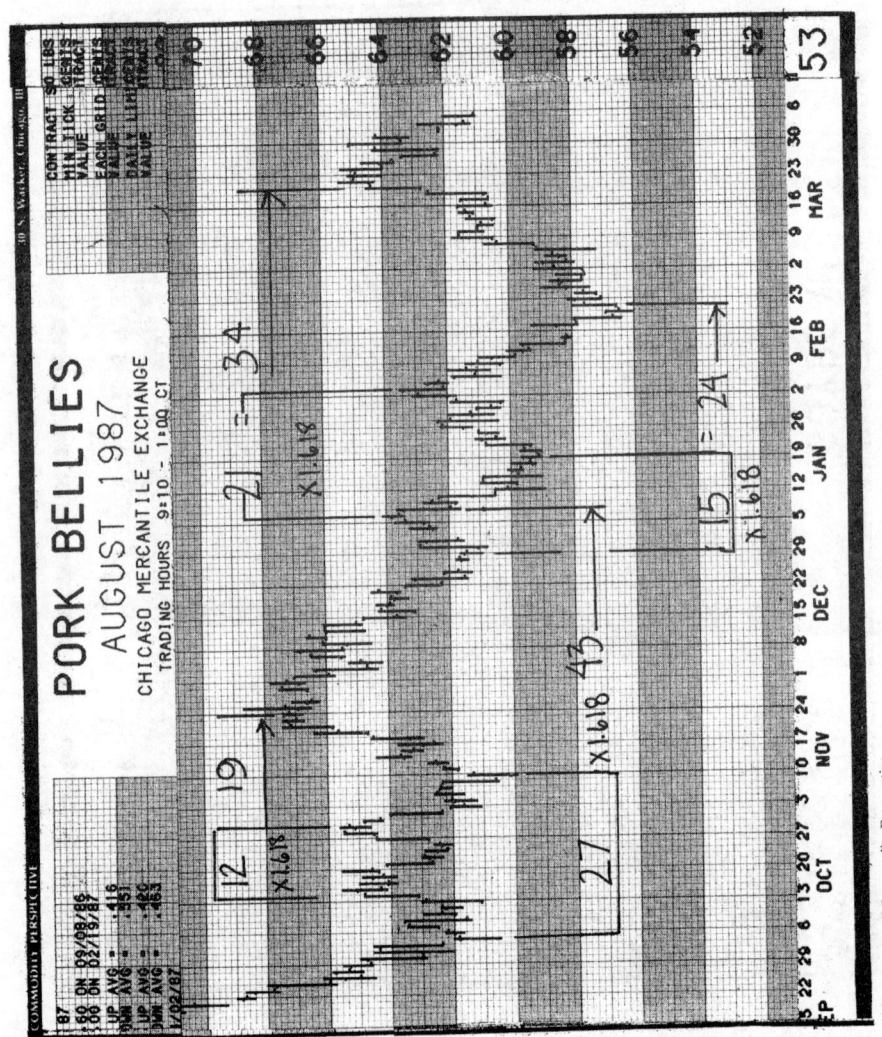

第九章 预测的艺术

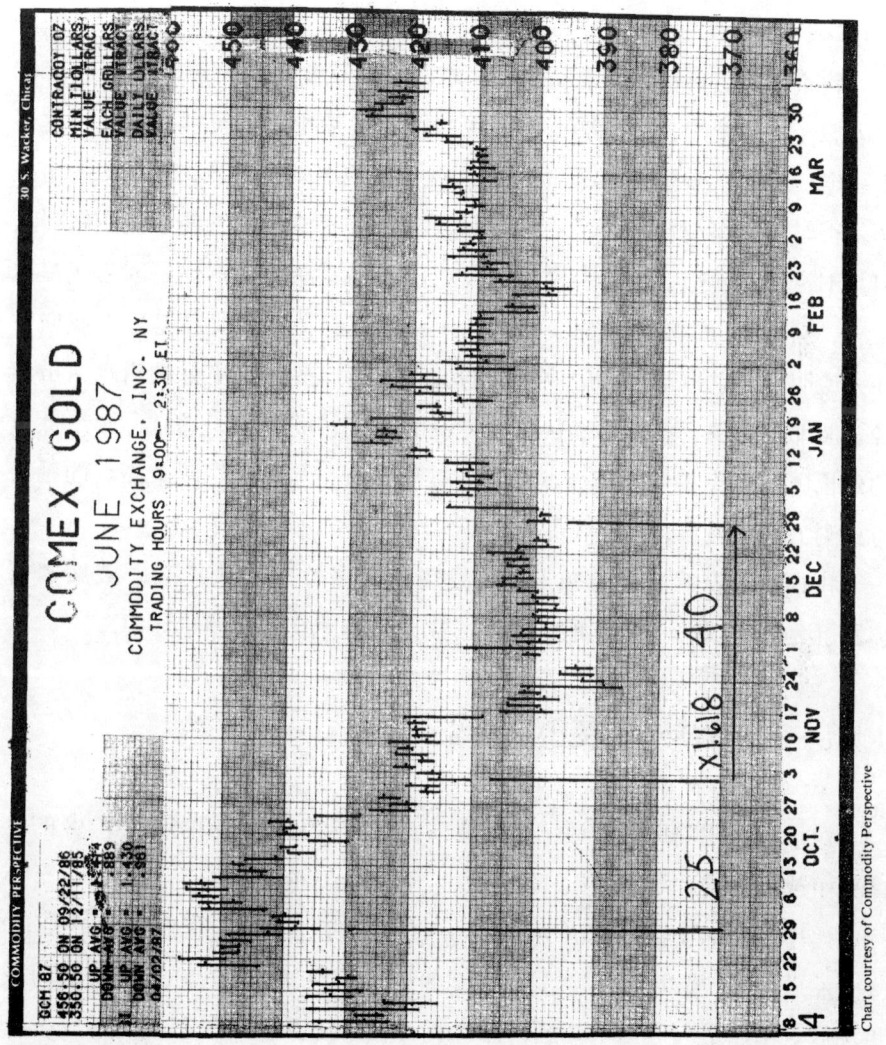

拉瑞·威廉姆斯预测技巧

我希望我足够幸运，能将拉瑞·威廉姆斯预测技巧发展成自未来 1500 年人们经常谈论的技巧。毕竟他们现在用的还是斐波那契预测技巧。这还不一定。然而，未来 1500 年时间里，我们会更多地了解我讲到的另一个技巧是否与斐波那契预测技巧一样可靠。毕竟，斐波那契领先了我 1000 年，但是不论如何，很多交易者说我的技巧优于斐波那契。不仅是因为我提出了它，而是因为没有人注意到它，除了一些建立在私人交往基础上我向一些人说明过。它也给市场应该经历的低点或高点提供了更好的启示，虽然像斐波那契比率，但它的确从根本上说明了反转的到来。通常，两个低点的延长（稍后你将会了解一点）将能够预测另一个低点。两个高点的延长可预测另一个高点。

我观察了成千上万的例子，并发现绝大多数人承认拉瑞·威廉姆斯 1.28 预测技巧是十分有用的。因此，我开始将此技巧介绍给你们。

1.28——市场发展的方式

对于在这儿使用俏皮话，我很抱歉，但实际上市场的确是以 1.28 的比率繁殖或增长的。

比率运作如下。选取在两个市场低点中的时间段，我们说正好是 10 天，然后用 10 乘以 1.28（结果为 12.8 天）。延长时间段 12.8 天，从两个市场低点中的最高收盘价开始，你将有一个市场反转并最有可能形成一个市场高点所在的点。

同样，你也可以选取两个市场高点中的时间段，用它乘以 1.28，然后从两者中的低点延长。你将有一个市场反转点，这个点将很有可能是低点。我们一起来看一看运用此公式的实际案例。

在 1985 年猪腩图表中，我做了两个低点的记号，一个是 11 月 11 日的低点，另一个是 1 月 22 日的低点。如果花时间去数的话，你将会看到 29

第九章 预测的艺术

个交易日起于第一个低点（A处），经过第二个低点（C处）。请注意，我们不是算日历日的，正如我们在斐波那契方法中不采用日历日一样。我们数的是实际市场交易的天数。

然后，我们用29乘以1.28，得出37.12。接下来，我们看两个低点中间最高的高点，即在79分处收盘的1月1日（B处）的最高点。从那一天起，我们数出37天，然后看得出什么。低点的一天。

我们一起把视线转移到图表中的另一个点（这次我们将利用先于11月3日（D处）发生的最高点），然后再看发生在1月1日的最高点。时间段为22天。当22乘以1.28时，得出28.1天，因此我们将从发生在11月11日（A处）两个高点之间的低点数。我们把这一天作为第一天然后数出28.1天。好了，另一个市场反转了！

在一个几乎惊人的时尚里，1.28公式将为你预测高点和低点。注意，我们选取两个市场高点，然后从两者中的低点开始延伸，这就暗示我们一个市场低点应该在哪个大致的时间段里发展。

价格从78分的地方到1月21日的低点处于下降，这表明我们将发展市场低点。如果价格反弹上升到1月21日和22日的点上，那么我们不得不寻找一个市场高点，但是我们非常肯定市场将有一个低点。价格从71分跳到75分，这意味着在摇摆不定的低点到高点之间有一个1500美元利润的交易机会。

现在我不是说你将得到任何其中的东西，但肯定的是我个人的预测公式有个好建议，即是时候在1月21日到22日的大致时间段里做空。然后，短线交易者可以迅速从市场中获取利润。

没有什么比经验更好的老师了。现在，我给出大量的标记着1.28预测技巧的图表。自己简单回顾这些图表理解公式是如何运用的。注意，正像斐波那契技巧一样，我在说明用周、月、年的数据显示日图表、时图表、五分钟图标，甚至包括周图表、月图表和年图表等超长时间图表。因此，你可以看到在1.28公式和市场高点低点之间一些潜在的增长关系。股票交易者也可以利用这个在自己最喜欢的股票找出转折点。在你看图表之前，我再重印一遍我们第一次介绍给用户的投资咨询产品"商品投资择时策略"。这一页包括了几年前的胶合板市场。

当拉瑞·威廉姆斯公式以几乎完美的方式准确操作时,必须指出,转折点与这个公式之间的高相关性是很正常的。也许读过去的"商品投资择时策略"文章将向你进一步解释预测技巧。但是我认为完全理解该体系的最好办法就是读本章中剩余部分的图表。注意我在图表中手写的部分,它们显示了我使用过的高点和低点,以及我如何将之延展到未来

综合运用

我讲过两种技巧来预测未来可能的高点和低点。你会注意到,有时你可以从两种方法中得到一种迹象或集群,那就是一个高点或者一个低点应该发生在一个特别的时间点上。你了解的迹象越多,那么市场在那个时间段里反转得就更好。最理想的就是,像拉瑞·威廉姆斯预测公式一样,在一到两天内甚至在同一天看到一个斐波那契点。当两者相互一致或者嵌套时,你有一个在那个时间点进行交易的绝佳机会。

两种预测技巧都很让人印象深刻,我建议你们不要在预测中过于套牢。预测不是你怎样用钱在市场中交易。预测是一般的迹象工具,它在帮助引导你们以正确的视角看待所做的努力方面是非常有用的。你当然不想在一个下跌的市场反转点未标明的时间段里采用买入信号。同样地,仅仅因为你在下跌的市场有一个反转点,并不意味着你就仓促买进。如果你有三个或四个说明反转点在那个时间段到来的迹象,当然这就是更具象征性的信号了。

你可能想等价格自身在一种模式或另一种模式中产生的一个实际买入信号。你也可以同时使用时间预测和价格预测。最理想的结合就是把时间和价格因素都考虑在内。当价格和时间达到平衡时,你就有了一个非常好的交易信号。首先,你必须完全理解预测市场时间因素的技巧,然后理解如何预测市场发生转折最频繁的价格水平。

本章的目的是向你提供我从事20多年股票交易所见过的最好的预测方法。那么也有一些其他的预测方法。大多数好的方法现在需要拓展电脑分

第九章 预测的艺术

析,并且在我看来,它们不能更好地预测或者还不如斐波那契和 1.28 公式。

现在,再次阅读本章,并确保你理解这两个公式,然后将你的注意力转向你当前的图表。不管你是在 1988 年、1998 年,还是 2008 年,我可以非常肯定地说,你会发现在市场中依然能看到这两个比率的存在。

人们总是问我,这些方法是否能在未来继续起作用。我相信好的方法会一直有效。而我在本书中提到的这两个方法就是很好的。

对于我而言,回看我在 1973 年写的第一本商品类书籍很有意思。这些方法在 1987 年照样起作用,就像是在 1972 年和 1973 年时我使用它们一样。好方法永不褪色,而坏方法则反之。

对于短期来说,也有很多好工具,但我在本书中呈现的工具是那种可以经久不衰的好工具。你可以利用它们的最好理由,就是简单地拿出这些在 1985 年写的公式,并且将它们运用到你当前交易的市场中去。如果时间超过了写这本书的时间,它们依然有效,那么你就有了一个好工具。

相信我,我的方法将比我多活上百年——如果我们有一个自由的市场,这种"东西"将会一直有效!

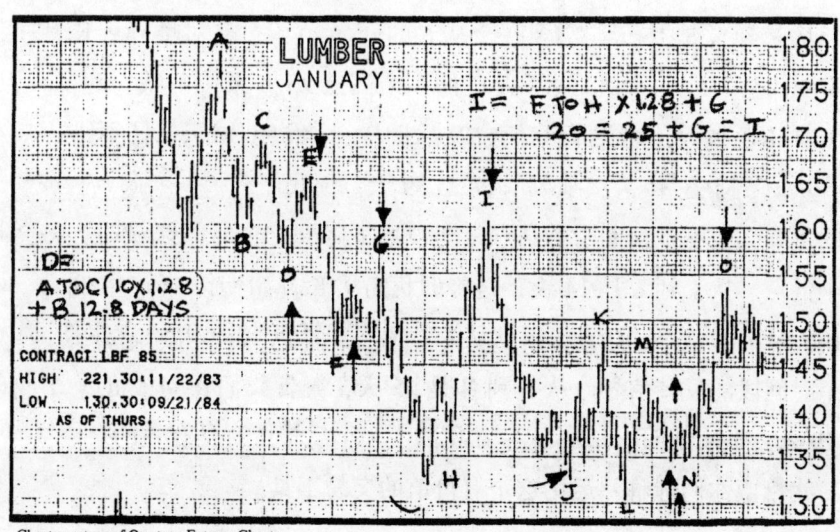

Chart courtesy of Quotron Futures Charts

预测——一个独特的商品择时报告

现在我总结一下 1.28 公式。它用起来十分简单，但是要时刻记住这是"艺术"而不是"学问"。它是一种方法而不是一个体系。

怎么做——从任何一个时期的市场高点到下一个高点和从任何一个低点到一个相对低点数天数。然后用这个数乘以 1.28，计算出两个低点之间出现最高收盘价的天数。

如果你数的是从高点到高点，那么在两个高点之间计算出最低收盘价的距离。你正在计算的同样周期的市场反转点应该在 1.28 倍的延伸范围之内。一个高点的延伸通常预测一个高点，反之一个低点通常预测一个低点。

例子——在胶合板图表上，从 A 到 C 数出 10 天。用 10 乘以 1.28 得出 12.8，从 B 延长到图中显示的预测箭头。从 B 到 D 数出 11 天，然后乘以 1.28，从 C 中得出 14 天，有点晚。从 C 到 D 数出 12 天，从 D 中预测出 15.3 天。从 D 到 F 是从 E 中需要反转 15.3 天的 12 天。对喽！

从 E 到 G 是 16 天，需要一个从 F 的低点 20 天。又对喽！从 F 到 H 我们有 20 天，乘以 1.28，预测从 C 的一个高点 25.6 天……哦，晚了一天。从 H 到 I 是 24 天，这告诉我们在 H 后期待一个低点 30 天。还不错。

从 H 到 J 是 31 天，乘以 1.28 是 39 天。那我们到了一个低点，按预定时间正确，但不是预期中的高点。当市场下降到这个时间区域时，将会是一个低点。从 J 到 L 是 14 天，这告诉我们从 K 开始期待一个 17.9 天。好建议。从 K 到 M 是 10 天，因此从 L 找出一个低点 12.8 天。又对了，注意这个时间段的反转信号。从 L 到 N 是 15 天，警告我们在 M 后的一个收低的 19 天。事实证明，1.28 比率在预测下一个反转点时是有效的。

我希望你们理解并运用这个有价值的交易工具。

第九章 预测的艺术

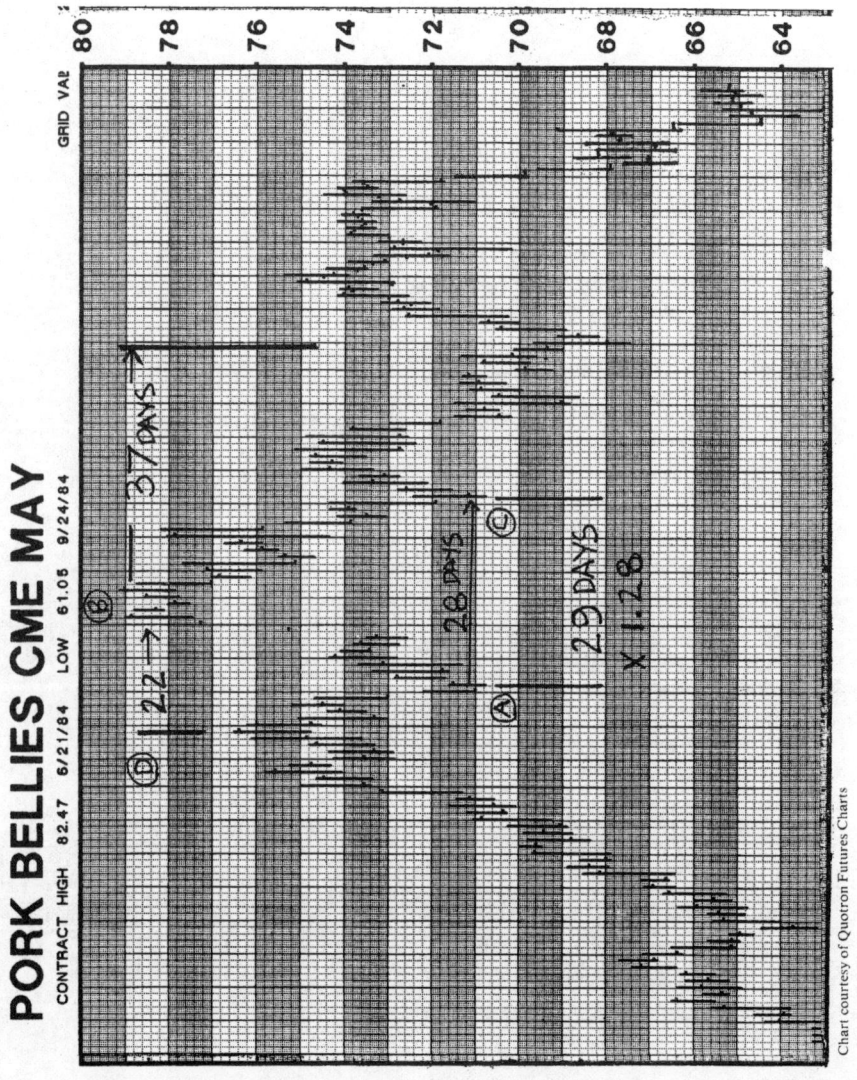

第十章　如何衡量商品的累积和派发

价格具有欺骗性。不论你在商品市场上交易了一周还是二十年，你都会肯定一件事，那就是当前价格行为不一定是可靠的未来指示器。一个看起来非常单纯的事情出现，市场可能就直接下跌了！分析师们曾经尝试减少日内价格行为的影响，日内价格行为用移动平均数、指数、图表形态和一些其他技术来降低价格数据波动，消除任何对价格行为不可靠和欺骗性的东西。

1967年，我开始尝试衡量市场中的累积和派发。我曾将我的技术稍做修改并运用其中，发现我们可以判定当市场经历积累时是反弹的前兆，而市场经历派发时是一个大幅下跌。

首先看一下交易量

交易量是股票交易和商品交易的一种工具，但是在很大程度上，我并没发现它是一个可靠的指示器。因为其中发生了很多逻辑上的问题。在股票市场上，你持有的股票有小波动但是交易量可能惊人。交易量仅仅是从一个共同基金到另一个共同基金的转换，并不代表真实的买卖行为。

在商品交易中，交易量也存在一个问题。首先，直到市场收盘两天后它对我们才可用。其次，我认为商品市场上大量的交易并没有反映真实的买卖行为，它反映的是冲销、套利或者税务策划的一个衡量工具。

最后，既然在商品交易中衡量交易量存在一个大问题，商品频繁出现大的跳空和/或以日内一直"停板"的价格交易。在停板移动中，你有最大数量的价格移动，但是没有交易量或者仅有开始时的一点交易量。我肯定不会在停板上移时退出短线交易（也许你们会）。

主要矛盾是价格大幅波动但是没有交易量。传统交易量方法将表明市场看跌，但实际上我们都知道，停板上移表明看跌，停板下移表明看涨。

我做了大量的工作试图弄明白，我们有没有一种可能的替代物或者另一组数字可以代替交易量。我相信有的。

我简单地用一天的整个真实振幅来代替交易量。使用整个真实振幅，

第十章　如何衡量商品的累积和派发

我的意思是，我们不仅仅使用你从经纪人或华尔街日报中得到的高点和低点。

我们需要把跳空考虑在内。比如，假如前一天的收盘价是60，但是你从华尔街日报或经纪人那里得到的数据是61，那么真正的低点将是60，价格从60到61跳空，然后持续走高。

同理，假如市场下跌跳空，我们说昨日收盘价是58，而你从华尔街日报或经纪人那里得到的数据是53，那么你就必须采取点措施了，因为价格从58跳空了。因此，53不是真正的高点，58才是真正的高点。

你必须首先弄清楚每天的真实波动范围，确定将跳空考虑在内。注意，你可能得到的收盘价比从经纪人或华尔街日报中得到的价格高，它将会是真正的高点。举例来说，假如昨日收盘价为59，而华尔街日报或经纪人方面的数据是62，那么62才是真正的高点。

一个简单的原则就是：无论是昨日收盘价或者今日开盘高点，真正的高点总是更高的。无论是昨日收盘价或者今日开盘低点，真正的低点总是更低的。

通过这个简单的过程，我们可以判断出市场中参与者的总数，可以说这个总的波动范围代表一个特定日所有买卖双方的交易行为。

接下来我们必须做的是，计算当天市场是处于积累状态还是派发状态。

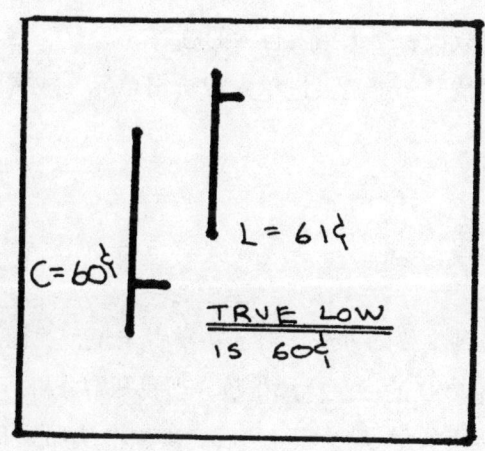

我做了大量的工作，试图用各种各样的方法去衡量市场是处于买入还是卖出状态。举例来说，假如价格收低，但比开盘时还高，那么我们就可以说是积累状态。

同样地，假如市场收高，但实质上低于当天的高点，那么我们可以说，当天发生的是卖出状态，而不是买入状态。

我发现，在商品市场中实际衡量累积和派发的最好方法，简单地说，就是假如市场当天收高（较前一天高）或者收低（较前一天低），相应地来衡量累积和派发。

简单一点说，收高就说明当天市场处于积累状态，而收低就说明当天市场处于派发状态。

实际衡量累积和派发

现在我们需要做的是，计算当天有多少个积累或派发单元。

我是这样做的：假如市场收高，那么我知道它就是一个积累日。然后我选取从真实低点到收盘价的一段距离，那么这就是当天我持有的买入单元的数量。

假如市场收低，那就是一个派发日，我从真实高点到收盘价选取卖出单元的总数。

价格单元的总数代表当天买卖行为的总数。

也存在这样的情况，总是买进单元或卖出单元，或者情况有变，一个单元也没用。

如何使用数据

使用数据有三种主要的方法。对于初学者来说，我简单地让你在一个累积的基础上衡量 A/D 的一个持续指数。当我开始分析一个商品时，我通常以 5000 开始。如果第二天收低，然后我再加上从那天开始的买进单元。如果接下来收低，我将再从那一天开始减掉总的卖出单元。如果第二天收

第十章　如何衡量商品的累积和派发

高，我将从那一天加上总的买进单元。这样持续做，我可以建立一个所谓的"平衡线②"或"累积线"。

举例说明

猪腩5月合约	最高价	最低价	收盘价	A/D	A/D线
2月13日	6430	6280	-6355	-75（H-C）	5595
2月14日	6402	6230	-6235	-167（H-C）	5428
2月15日	6345	6245	+6272	+37（H-C）	5465
2月16日	6415	6310	+6347	+75（H-C）	5540

以上显示的是1984年猪腩合约的一个实际例子。它将告诉你数字是如何保持的。注意2月15日的真正低点是6235，2月16日的真正低点是6272。

计算买入或卖出指标

总结一下：利用A/D指数或A/D线来告诉我们市场是处于积累还是派发状态。我发现，当价格到一个新的高点时并且那个高点与在A/D中的同等新高点不匹配，市场处于派发状态，那么我期待稍后的卖出。

同样地，当市场下降到一个新的低点，但是那个新的低点与A/D线中的新低点不匹配，我就寻找将要看涨的市场。我认为它将在积累状态下到来。

下面的系列图表显示的是基本的买进卖出形态。我也冒昧地向你展示了一些很久以前的图表，它们可以追溯到1975年的牲畜和大豆市场，以及

---

② 关于谁先提出了"平衡交易量"的问题有很多讨论。就我所知，它是在20世纪40年代旧金山的两位绅士 Woods 和 Vignola 授权在这种交易中使用时出现的。

期货交易终极指南

1979年的大豆和贵金属市场。

贵金属市场使许多人匆匆成为1983年夏天看好市场的人，但是你可以从A/D公式中看出，没有什么迹象表明市场处于大幅的派发状态。

值得注意的是，这个方法不是一个好的方法，它仅仅表明市场应该是走高或者走低。这是一个筛选方法，为你筛选交易，展示最优越的发展机会。同时，主要的市场波动没有在A/D的任何"警示"下发生。A/D线本身并不总是有警示，但如果有的话，我们就要看看了。寻找一个处于强势积累很长一段时期的市场，两到四周吧。然后我肯定市场将急速上涨，然后我将选取短期买入信号。

相反地，寻找一个处于大量派发的市场，正如1983年贵金属市场一样。你可以选取卖出信号，在买进信号上持平盘，或者忽略买进信号，因为市场将要大量抛盘。

正如我前面提到的，使用A/D数据还有其他方法。我想，那些建设性地利用价格不同动能指标的人将会发现，那些指标在我的A/D线上获利更多。

如果你在A/D方面有其他问题，或者想要了解任何当前市场动态，请写信给我，我的邮箱是Box 8162, Rancho Santa Fe, California, 92567。

第十章 如何衡量商品的累积和派发

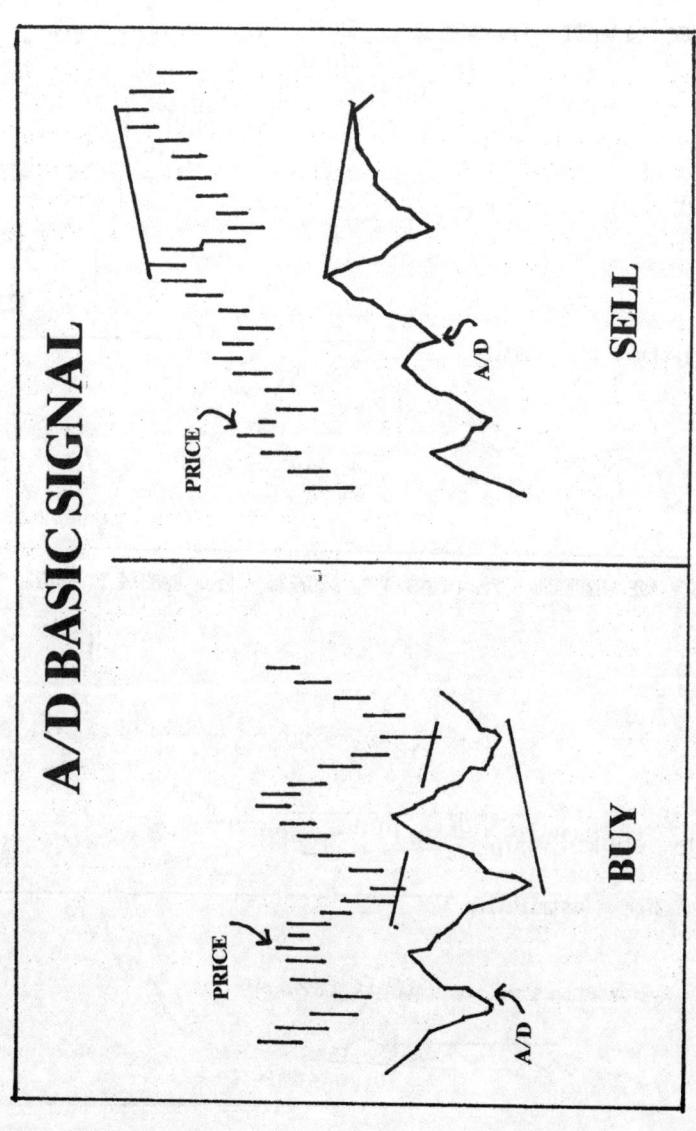

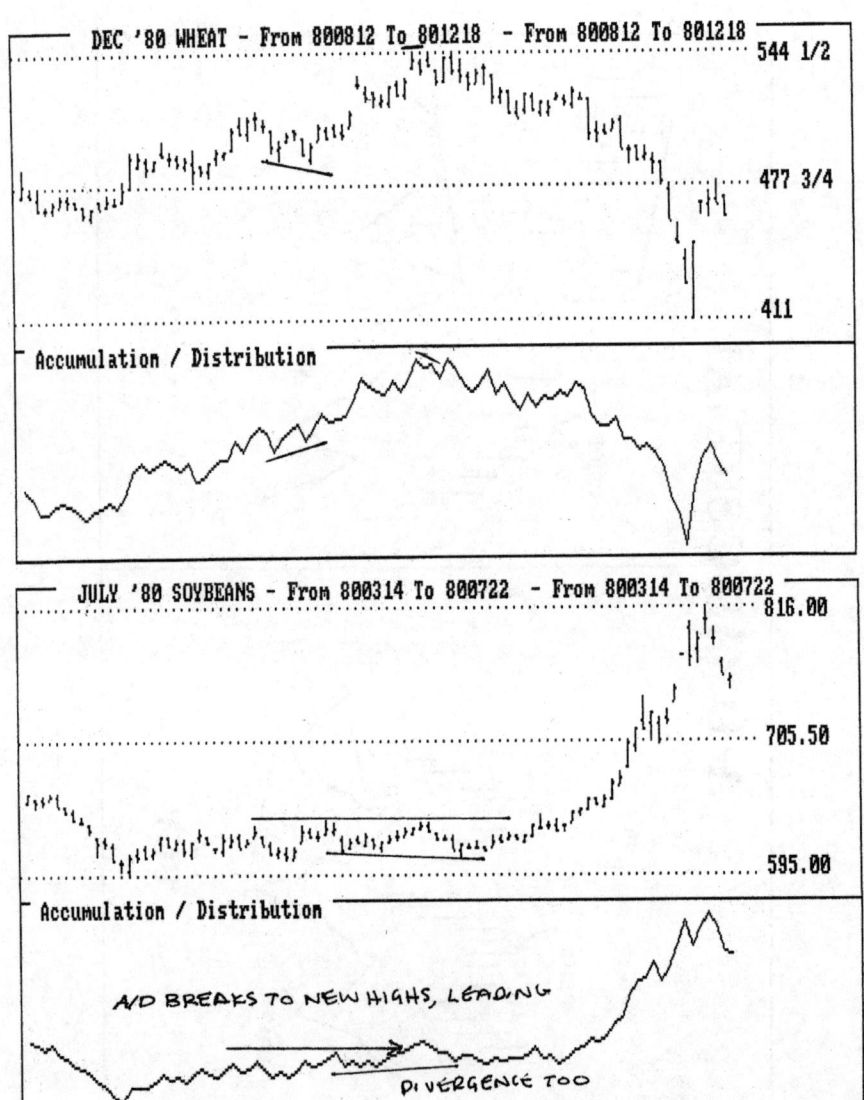

第十章　如何衡量商品的累积和派发

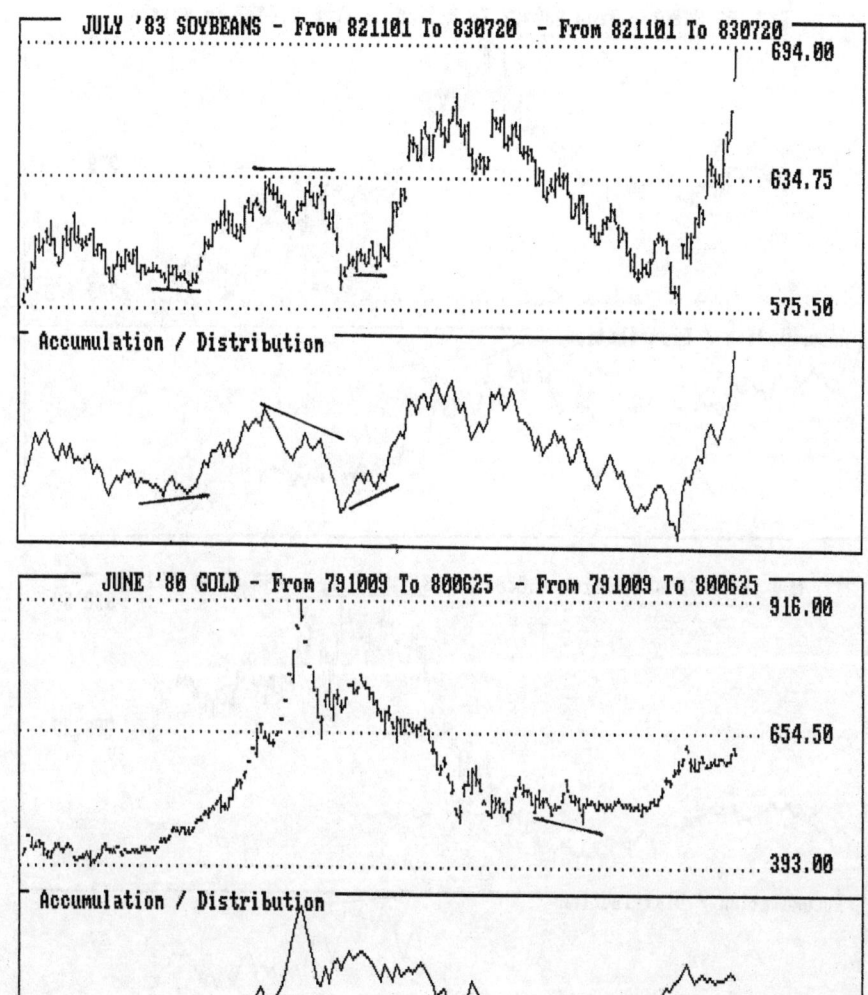

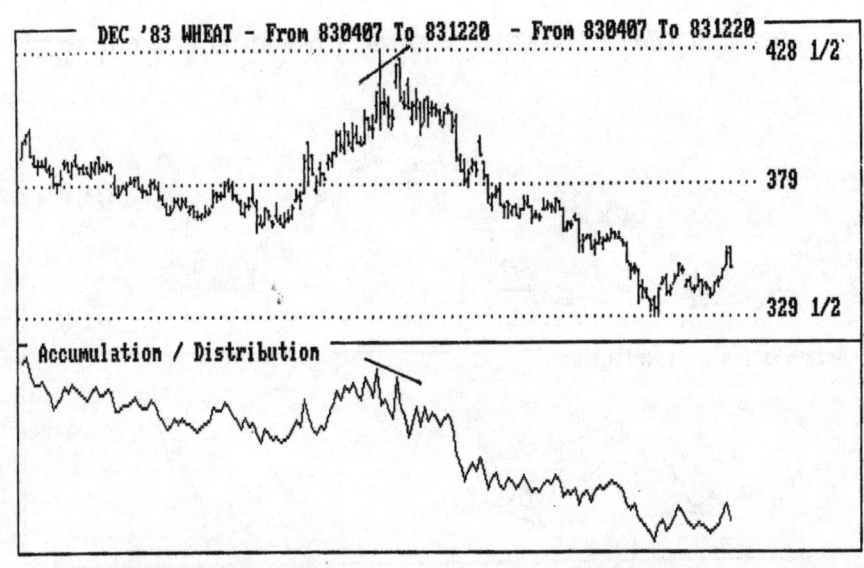

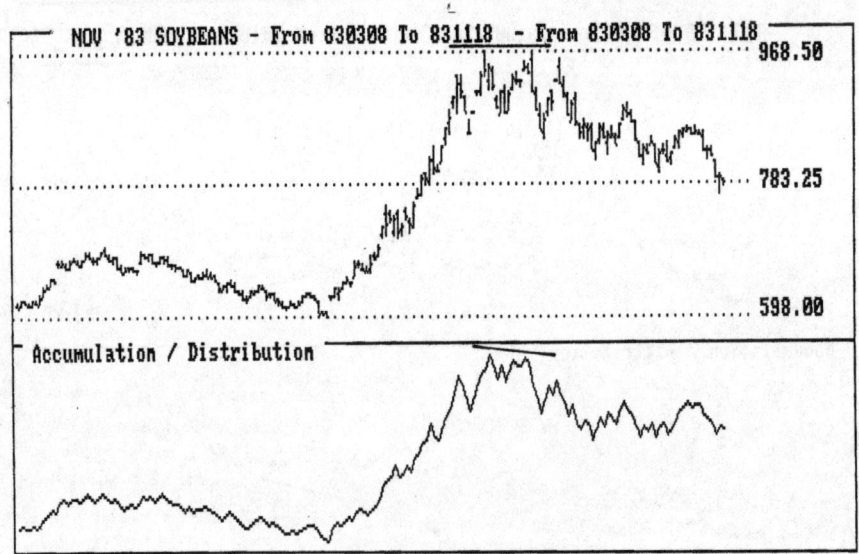

第十章 如何衡量商品的累积和派发

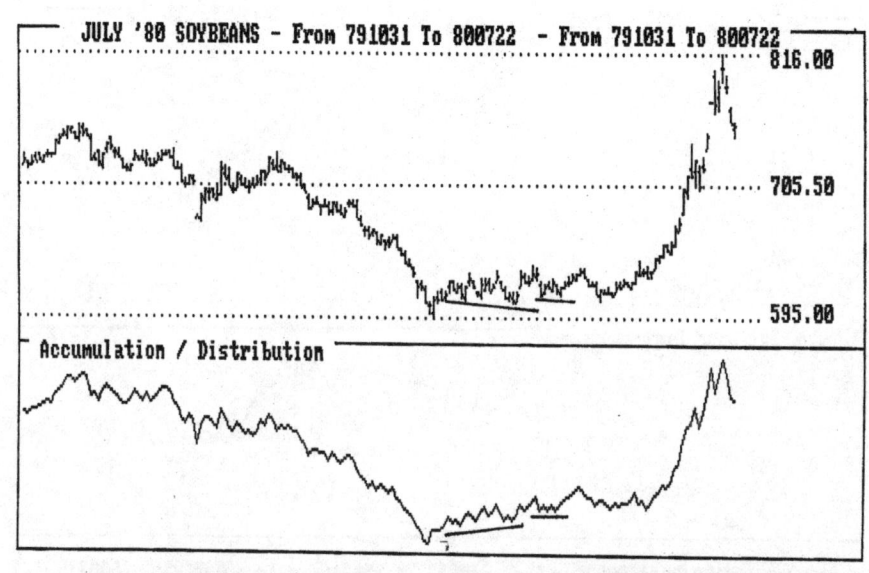

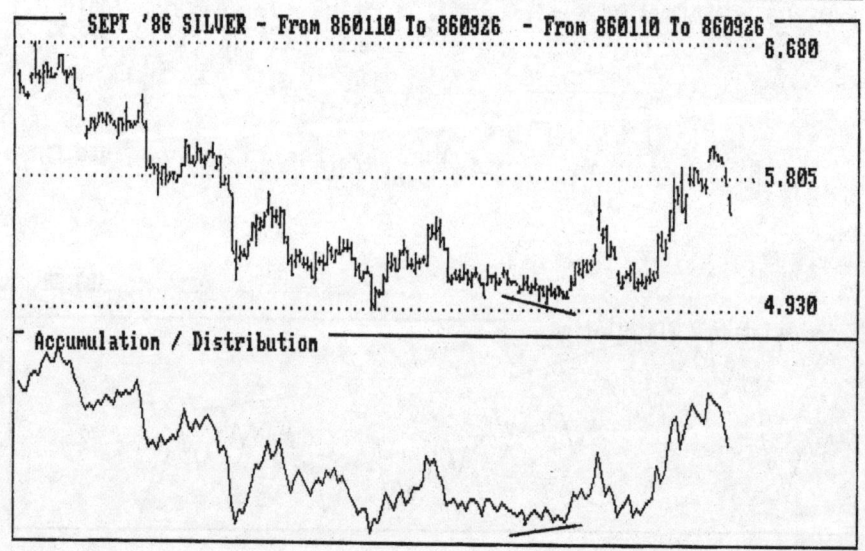

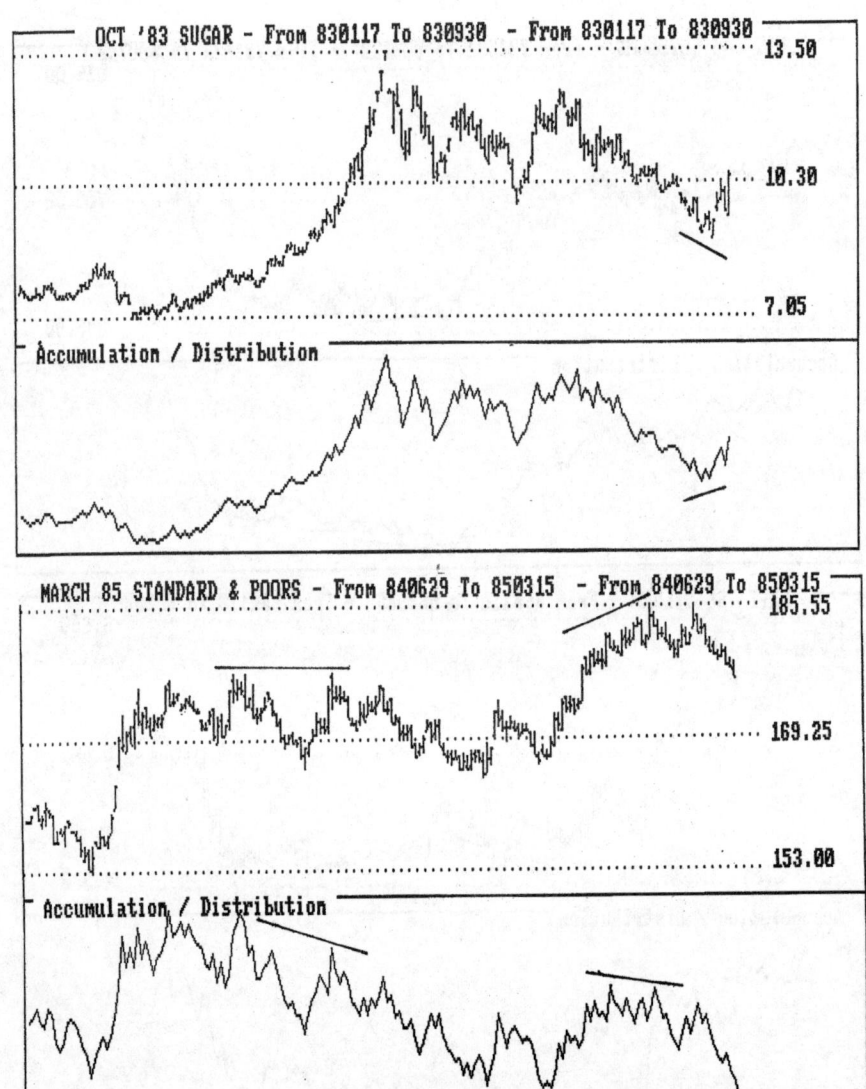

第十章 如何衡量商品的累积和派发

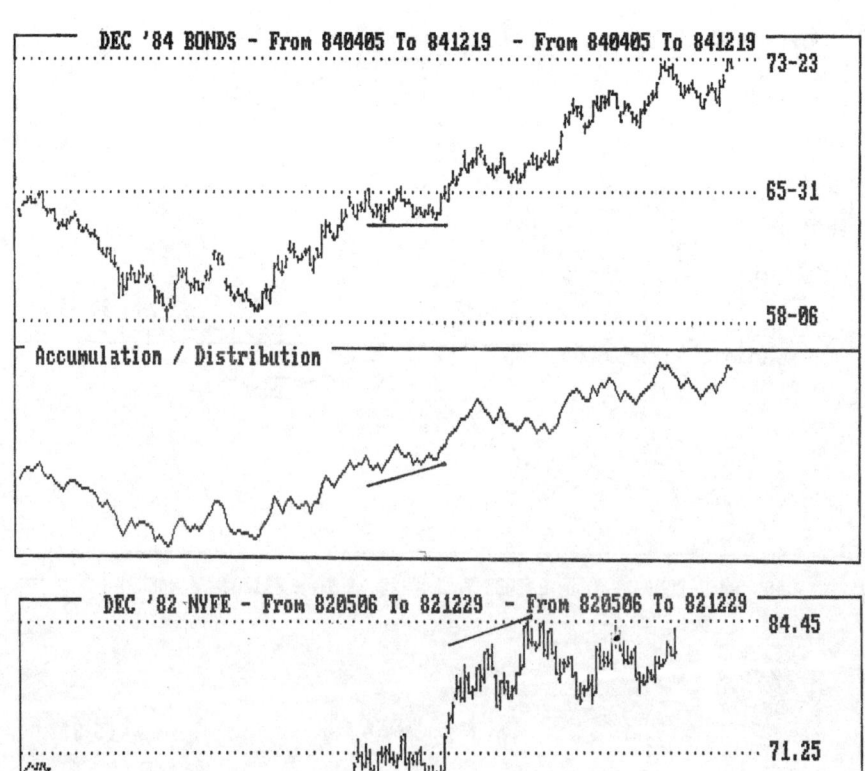

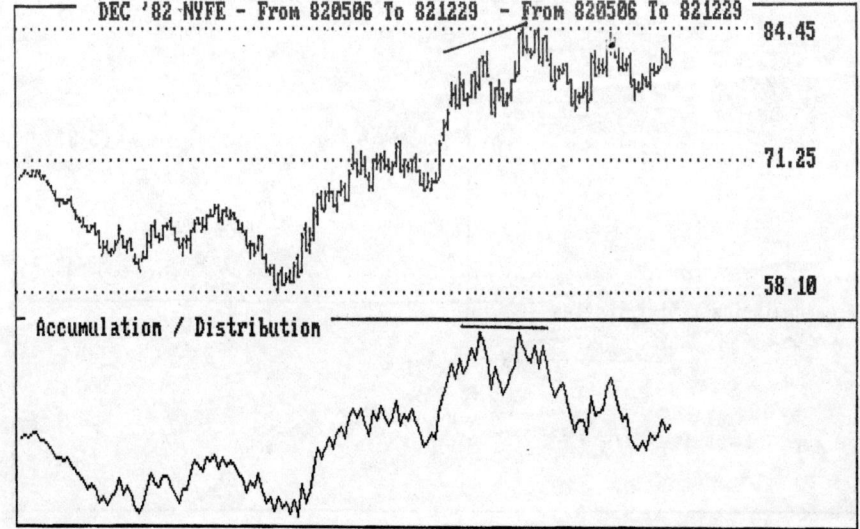

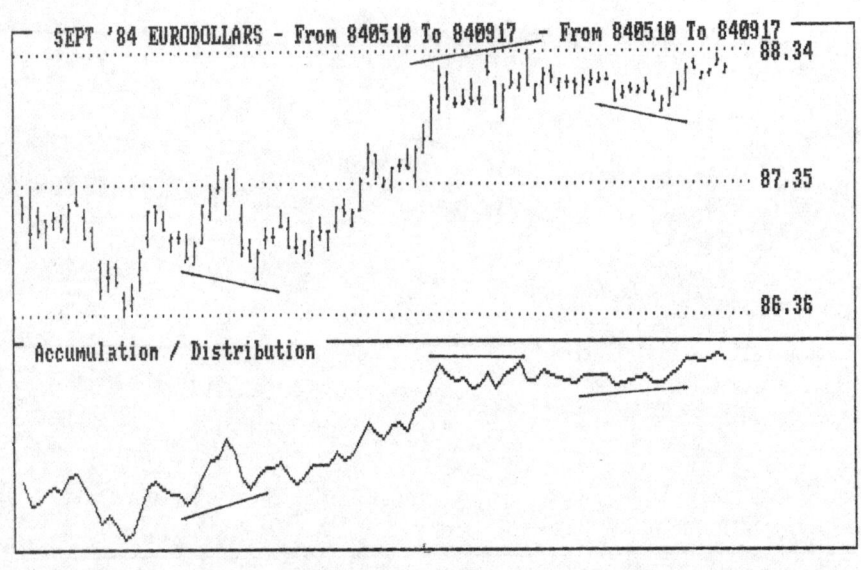
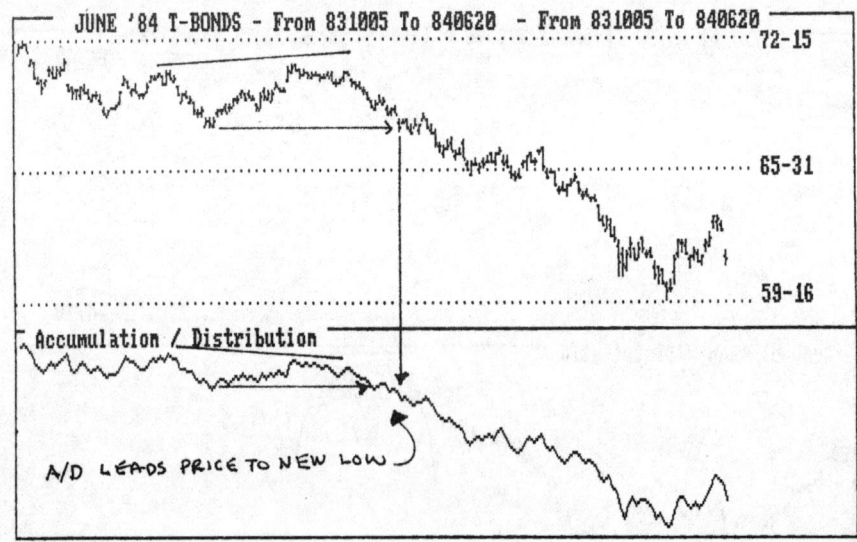

第十章 如何衡量商品的累积和派发

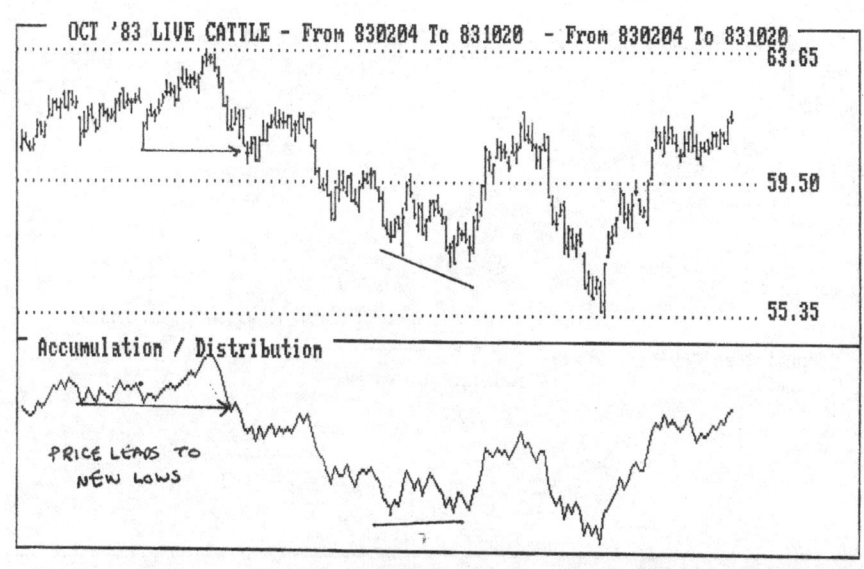

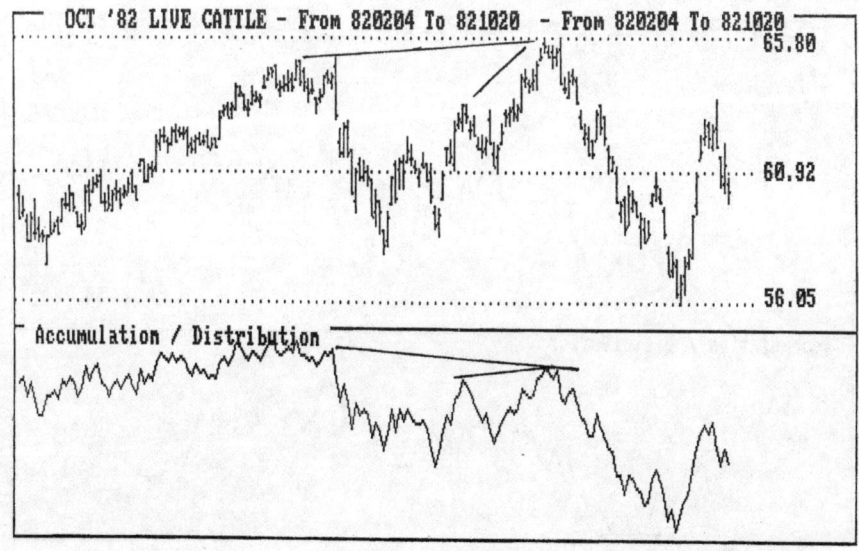

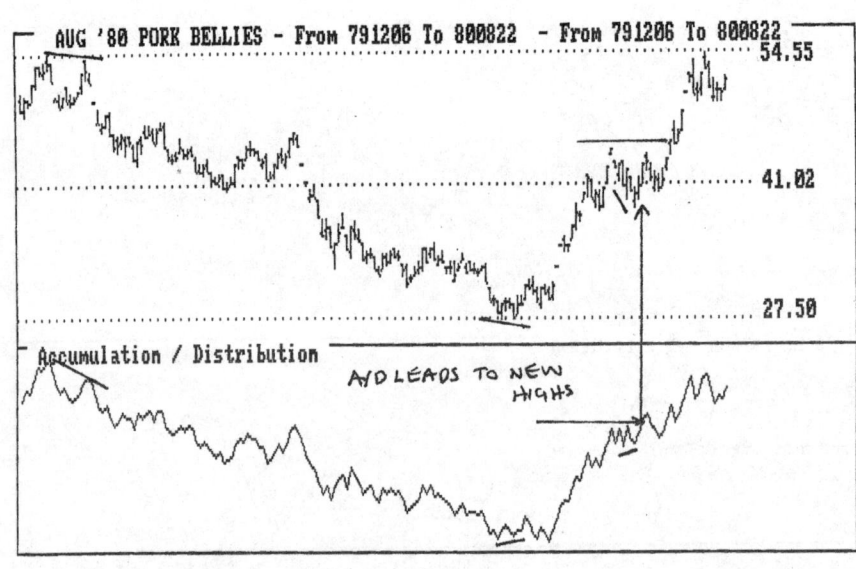

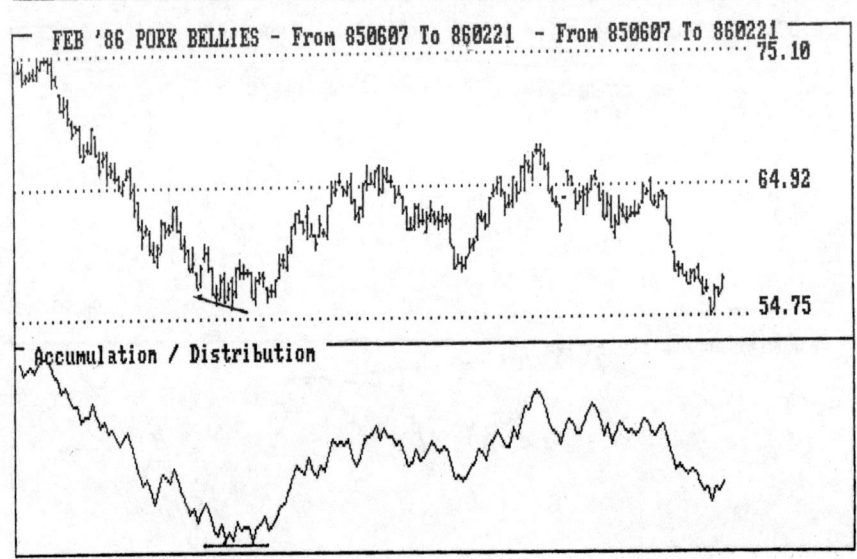

第十章 如何衡量商品的累积和派发

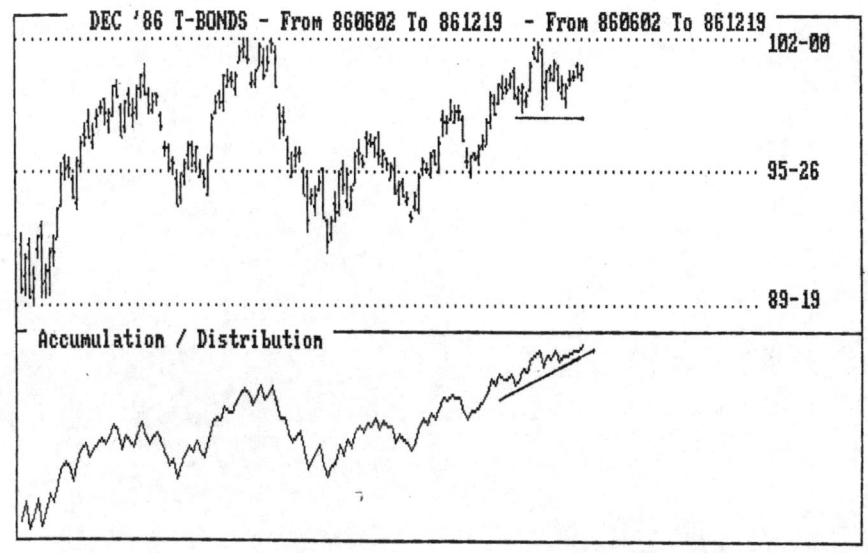